Violencia roja antes de la Guerra Civil

Sergio Campos Cacho
José Antonio Martín Otín

Violencia roja antes de la Guerra Civil

Antillón 4, la primera checa de la República

ESPASA

Imágenes de interior: Archivo Histórico Nacional, AESA, © Martín Santos Yubero/Archivo Regional de la Comunidad de Madrid, Agencia EFE, BNE, Cortesía de © España. Ministerio de Defensa. Archivo General e Histórico de Defensa (AGHD). Fondo: Justicia Militar. Causa núm. 27567. Signatura 4410/1, Cortesía del Archivo-Museo San Juan de Dios y Archivo personal de los autores.
Diseño de los gráficos: © Jesús Sanz

Espasa es un sello editorial de Editorial Planeta, S. A.
Avda. Diagonal, 662-664, 08034 Barcelona (España)
www.espasa.com
www.planetadelibros.com

Primera edición: abril de 2024

Depósito legal: B. 5.527-2024
ISBN: 978-84-670-7311-9
Preimpresión: Safekat, S. L.
Impresión y encuadernación: Huertas, S. A.
Printed in Spain - Impreso en España

PEFC Certificado
Este libro procede de bosques gestionados de forma sostenible
PEFC
PEFC/14-38-00305
www.pefc.es

Índice

Cuarta parte
Antillón 4

Anexos

A los que desaparecieron sin que hayamos tenido jamás noticia de ellos. Los Aurelio Martín de la vida.

Prólogo
Los sótanos de Antillón

El afanado bibliotecario llamaba desde Berlín, el teléfono pillado entre el pabellón auditivo y el esternocleidomastoideo derecho. Con un plumero diminuto desprendía de páginas viejas peces de plata.

No estaba contento el celador de libros. Su disgusto venía de la entrevista que acababa de leer y quería echarlo de la boca antes de digerirlo. Se resolvió bien, no era para tanto; en el fondo se trataba de un lugar común. Un medio español charlaba con cierto investigador premiado por un trabajo sobre violencia en la Guerra Civil en la retaguardia republicana, almendra amarga para uno de los popes del sector que iba aconsejando por ahí: «Esas cosas no conviene estudiarlas». O «conviene no estudiarlas», quizá. Lo comentaba, en chascarrillo sobre lo incómodo del asunto, el notable entrevistado. Y el periodista añadía ahí mismo, como colofón, un conocido recurso que da naturalidad a la conversación: risas.

Risas.

Un caserón en el paseo de Extremadura es el origen del proceso de búsqueda que terminó por llevarnos a las proximidades de lo sospechado: la violencia extrema utilizada como herramienta política. El asilo de la calle de Antillón que llamaba a Sergio Campos desde hace tantos años nos iba a abrir las puertas gracias a un funcionario del Instituto Nacional de Previsión, Rafael Pelayo Aunión. Claro que antes de dedicar casi veinte años de su vida a teclear una Olivetti de ocho y media a tres, Rafael Pelayo había sido un comunista de ida y vuelta que empezó a militar al principio de su adolescencia, hizo dos guerras por la estrella roja, desertó hacia adelante en la estepa soviética, habitó en el Gulag por oponerse al Aparato y casi once años después volvió a España celebrando la muerte de Stalin y con ganas de revancha. Se la cobró en un libro, *Rusia al desnudo,* que ha sido la puerta del nuestro.

Conocí a alguien que tenía trato diario con Pelayo y hablaba bien de él. Se hubieran matado en Madrid o en el Ladoga unos años antes. Qué difícil es vivir.

La fijación de Sergio Campos por Antillón se reveló justificada cuando por la puerta que abrió en su Biblioteca Fantasma aparecieron Pepe Price y Justo Serena (La Biblioteca Fantasma es un reducto de apasionados de los años anteriores a la guerra en España, la propia contienda y sus consecuencias, y al fin, por el estudio obsesivo y el debate, especialistas en unos cuantos capítulos de ese tiempo histórico). Pepe Price no se llamaba Pepe Price, sino José Mariano Sánchez Gallego, pero es fácil asignarle el apelativo porque era hijo del empresario del celebérrimo local madrileño, el glorioso Price de Mariano Sánchez Rexach. Justo Serena fue el compañero de Pepe. Compañero de muerte. La historia de ambos venía trabada por documentos raros, inéditos bastantes de ellos, que me ha tocado reunir desde hace años. Y fue un párrafo de *Rusia al desnudo,* el libro de Pelayo, el que cuadró la historia. Era la narración de la tortura de dos jóvenes, secuestrados, amarrados en las celdas contiguas de un sótano ganado por la oscuridad. Crueldades paralelas; uno de los dos, Justo, colgado cuatro días sobre una bañera para desangrarlo despacio, pero sin manchar.

El edificio era el del asilo. Las mazmorras, su planta por debajo de la calle. Los asesinados, esos dos: Pepe. Justo.

La crónica de los hechos daba para un primer reportaje. Pero lo más significativo era conocer que en la primavera de 1936 había una checa funcionando. Antes de la Guerra Civil. Y, por lo tanto, sabido que esa checa formaba parte del método, parecía conveniente su detenido análisis y el marco en el que la estrategia del terror avanzaba implacable. Así, el libro.

Cuando la redacción estuvo concluida pudimos visitar el anciano edificio que hoy da una respuesta emocionante al horror de ayer: niños de cuarenta y siete nacionalidades conviven bajo el ala de la Fundación San Bernardo en el Colegio María Cristina, caminan en orden por los pasillos, estudian en aulas que tienen las mesas en círculo para que la convivencia sea más cercana y juegan en el patio. Debajo del patio están los sótanos.

La parte más baja de Antillón 6 está como entonces. Con bombillas y una mano de cal en las paredes, pero como entonces. Solo unos cuantos muebles, también de aquel tiempo, se alinean contra la pared de una de las estancias más alargadas. Son cuatro o cinco habitáculos, alguno de ellos con ventano a la calle, hoy herméticamente cerrado, pero suficientemente amplio como para que entonces se pudiera entrar a los bajos y salir de ellos sin pasar por la puerta. Tres o cuatro casas había en la zona próxima y, al otro lado de la salida a Extremadura, la iglesia de Santa Cristina. Más allá, camino de Húmera, la Puerta del Ángel.

Y en el último de los cuartos, al fondo del sótano, cerrando un saliente cuadriculado, una bañera.

Amarga introducción al caos

Una noche de agosto de 1936. Dos hombres que se ocultan de las milicias republicanas son descubiertos y se echan a las calles de Madrid en busca de un refugio. Cuando están a punto de llegar a casa de unos amigos que han accedido a darles asilo, son detenidos y conducidos a un cuartel donde les interrogan y les torturan. No tardan en sacarlos de allí para fusilarlos en algún sitio indeterminado de la ciudad. Se reparten unas treinta balas entre los dos.

Un miliciano de la Federación Anarquista Ibérica encuentra los cuerpos. Uno de los hombres sigue vivo. Herido y con los tobillos molidos a palos, pero vivo. El anarquista lo oculta durante dos días en una cloaca y después se lo lleva a una fábrica de camas, donde le da cobijo. El resucitado puede llamar a unos conocidos para contarles su odisea y dar fe de vida. Una vida que no durará mucho.

Jamás se volvió a saber de él[1].

Se conoce el nombre de quien comandaba la banda de torturadores y asesinos: Luis Quintanilla. Pintor, escultor, militante socialista, amigo de Ernest Hemingway y John Dos Passos, pero sobre todo de la botella, la bronca y las pistolas. Quintanilla aparece en estas páginas de una manera fugaz pero determinante, cuando, antes de la guerra, se encuentra en el café Negresco y se enfrenta con el falangista Eduardo Ródenas, que responde con un acertado puñetazo.

Quintanilla andará por Francia durante la guerra ejerciendo tenebrosas maniobras de espionaje y huirá a Estados Unidos en enero de 1938, pero desde el estallido de la contienda controla la checa del Cuartel de la Montaña.

Su labor al frente del cuartel es un ejemplo de la trabazón existente entre las checas de Madrid, que se reparten los detenidos en función de las investigaciones que sobre ellos lleven a cabo los diferentes partidos. La exclusiva de la ejecución la realizará quien la reclame con más ahínco.

Sirva el ejemplo de los hombres de Quintanilla, entre ellos su hermano Pepe, que imparten su particular justicia en otras ergástulas y tejen una red de complicidades criminales que alcanza los centros gubernamentales de la represión. Uno de sus inmediatos subalternos, Nicasio Garrido, forma parte del Comité Provincial de Investigación Pública, la checa de Fomento. Allí trabaja para Carlos Escanilla, secretario de organización, a su vez, de la checa de San Bernardo, centro neurálgico de la represión comunista en Madrid.

Junto a Garrido trabaja Eusebio Gordo, mano derecha de Quintanilla y punto fuerte de otra checa, la del asilo de la Paloma, en Tirso de Molina (donde Ródenas, por cierto, es mutilado antes de recibir el tiro definitivo).

Y en la Paloma ejercen su magisterio en el «golpe de hacha» y otras herramientas propias del oficio los hermanos Chapado Caamaño, ebanista uno y marmolistas los otros dos.

Todos estos hombres forman la banda de Quintanilla, que de ningún modo se ha reunido de forma espontánea al estallar la guerra. La trama de afectos y militancia se remonta a los primeros años de la República, mientras el pintor trabaja en su estudio rodeado de canteros, marmolistas y carpinteros que le ayudan a levantar sus esculturas y a dar forma material a sus dibujos y sus diseños. Con ellos forma su camarilla en 1934, cuando Quintanilla ya habla de su grupo de jóvenes y de sus acciones paramilitares y policiales en las calles de Madrid[2].

★ ★ ★

Si hay algo que demuestra este libro es que la urdimbre represiva creada por los partidos políticos izquierdistas a partir del caos iniciado el 18 de julio de 1936 comienza a trenzarse mucho antes, con la creación de las milicias marxistas que darán pie, en abril de 1936, a la incautación de un asilo infantil y a su inmediata conversión en checa.

La checa antes de las checas.

★ ★ ★

Remontémonos al 11 de febrero de 1932. Han terminado los carnavales. Los castizos, chisperos, isidros y manolas entierran la sardina en la pradera del Corregidor, frente a la ermita de San Antonio de la Florida, decorada por los fastuosos frescos de Goya donde lucen varios grupos de majas, un cadáver, un San Antonio de Padua que resucita al muerto y un asesino que huye.

La línea 8 del tranvía, que une la pradera con el centro, deja en pocos minutos cerca de la calle de Piamonte. En el número 2 se alza la sede socialista de la Casa del Pueblo. En su salón principal, otros frescos distintos a los goyescos adornan las paredes. Son obra de Luis Quintanilla, artista dueño de un estilo acorde con el espíritu laico y político de los tiempos. Sin embargo, en las pinturas del salón aparece también un santo: Pablo Iglesias; para Quintanilla, un hombre genial que dio al socialismo español un sentido religioso[3].

Pablo Iglesias, desde los muros de la Casa del Pueblo, es testigo mudo de la inauguración del IV Congreso Nacional de las Juventudes Socialistas.

Entre los participantes se encuentra un chaval mofletudo y cabezón de diecisiete años. Viste chaqueta y jersey grueso, y gruesas son también sus gafas negras de miope. Cuando estalle la guerra, sus problemas con la vista no le impedirán que apunte a matar. Y matará. Y no se arrepentirá de haberlo hecho[4]. Se llama Santiago Carrillo y propone la creación del reglamento de las milicias juveniles, el cuerpo parapolicial y paramilitar socialista. Su preparación obligará a «ejercicios gimnásticos, excursiones, marchas, instrucción militar y cuantos ejercicios sean precisos para hacer de ellos los soldados de la revolución»[5].

El escritor Joseph Roth, cinco años atrás, ya sabía que la revolución no se hace contra la burguesía, sino «contra los panaderos, contra los camareros, contra los pequeños tenderos, los insignificantes carniceros y los inermes sirvientes de los hoteles»[6].

¿Hay que explicarlo? Febrero de 1932. Los cerca de doscientos delegados que votan a favor de la creación de las milicias están anticipando una guerra.

Las primeras escaramuzas comienzan en los institutos y en las facultades, donde los estudiantes de la Federación Universitaria Española (FUE), de carácter socialista, se enfrentan a las juventudes monárquicas primero y a los estudiantes del Sindicato Español Universitario (SEU), próximo a Falange, más tarde. La violencia no tardará en extenderse a otros ámbitos: clubes excursionistas, asociaciones deportivas y vendedores de prensa orgánica. Las refriegas darán paso a enfrentamientos más graves, las milicias se impondrán y no tardarán en llegar los muertos.

Arriba, miembros del Sindicato Español Universitario (SEU), abajo, de la Federación Universitaria Española (FUE). Entre los protagonistas de las dos fotos hay muy pocas diferencias: han elegido vivir peligrosamente, quieren calcinar las viejas estructuras, son universitarios y, muchos de ellos, un año antes agitaban los mismos banderines con las siglas FUE. Son jóvenes. Son españoles. Se van a matar.

Entretanto, todos estos organismos, asociaciones y partidos resultan tener una superficie extraordinariamente porosa que permite la ósmosis entre ellos, un trasvase de jóvenes militantes de uno a otro lado en busca del ideal y de la eficacia política para alcanzarlo, moviéndose de una posición concreta a su diametralmente opuesta, o quizá no tanto, porque en muchos casos las ideas son tangenciales y no andan tan lejos los unos de los otros. Hay marxistas que encuentran acomodo ideológico en el falangismo, y falangistas que terminan en el anarquismo y aun en el comunismo, con todos los viceversas que se le quieran poner al trasiego, si bien el cambio de ideas no implica el cambio de manera de pensar: siempre habrá marxistas que no puedan salir de su esquema mental marxista, por mucho que militen en Falange (añádanse de nuevo los viceversas necesarios).

* * *

A las juventudes comunistas les llevará un año crear su propio cuerpo parapolicial, las MAOC, las Milicias Antifascistas Obreras y Campesinas. Pese al retraso, recuperarán terreno con rapidez y contundencia: atracos, vigilancia callejera, asesinatos…

Conscientes de su escaso número y del apoyo que necesitan de una masa organizada, se abrirán a todos los partidos y organizaciones de izquierdas. Los comunistas serán los principales impulsores del frente único antifascista y, tras las elecciones de febrero de 1936 y la victoria del Frente Popular, sus juventudes tomarán la iniciativa para unirse con las socialistas y crear así las JSU, las Juventudes Socialistas Unificadas.

Una de las primeras acciones de las JSU será la incautación —con el beneplácito del Gobierno del Frente Popular— de un asilo para niñas huérfanas que se encuentra en el número 4 de la calle de Antillón. De cara al público no es más que un centro cultural. Los socialistas lo llaman «círculo»; los comunistas, «comité». De puertas adentro, sin embargo, funciona como cárcel y centro de torturas. Se trata del prototipo de los organismos que tras el 18 de julio se conocerán como «checas».

* * *

Hay que regresar a Santiago Carrillo para entender de qué forma un ambiente propicio puede activar el impulso criminal: «Una guerra civil, una guerra revolucionaria, puede resultar exaltadora, pero es repugnante. Siempre se encuentra a alguien que disfruta matando. Alguien que después aprende a matar a sangre fría, a hacer represiones, a hacer de policía»[7]. Conviene incidir con precisiones, como siempre que habla Carrillo, responsable de la policía y de la represión en un momento concreto de la guerra: ni las juventudes socialistas ni las comunistas se encontraron con nadie, sino que buscaron a los asesinos, los formaron y los convirtieron en unos sádicos; y no fue en la guerra, sino mucho antes.

Antes que soldados, policías de la revolución.

La definición más sobria y exacta posible del chequista.

No hay manera más digna y honesta de abordar el estudio de un sistema represivo que centrándose en sus víctimas. Pero no hay víctimas sin verdugos. La intención de este libro es no olvidar ni a los unos ni a los otros, ordenar el caos de la memoria mediante la fijación de unos hechos y la exposición de unos datos que hasta ahora habían sido inadvertidos, arrinconados. Olvidados.

Primera parte
Sexo revolucionario

El Manías

Son jóvenes, ignorantes y fanáticos. Algunos, casi unos niños. Un par de ellos morirá muy pronto, otros no tardarán en convertirse en asesinos, la mayoría desaparecerá de la historia sin dejar rastro y el resto sufrirá años de cárcel o de exilio. Suman unos cincuenta representantes de las juventudes comunistas de Madrid. Se organizan en células —grupos clandestinos de tres camaradas— que pueden ser de fábrica o de barriada, y todas ellas se integran en los radios, la estructura geográfica del Partido, que en el caso de Madrid reciben el nombre de los cuatro puntos cardinales.

La mayoría de estos jóvenes camaradas han pasado por los rituales de iniciación en la clandestinidad y tienen experiencia en las más sencillas labores de agitación y propaganda: dan un mitin relámpago subidos a una farola, reparten octavillas o apedrean los escaparates de las tiendas durante las huelgas. Alguno ha sido designado por el Partido para vigilar la casa del delegado de la Komintern, la Internacional Comunista, y avisar en caso de problemas. Los menos han llevado a cabo las tareas más secretas, de las que no se habla o se habla en voz baja, de tapadillo, con sobreentendidos y frases a medias que acallan o esquivan el significado de una verdad turbadora.

Los muchachos se han hecho rodear de varias decenas de amigos y camaradas para disimular la reunión ilegal en la

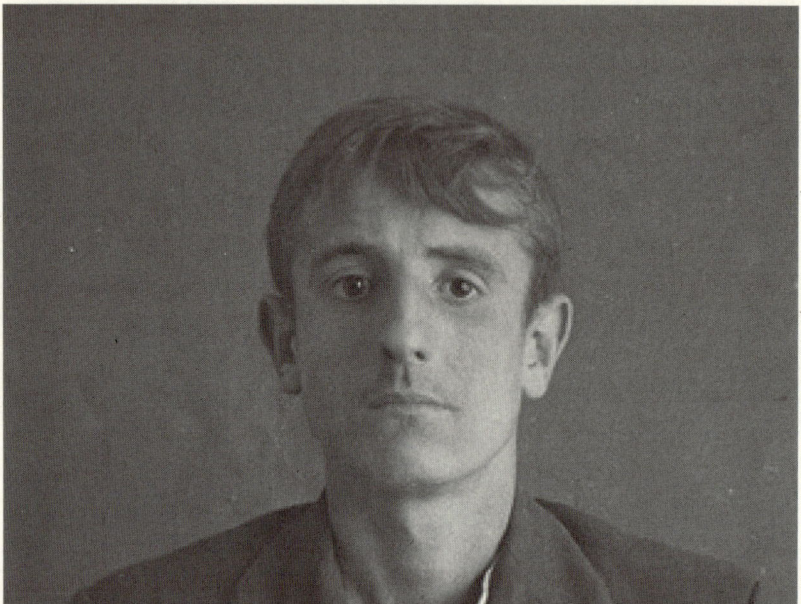

Emilio Pérez Gómez, *El Manías*.

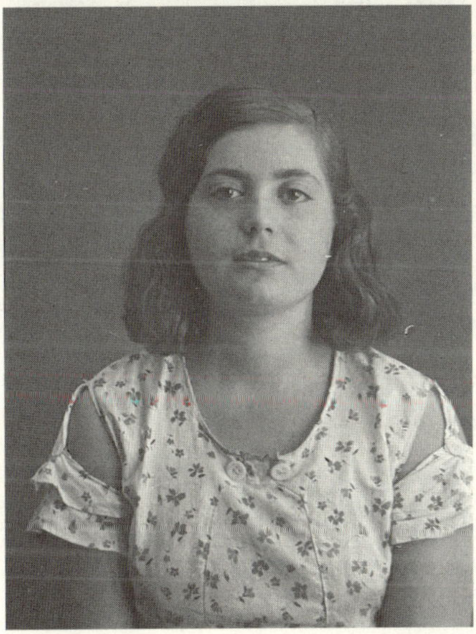

Eugenio Mesón Gómez y Juana Doña Jiménez tras ser detenidos en la Casa de Campo en junio de 1935. Hasta hoy, la única fotografía conocida de Mesón era la de su boda con Juana, en la que aparece muy borroso. Llegó a ser secretario provincial madrileño de las Juventudes Socialistas Unificadas (JSU) y fue fusilado tras la guerra. Juana Doña también fue detenida al terminar la contienda y sufrió años de cárcel. Tiene calle en Madrid, en el barrio de Arganzuela.

Casa de Campo. Es un domingo de junio de 1935, hace calor y todo va bien hasta que llega la policía.

El comisario al mando declarará unas horas más tarde que vio «a unas mujeres casi desnudas, así como a unos hombres, como si se ejerciera el amor libre», pero sabe muy bien, porque el chivatazo es fiable, que no se encuentra ante unos domingueros. Pese al despliegue de sus hombres y los refuerzos de unos guardias de Asalto a caballo, los cabecillas más significados logran escapar. El resto hace lo posible para ganar tiempo y ocultan los periódicos, pasquines, cuadernos y sellos del Socorro Rojo Internacional que llevan consigo. Los papeles más pequeños se los tragan; los grandes, los entierran.

Finalmente, la policía detiene a treinta y siete, entre los cuales hay seis chicas de dieciséis años y una de dieciocho. Una de las más implicadas es Juana Doña, que ha sido detenida junto a su novio, Eugenio Mesón, uno de los líderes más queridos de las juventudes. Morirá fusilado en 1941. Juana penará durante años en la cárcel y será bautizada por el escritor Manuel Vázquez Montalbán como «la segunda dama del comunismo español»[1].

Juana y Eugenio se conocieron gracias a otro de los detenidos, un chaval desgarbado que no anda muy bien de la cabeza. Se llama Emilio Pérez Gómez, *El Manías,* y es vecino de la corrala de Juana en el corazón de Lavapiés. Emilio vocea *Mundo Obrero* por las calles y en cuanto ve a un comunista acude contentísimo a darle un abrazo. Los camaradas le rehúyen porque los compromete y quedan señalados por la policía, atenta siempre a las andanzas de Emilio.

La retórica de Emilio no va mucho más allá de la consigna vocinglera. Si acaso, añade un toque de jovialidad audaz cuando les dice a los burgueses en los cafés que se rasquen el bolsillo para comprar *Mundo Obrero.* Pero su oratoria resultó eficaz con Juana, a la que convenció para militar en el Partido. Sus argumentos no fueron más que sentimentalidades infantiles sobre los obreros, los parias y los pobres, pero bastaron para fascinar a la niña, que los repetirá hasta sus últimos días en unos libros faltos de una dialéctica adulta, firme y convincente.

A Emilio Pérez Gómez le llaman El Manías por sus tics, exagerados a decir de todo el mundo, un catálogo extenso de espasmos y contracciones. De su casa en la calle del Amparo a la de Galileo, donde están los talleres y la redacción de *Mundo Obrero,* hay menos de una hora a pie, si se anda a buen paso. Allí se encuentra El Manías con Jesús Hernández Tomás, ahora al cargo del periódico. El Manías viene a saldar cuentas, pero no las habituales por los ejemplares que recibe y los que vende, sino cuentas de sangre, encendido por las refriegas que se dan estos días entre los repartidores de la prensa comunista y la falangista. Su célula ha tomado la decisión de ir por derecho y matar a un falangista.

Hernández, que ha sido terrorista en Bilbao, cuando en las calles se enfrentaban a tiros comunistas y socialistas, conoce bien la excitación de las armas, la adrenalina de la espera del objetivo, el estremecimiento del disparo, lo que él llama «el sexo revolucionario», pero le quita al Manías la idea del crimen con la excusa de que el Partido no tolera los asesinatos individuales. O eso dirá Hernández en sus memorias, donde nunca aclarará, cínico él, si el crimen se llevó a cabo. Efectivamente, la doctrina leninista rechaza los «atentados individuales», los atentados no ordenados por el Partido, pero solo si resultan contraproducentes por cuestiones de táctica o estrategia, porque la violencia la debe ejercer la masa mediante el terror[2].

El Manías morirá en el asalto al Cuartel de la Montaña nada más comenzar la guerra. El Partido, necesitado de héroes que mostrar al pueblo en las primeras horas de incertidumbre y miedo, se abalanzará sobre el cadáver del Manías para sacarlo en procesión. *Mundo Obrero* le dedicará una columna; la escritora María Teresa León, un cuento en *El Mono Azul,* la hoja semanal de la Alianza de Intelectuales Antifascistas para la Defensa de la Cultura, coordinada por Rafael Alberti y célebre por su sección «A paseo», donde se denuncia y señala a intelectuales de derechas. El Partido no solo necesita héroes, sino también verdugos, y esa función la ha ejercido El Manías con solvencia[3].

* * *

Las actuaciones del Manías y su célula llegarán a oídos de Luis Romero, barcelonés, antiguo divisionario, quien publicará en febrero de 1967 una extensa crónica, *Tres días de julio,* un *collage* histórico e intrahistórico que muestra lo sucedido en toda España los primeros días de la guerra, montado después de tres años de escritura, de viajes, de correspondencia y de entrevistas con testigos y protagonistas directos, toda una experiencia que Romero querrá reunir en un *making of* que nunca se llevará a cabo. Entre todas las conversaciones que mantiene, tanto en su despacho de trabajo como en las ciudades a las que se desplaza para encontrarse con sus interlocutores, y entre las decenas de cartas y formularios que envía a los protagonistas de estos días para documentarse, un testigo le habla del Manías:

> El Manías se siente excitado. El fusil que dispara desde primeras horas del amanecer se lo entregó el propio José

Rafael Pelayo Aunión escribió uno de los primeros testimonios sobre el Gulag. Al regresar a España en los años cincuenta, se encontró con un amigo de escuela, Ramón Moreno, guionista de cuadros cómicos, y juntos escribieron *Rusia al desnudo,* donde se da la única noticia conocida hasta ahora de la checa de Antillón.

> Díaz, secretario del partido comunista: «Manías —le dijo—, a ver si te luces; esto es un arma mejor que la pistola, camarada». Le conocen todos: es el más entusiasta vendedor de *Mundo Obrero* y miembro de las Juventudes Comunistas; ha sido capaz de utilizar la pistola cuando ha sido necesario. Al principio le daba miedo y un tanto de repugnancia; después ha encontrado satisfacción en matar a los enemigos, a los fascistas, a los opresores del pueblo. Su célula ha dado matarile a cuatro; a uno de ellos le encerraron y le propinaron una fuerte paliza antes de ejecutarlo. Leyeron en los periódicos lo que se contó del suceso; nadie supo quiénes fueron los autores; tomaron cumplidas precauciones.

La lectura atenta del fragmento conduce a preguntas seminales: quiénes fueron las víctimas, quiénes los verdugos, cuándo tuvieron lugar los crímenes y dónde fue encerrado el hombre al que torturaron antes de asesinarlo, porque, debido a elementales cuestiones logísticas, no pudo ser un piso cualquiera. A la vista de lo expuesto por Luis Romero, no se puede soslayar la pregunta de cuál era ese lugar acondicionado como cárcel y centro de torturas, y dónde se encontraba un espacio así, idéntico a aquellos que nada más iniciarse la guerra surgieron por toda la retaguardia y que fueron conocidos por el nombre de checas.

Los detalles que ofrece Luis Romero sobre las actuaciones de la célula del Manías son demasiado específicos como para ser una fantasía novelesca, y sin duda están extraídos de la confidencia de alguien que le trató de cerca. Ese *alguien* tiene nombre y dejó testimonio escrito de su implicación en los grupos paramilitares del partido comunista y de sus actuaciones, de quiénes fueron los ejecutores más señalados y dónde ejercieron su actividad chequista.

Se llama Rafael Pelayo Aunión. Su testimonio lo plasmó en un libro titulado *Rusia al desnudo,* con el que precede a Alexander Solzhenitsyn en su denuncia de la barbarie comunista del Gulag, donde permaneció más de diez años. *Rusia al desnudo* es, en su primera parte, un memorial de la vida de los jóvenes comunistas españoles y de su preparación como revolucionarios en las Milicias Antifascistas Obreras y Campesinas, las MAOC, la fuerza parapolicial y paramilitar dirigida por el partido comunista que agrupaba a jóvenes de todas las tendencias políticas, todos aquellos que estuvieran dispuestos a seguir la máxima que dos hombres, Karl Marx y Friedrich Engels, habían plasmado en un manifiesto después de muchas horas de lecturas en la biblioteca Chetham de Manchester: «Los comunistas se niegan a ocultar sus ideas y sus propósitos. Declaran abiertamente que sus fines solo pueden alcanzarse mediante el derrocamiento violento de todo orden social existente»[4].

La guerra empezó aquella mañana

«Una represalia puede ser lo que desencadene en un momento dado, sobre todo un pueblo, una serie inacabable de represalias y contragolpes. Antes de lanzar así sobre un pueblo el estado de guerra civil, deben, los que tienen responsabilidad de mando, medir hasta dónde se puede sufrir y desde cuándo empieza a tener la cólera todas las excusas»[1].

* * *

De 1934 a 1936 el combate se afina. Uno tras otro van cayendo los jóvenes de la Falange ante el asombro de la derecha periodística, no por sus asesinatos, sino por la ausencia de réplica violenta. El tilde de «Funeraria Española» o «Franciscanismo Español» para el partido que debiera encarnar la furia del fascismo, y el de «Simón el Enterrador» para José Antonio Primo de Rivera, se estrellan contra la voluntad del jefe de la Falange, que ante la reclamación de venganza da sucesivas razones en contrario[2].

El agitador interior es un infiltrado del monarquismo, Juan Antonio Ansaldo, que en sus muy recurridas memorias lamenta esa pulsión apaciguadora de Primo de Rivera, traducida en negarse a vindicar con muertes el crimen del joven falangista Matías Montero, evitar el asesinato de Largo

Caballero o salvar la vida de Indalecio Prieto, por ejemplo[3]. La presión le derrota ante el cadáver de Juan Cuéllar, el joven estudiante de dieciocho años asesinado con saña por un grupo que hacía su domingo en el Monte de El Pardo. El padre de Juan Cuéllar es policía y no le faltan sucesos espeluznantes en su memoria, pero el destrozo es tal que no puede reconocer a su hijo en el cuerpo que ve. Ansaldo levanta a los más ardorosos y exige a José Antonio la respuesta en sangre. Se produce esa misma tarde de manera improvisada y equívoca.

Los primeros uniformados, camisa azul celeste, que descienden de los autobuses en los que los militantes socialistas retornan de su jornada, van a ser acribillados. No es que los victimarios se confundan de uniforme —los asesinos de Cuéllar visten camisa roja y pantalón blanco y son comunistas—, es que les da igual, lo que quieren es matar enemigos. Del Manías tienen poca información; aún no han infiltrado a nadie en el partido comunista. *Mundo Obrero* demuestra con sus crónicas que al revés no sucedía lo mismo. Preparación contra improvisación. Tras la ráfaga que barre la esquina de Cardenal Cisneros con Eloy Gonzalo quedan tendidos los tres hermanos Rico, Lino, Ángel y Juana, militantes socialistas y muy conocidos en Chamberí, donde la familia tiene un puesto de verduras en el Mercado de Olavide.

Sí había una Juana en el crimen, pero nunca sabremos si fue la que concluyó de escarnecer el cuerpo asesinado de Juan Cuéllar; lo que puede asegurarse es que esa Juana no era la socialista Juana Rico Hernández, herida en la represalia de tanta gravedad que muere unos días más tarde.

* * *

Sumaban en total unos cincuenta en sus excursiones de 1935; un año antes, en junio del 34, eran unos pocos menos. Los cabales. La Vieja Joven Guardia Roja. Ya les habían explicado qué eran las MAOC y estaban tan contentos de ser la avanzadilla, los pioneros. Tanto que ese domingo acudían al Pardo escuchando silenciosos clarines de guerra; se aproximaba el segundo octubre rojo de la historia. A los falsos excursionistas se les aparecía un horizonte victorioso a pesar del golpe que los agentes de Lerroux han dado a los preparativos de la conspiración dos días antes. Muchos años después, Tagüeña, la orilla socialista del mismo río juvenil, recordaba que a ellos les dijeron que se armaban para la guerra inminente y por eso era muy mala noticia que les hubieran encontrado explosivos: seiscientas dieciséis pistolas del calibre 7,65, con dos cargadores cada una, y ochenta y una mil balas en una cerrajería de Cuatro Caminos. El alquiler de la nave donde han llevado las armas está a nombre de un militante de la UGT de Paracuellos, Mariano Marcos Alcantarilla, con responsabilidad difícil de demostrar porque se encuentra enfermo de muerte y han utilizado sus papeles como último servicio; en dos meses no habrá quien pueda arrancarle una palabra. Bien pensado.

La brigada que sigue los pasos de los confabulados detuvo al tesorero del Sindicato de Artes Blancas de la Casa del Pueblo, nido del grupo terrorista Vindicación, y al cobrador de la Sociedad Salud y Cultura. Basilio Tomás y Macario Falcón, el tesorero y el cobrador, que el negocio de las armas tiene su economía propia y hay que cumplir con el fiador, don Horacio Echevarrieta. Tras los pasos de los dos conspiradores y los bultos que transportan llegan todos, perseguidos y perseguidores, a la casa de un diputado socialista, Juan Lozano, que se enroca y solo abre al cabo del rato cuando le pasan por debajo de la puerta la orden judicial. Cincuenta y cuatro pistolas y dos mil setecientos proyectiles es el arsenal que le pueden encontrar pasada media hora[4].

* * *

Valdemarín es un soto madrileño en el Monte de El Pardo al que refresca un arroyo que le pone nombre al sitio[5]. Está frente a la Playa de Madrid, al otro lado del Manzanares. Chicos y chicas de uniforme blanco y colorado zascandilean entre los árboles que rodean el llano al pie de la leve vaguada. Se juntan luego en el prado; la charla política, quién sabe si de Eugenio Mesón, no puede faltar. Son de Salud y Cultura, como el tesorero enchironado. Hay unos cuantos que se mueven con seguridad y cierta arrogancia; son los iniciados: El Manías, Constantino Rojo, *El Rojo,* y Diego Abellán, que ya estaban en las cosas del Partido un año atrás. «Veteranos». De las MAOC. Y armados, que ellos no van a esperar a que les regalen la pistola para la ocasión. La ocasión es siempre, la revolución se hace cada minuto, etcétera. De eso, la ocasión, la revolución, está hablando el muchacho que ocupa, de pie, el centro del corro. Unos treinta[6].

Por entre los árboles asoma un grupito que se aproxima sin terminar de llegar. Parecen vigilar.

Junto al arroyuelo, una madre joven cuida de sus tres hijos y el padre observa a la muchachada comunista, quizá más a la parte femenina de la compaña. El tipo tiene un nombre compuesto, sonoro, pomposo: Santiago Marcelino. Santiago Marcelino Aliques Bermúdez, nacido en Cuenca, pintor de profesión, lleva dentro un asesino masivo que brotará en catarata un par de años más tarde. Antes de ser el chequista del cine Europa ya le acompaña un policromático

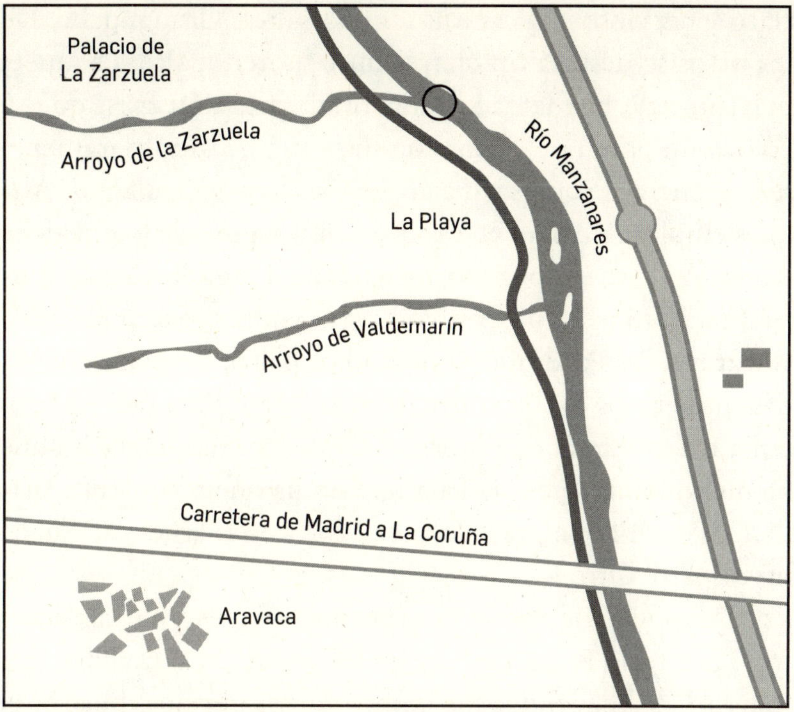

El círculo señala el punto aproximado donde fue asesinado Juan Cuéllar.

certificado de penales: estafa, robo a mano armada, hurto, atentado, alguna vez encausado por usurpación de funciones y otra por provocar lesiones. Por maltratador. Por abusos deshonestos. Es militante de la CNT[7].

Cuando ve la manera de comportarse de los merodeadores, que se han ido aproximando discretamente, su instinto le avisa de que se prepare: va a haber jaleo. Del círculo acuclillado se levantan unos cuantos. A mitad de montículo los jóvenes comunistas se encuentran con la cuadrilla que parece espiarles. Visto desde el lugar en el que Aliques empieza a tensarse, lo que se observa es un cruce de voces, cada vez más altas, entre los que han subido y los que van al encuentro. Al frente de los primeros está, agitado, un veinteañero flaco y nervioso que camina como a saltos. Grita mucho. De los otros se destaca un chaval muy moreno, alto, chaqueta marrón café baqueteada de verdad, pantalón gris, que se coloca un paso por delante de sus amigos. Muy claramente se le escucha: «Somos la Falange». No hay más palabras. Aliques empieza a correr en esa dirección seguro de lo que debe hacer. Ya han empezado los golpes. Llega la patota. Los treinta, hombres, mujeres. Y luego Aliques, que nunca sale sin su navaja. Rodeados a pedradas, palos, correazos, patadas, puñetazos, los falangistas retroceden. Para que no maten a todos tendrá que morir uno pronto. El muchacho que ha dicho lo que eran, la Falange, no ha querido correr. Brillan los cuchillos al sol leve que se filtra en la arboleda. Suena un disparo. Otro.

Cuando Aliques, el anarquista Aliques y tantas cosas más, llega a lo bravo de la pelea, el falangista de la chaqueta marrón está cayendo; sus compañeros, heridos, buscan el pontón que cruza el río. No llegan. Uno queda tendido entre las matas: le han rajado la espalda y el machetazo es tan profundo que le perfora el pulmón por detrás. Se llama Manuel Roldán Vallejo y vive en una casa baja de Cecilio Perucha, una calle de jornaleros en el Puente de Vallecas. El que más lejos llega, Manuel Arredondo, encuentra a los camaradas que andaban por la zona en tareas semejantes, entre ellos, Miguel Primo de Rivera, familiar de José Antonio. No pierde el tiempo explicando sus heridas, tiene en todo el cuerpo. Les cuenta lo de arriba y vuelven corriendo al lugar de la riña. Son trescientos metros de arboleda.

Cuando están llegando se dan de lleno con Pepe Costas. Paralizado y agarrándose a un árbol, les señala el sitio: en un charco de sangre está el cuerpo de su mejor amigo. Sin vida. Dejan la mochila de Miguel apoyada en el árbol y corren

La víctima y el verdugo. Juan Cuéllar Campos (arriba) y uno de los hombres acusados de participar en su asesinato, Constantino Jesús María Rojo Alarcón, *El Rojo*.

hacia el caído. Un instante antes de enzarzarse de nuevo con los asesinos les adelanta el galope de unos caballos: la pareja montada de la Guardia Civil. Uno de los guardias cae por el estrépito de la barahúnda. La gente empieza a correr. Casi de inmediato se presenta el teniente jefe del puesto cercano con varios números. Les da tiempo de detener a unos cuantos rezagados, a que los domingueros que se vieron sorprendidos por la batalla les dieran pistas sobre otros y a aprehender allí mismo a los más significados, los que iniciaron todo: El Manías, El Rojo y Abellán.

Junto a un montón de morrales abandonados, algunos con documentación, localizan entre matojos armas blancas de todo tipo, porras metálicas y una pistola del 7,65; conocido el alijo incautado dos días antes, podía presumirse el calibre. Los guardias no tienen dificultad en localizar a los falangistas heridos y comprobar que Juan Cuéllar Campos, dieciocho años, está muerto. Lo certifica a los pocos minutos el médico de El Pardo, Nicolás Mediavilla, que se presenta acompañado de un juez y del secretario del juzgado. Levantan un croquis del escenario y de la posición en la que encuentran el cuerpo del escuadrista de la 4.ª Centuria[8].

El informe forense dice que Juan Cuéllar Campos, de dieciocho años y con domicilio en la calle Pacífico 15, estudiante de preparatorio general, menor de cuatro hermanos e hijo de Luis y Mercedes, presenta un disparo bajo la axila izquierda; otro un poco más abajo, en el costado; una puñalada que le atraviesa la escápula y otra que se le hunde en el cuello, justo debajo de la oreja que tiene desprendida. Todas estas heridas son mortales, localizadas a la izquierda de su cuerpo y practicadas desde la espalda, excepto dos cuchilladas que le rajan el rostro y los labios. Las contusiones son innumerables, tiene arrancada la parte frontal del cuero cabelludo y totalmente deformada la cara. El grado de crueldad ilimitada se deduce del parte médico. El relato que traslada José Costas Castro a sus camaradas es idéntico al que redacta el doctor Nicolás Mediavilla: la muerte debió de ser instantánea y el ensañamiento con el cadáver, masivo y feroz. Añade un dato: sobre el muerto orina una de las muchachas y escucha un nombre, Juana.

Van a dar las dos.

Una vez enviado el cuerpo al Juzgado de El Pardo, localizan al padre, quizá en el teléfono 15208 de la comisaría de Palacio, donde trabaja como inspector. Es media tarde. Le piden que identifique a su hijo, no puede. Cree que es él, pero su rostro, eso, no.

Es media tarde.

En casa de los Cuéllar no hay teléfono. Al fin dan con la madre de Juan, Mercedes, y Enriqueta, su hermana mayor, que se presentan en El Pardo cuando cae la noche de junio. No les dejan ver el cuerpo del muchacho, mejor para ellas. Lloran durante horas en un banco de la plaza del pueblo[9].

El cuerpo deshecho y escarnecido tiene la fuerza de un clamor. La cólera encontró su excusa. Después de trece asesinados desde la fundación de la Falange, van a empezar las respuestas. La troika del Manías de las MAOC de Madrid acaba de abrir la puerta a la guerra civil. Una puerta que no se puede cerrar más que con sangre. Sangre y derrota.

Segunda parte

La policía de las MAOC

La violencia y la falta de conciencia

El Mierda, pésimo mote para alguien que se tenía por mejor que los demás. Rafael Pelayo Aunión, quince arrogantes años, respondía hostil a quien le llamaba así, como cuando era el canijo de la calle de Gravina y alguno de los mayores decidió mal bautizarle. Solo los vecinos del barrio recordaban el hipocorístico fatal, tan lejos de lo que era él a esas alturas del 36. No El Mierda, sino un militante de las Milicias Obreras y Campesinas y de las Juventudes Socialistas Unificadas, todo a la vez. Un activista que había superado la prueba del silencio, la del saco de piedras y la de recoger información para la célula. No El Mierda, sino un revolucionario comprometido que había aprendido con los amigos del Manías a disparar una pistola y a no dar nunca el segundo apellido, sino otro cualquiera, el día en que le detuvieran. Un comunista.

«Hombre, Mierda, tú por aquí…». Puede que la conversación comenzara así y puede que Pelayo dijera un mínimo de verdad cuando le detuvieron, y todo sucediera en los billares de la Glorieta de Bilbao, tan cerca del Café Marlín, justo enfrente del Comercial con la plaza de por medio. Puede que lo que apareció en otra declaración veinte años más tarde también fuera verdad. Puede que, aunque lo negara Rafael, Pepe el de los Perros le atizara un guantazo humillante entre una mesa de billar y la estantería de los tacos, en la barra del Marlín o en la calle de Alburquerque, el viejo barrio de los dos. Puede. Y puede que esa torta con la mano abierta ascendiera de golpe a la categoría de jefe de Centuria de la Falange a José Mariano Sánchez Gallego, que hacía mucho tiempo, también, había dejado ser Pepe el de los Perros.

Puede que fuera Pelayo el que cualquier tarde, ya en los años sesenta, se sentara con Luis Romero y le hablara del primer día de la Guerra Civil para ayudarle a escribir una obra maestra. Puede que al charlar sobre el joven sincopado que vendía *Mundo Obrero* y cayó ante el Cuartel de la Montaña, El Manías, le contara lo de los cuatro fascistas a los que habían dado matarile y del quinto al que secuestraron. Puede que, entre los cuatro del matarile, dos fueran unos pacíficos jovencitos a los que acribillaron por pasear por los bulevares y llevar el carnet de Acción Católica, un modo bastante eficaz de invocar groseramente la contienda total.

Horas después de que fallezca el primero de los acosados, Juan José Olano, unos cuantos de sus camaradas en el SEU de Derecho responden con un atentado contra su catedrático, Jiménez de Asúa. La intentona criminal acabó con la vida de Jesús Gisbert, policía escolta del diputado socialista, y la escalada ya está aquí. Suscita por toda España una oleada de incendios de iglesias, centros políticos, periódicos, un taller aserrador, domicilios particulares, una tahona, un chalet, dos tiendas de comestibles, una pescadería y una droguería. Una tea democrática[1].

La acción-reacción buscada y encontrada por las MAOC provoca también, en marzo de 1936, la suspensión de Falange Española y el apresamiento de su Junta Política, que, en algunos casos, como los de José Antonio Primo de Rivera o Julio Ruiz de Alda, fueron de la celda a la muerte. La diferencia entre los que actuaban y los que reaccionaban estaba en el método. Las MAOC viajaban al ataque hacia el futuro, en línea recta; cada movimiento tenía una razón que enlazaba con el siguiente y atinaban en la presunción del movimiento enemigo. La Primera Línea de la Falange respondía a la defensiva, descabezada, en acoso y furiosa. Los pequeños grupos de acción de los tradicionalistas participaban de manera aislada pero visible, como en el asesinato del teniente Castillo, para acercar la declaración de guerra. Unos cuantos militantes de las MAOC, significados sobre los demás, se convirtieron en el percutor de una estrategia medida a la que se entregaron sin hacer una pregunta. Lo ordenaba el Partido.

Esa intención de llegar al conflicto total circula a lo largo de las páginas de *Rusia al desnudo,* el texto que Pelayo publicó nada más llegar a España en 1956, seguramente su salvoconducto. Pero se libra de dar un dato de más; ni el anís repetido desataba del todo la lengua de un profesional de la clandestinidad. El Mierda, Rafael Pelayo Pelayo, Rafael Pelayo de Hungría, Rafael Pelayo Aunión, jamás decía nada acerca de cuál había sido su intervención en los crímenes. Ni la de delator de un falangista de a pie, sin mayor responsabilidad en la organización, ni militancia en la Primera Línea —los enérgicos—, al que condenó a la tortura y la muerte porque le dio un bofetón. Eso no se lo contó a Luis Romero ni a la policía, que en 1956 le detiene en una bronca de bar y termina agitando sus fantasmas interiores sin dejarlos salir del todo[2].

★ ★ ★

La tortura desciende al ser humano que la padece a su máxima degradación, incluso cuando se responde al martirio con heroísmo. Ahí queda salvada la condición moral, el único resquicio de voluntad que le resta al individuo. Solo los que gozan de esa categoría sobrehumana que niega al verdugo lo que pretende arrancarle preservan esa parte. Cuando lo que se busca es eso, obtener información. Otras veces la tortura es puro sadismo combinado con la acción política para aterrorizar al enemigo.

De ambas intenciones participaban aquellos cuadros de las MAOC que antes de la guerra habilitaron mazmorras medievales. No hacían más que cumplir con la estrategia fijada por la dirección soviética desde la irrupción leninista, sostenida en una doble base que el propio Vladimir Ilich Ulianov concretaba: «La violencia y la falta de conciencia». Cuando en el plano teórico de la revolución bolchevique aún se aceptaba la voz de Trotsky, este redundó: «El terror es eficaz contra la clase reaccionaria que no se decide a abandonar el campo de batalla. La intimidación es el medio más poderoso de acción política». El alboroque iba en la conclusión de Grigory Zinoviev: «Para deshacernos de nuestros enemigos necesitamos nuestro propio terror socialista». Zinoviev fue presidente de la Komintern a la muerte de Lenin y triunviro, efímero, junto a Stalin y Kámenev en la troika directora del Estado[3].

Lo que ignoraba Grigory es que cabía una interpretación subjetiva de su teoría, según la cual el enemigo del socialismo podía ser otro socialista enemigo del jefe del socialismo imperante y por esa imprevista aplicación de la norma tan profusamente utilizada, tras pasar varios años de castigo físico y sicológico en checas y cárceles, una mañana del 36 se fue caminito de un paredón en Moscú y las balas estalinistas defendieron con el punto final el terror socialista propio. Sobre su cuerpo y el de Kámenev. Las familias de ambos también fueron devastadas. Por si acaso.

La construcción de la narrativa histórica que contempla cierto emparejamiento en el origen y desarrollo de la violencia marxista y la falangista, cuando no el adelantamiento

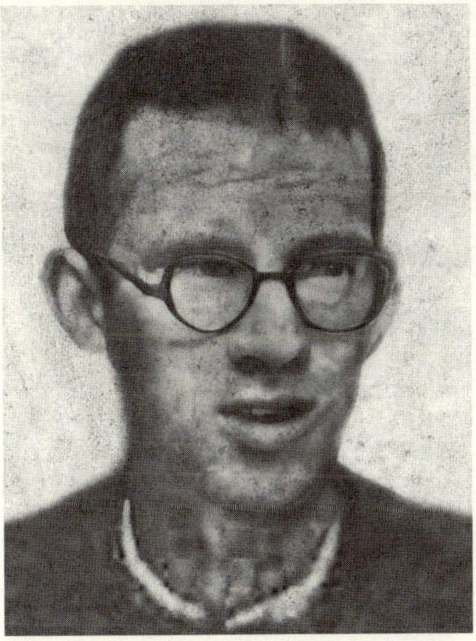

Enrique Bellsobell.

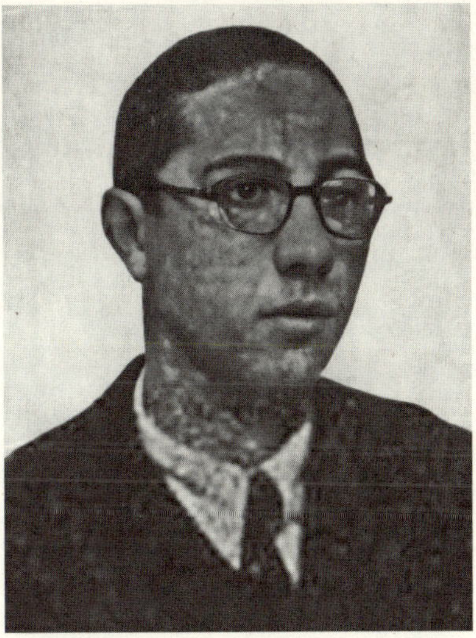

Juan Jose Olano.

Julián Zugazagoitia.

El socialista Julián Zugazagoitia pensaba que las juventudes falangistas eran mucho más una orden de caballería que la vanguardia de un partido político. Enrique Bellsobell, diecisiete años, y Juan José Olano, dieciocho, murieron asesinados en un asalto parapolicial de las MAOC en plena calle de Alberto Aguilera. Salían del cine. Su comportamiento en la agonía va a dar la razón a Zugazagoitia. El periodista vasco se los encontrará pronto: Franco firmará su asesinato tres años después.

de la segunda, puede valer como herramienta política, pero en la certeza de que hacerlo conlleva alejarse de lo que sucedió. Disciplinado, mas poco serio[4].

★ ★ ★

La Falange nace en octubre del 33 y reclama como el primero de sus muertos al jonsista José Ruiz de la Hermosa Fernández-Espartero, asesinado en su pueblo de Daimiel horas después de haber asistido en Madrid al mitin fundacional del Teatro de la Comedia. Muere a las puertas de un acto socialista que organiza la Casa del Pueblo de la localidad manchega. José Ruiz de la Hermosa, veintitrés años, el único que ha estudiado en una familia de cinco hermanos, alto, pelo claro, acude al Teatro Ayala junto a unos amigos —un barbero, un herrador, un guarnicionero, un albañil— y, al sentarse en una de las primeras sillas del gallinero, saluda a unos cuantos de la fila cercana y les cuenta que no le va mal por Tenerife, la plaza que le ha tocado tras aprobar las oposiciones, pero que echa de menos el pueblo, la familia y la novia. Normal, no hace tanto eran conmilitones en la izquierda.

Comienza el acto. Ni cinco minutos han transcurrido cuando el primer orador condena al Gobierno: «No solo no facilita el trabajo a los obreros, sino que los ametralla». José Ruiz de la Hermosa, muy de acuerdo, en voz alta apostilla: «¡Acordaos de Casas Viejas!»[5]. Como si hubiera dicho «buenas noches» o «mire usted», las palabras eran lo de menos. Inmediatamente cae sobre él la patota que controlaba el acto desde la parte trasera. Son las diez y media de la noche. Palos, puñetazos, patadas. El Cachorro, El Cabo, El Ruso, El Cacho, El Choco, y un cuchillo carnicero de veinticinco centímetros que El Marsellés se ha procurado viniendo para el teatro. En las escaleras, casi en la puerta, le atraviesa el hígado con los quince centímetros de hoja. Da tiempo a que lo acerquen a casa y a que, antes de llevárselo a morir, señale al autor. A José Ruiz de la Hermosa le ha asesinado, por darle la razón, otro vecino del pueblo, un par de años o tres más joven que él. El criminal, El Marsellés, se llama José Ruiz de la Hermosa Gigante. Unas cuantas generaciones antes fueron hermanos en una casa de Daimiel. Pero ya no[6].

⋆ ⋆ ⋆

Del asesinato sádico de Juan Cuéllar el 10 de junio de 1934, y su contestación esa misma tarde, al sádico asesinato de Justo Serena Enamorado en el albor de la Guerra Civil, las dos organizaciones radicales amontonan víctimas ajenas y propias. La diferencia primera, sustancial, es el método. La segunda, que los comunistas mataron más. Toda la finura técnica que avala la violencia como estrategia meditada, precisa en la elección e ilimitada en la ejecución, entrenada y dispuesta a pasar de grupos de acción a policía represora, está en las MAOC.

Las respuestas falangistas carecen muchas veces de preparación y quizá sea la del citado Jiménez de Asúa, al pie de la primavera del 36, la muestra más clara. Alumnos de su clase improvisan la acción criminal en respuesta al asesinato de su compañero de aula Juan José Olano, falangista que con un amigo ha sido ejecutado la noche anterior en un control callejero de las Milicias Comunistas, en frío, por la espalda y después de pedirles la documentación. En el precipitado ataque sale ileso el diputado socialista y muerto su escolta. Fue un compañero de partido de Jiménez de Asúa, Julián Zugazagoitia, quien llegó a la clave de aquellos comportamientos. De aquellas juventudes falangistas decía el ministro republicano: «Tenían un sentido heroico de su papel, y tanto matar como morir se les antojaba cosa natural». Añade que, más que por unas ideas que «distaban mucho de ser claras», se movían por «un código de conducta, en cuya observancia ponían una fe extraordinaria y apasionada», nada que ver con el cientifismo en el que se movía la experiencia soviética que guiaba la utilización de la violencia en su réplica española[7].

Zugazagoitia hace dos cosas al acabar la guerra: escribir un libro excelente sobre la contienda y los españoles en ella, y pasar a Francia para sentirse libre de represalias. Se equivoca en la segunda y, junto a Francisco Cruz Salido y Cipriano Rivas Cherif, es detenido por la Gestapo y entregado a la policía franquista. Rivas Cherif esquiva la muerte. Zugazagoitia y Cruz Salido son fusilados contra la tapia del Cementerio de la Almudena el 9 de noviembre de 1940.

* * *

Hay que recorrer el camino de la historia junto a la fanatizada minoría juvenil de las MAOC, las Milicias Antifascistas Obreras y Campesinas, para conocer el grado de aplicación de la norma leninista a la vida española del tiempo inmediatamente anterior a la Guerra Civil. Distinto a los anarquistas, que hicieron su ensayo en plena contienda, con su policía, tortura, represión política dirigida por sus cuadros y la checa del cine Europa como ejemplo terrible, el comunismo se adelantó. Ya detenía, ya torturaba, ya imponía su represión. Ya había contextualizado el espanto como marco de acción ante el enemigo. Antes del 18 de julio.

Había comenzado a funcionar un grupo de acción letal que iba a combinarse en la inmediata retaguardia para dirigir un entramado pavoroso.

Milicias Antifascistas Obreras y Campesinas

Seguramente ninguno de los jóvenes militantes seleccionados para las células sabía que Vladimir Ilich trazaba una estructura de combate en la que las milicias de las que formaban parte eran a la vez Ejército Popular y Policía del Pueblo, dispensadora del terror, otro elemento de la vanguardia revolucionaria en la lucha antiburguesa. No era necesario entenderlo: lo que el Partido pedía, y ellos cedían sin preguntas, era obediencia, coraje y entrega. De las tres cosas andaban sobrados. Algún silencioso dirigente de las MAOC, que retrataría bien Pelayo cuando ya no pensaba igual, sí dominaba la materia. Al socaire de esa idea destructiva nacieron las troikas, la élite destinada a diezmar al enemigo no solo desde el combate abierto, sino desde la inoculación del horror.

La estrategia del partido comunista, guía de las MAOC, se activa de manera automática con la llegada al Gobierno del Frente Popular en febrero del 36. En su declaración de principios, admitida tal cual en el registro gubernamental dos días después del paso por las urnas, se establece el primer objetivo de la «autodefensa». Para consolidar la tesis, el partido comunista abandona todo eufemismo y solicita que sus milicias sean armadas desde los arsenales del Estado por si acaso asoma la reacción[1].

Mientras espera respuesta, el Partido anticipa su propósito; los encargados de la tarea deciden ensayar la fórmula.

El método pasa por el seguimiento de los adversarios, no al albur, sino minuciosamente elaborado: el enemigo marcado es seguido, estudiado, controlado y, una vez elegido el momento, asesinado allí mismo o secuestrado, torturado y muerto. Los grupos parapoliciales de las MAOC (o directamente policiales en la estructura que se había levantado) establecen un trámite que de manera idéntica se utilizará pocos meses después en la represión ilimitada del adversario. Las detenciones se practican en el domicilio de la víctima o en la calle, indistintamente, y no escatiman una cínica introducción: arrogados de la autoridad que el Partido les ha concedido, los grupos policiales de las MAOC exigen la documentación al señalado como primera providencia. Y luego proceden. Todo ello meses antes del 18 de julio.

⋆ ⋆ ⋆

Por esas fechas, principios del verano del 36, es secuestrado Aurelio Martín Ruiz, un joven que trabaja como ayuda de cámara en el Palacio de Liria, en el chaflán con el paseo de la Castellana. Para buscar noticias del rapto en la prensa del momento hay que salir de Madrid. Los periódicos madrileños, que hasta la jornada electoral llenaban sus páginas con un nuevo género que era mezcla de política y sucesos, lo eliminan de golpe y se abstienen de dar información sobre las actividades de estas clandestinas brigadas policiales. La censura capitalina que vigila el Gobierno Civil, o el miedo, excluyen de manera casi total las alusiones a estos asuntos. Ni siquiera se atreve la prensa más militante, como *El Siglo Futuro,* tradicionalista, o *La Nación,* del canario Delgado Barreto, claramente derechista.

Solo en casos de indudable espectacularidad se rompe el mutismo; sucede con la desaparición de José Mariano Sánchez Gallego, hijo de Mariano Sánchez Rexach, dueño del Circo Price, el primer local de espectáculos en la ciudad, y personaje de prestigio creciente en los círculos sociales. El escándalo rebasa los límites políticos y encuentra cabida en los rotativos de Madrid, aunque sin la dimensión que en cualquier otro tiempo habría alcanzado un suceso semejante. Pero vuelve a ser la prensa de provincias la que más detalles da, y ahí es donde asoma, tiempo después de su desaparición, Aurelio Martín Ruiz. Los primeros detenidos en el caso del Price son relacionados con los raptores de este joven ayuda de cámara, pero sorprende que se hable de él como asunto conocido cuando no existe información pública ninguna hasta ese instante. En un par de periódicos se da la clave del crimen: el desaparecido guardaba documentación de la Falange. De Aurelio Martín Ruiz no se volvió a saber nada. De sus presuntos secuestradores, tampoco. Pasaron a disposición judicial y salieron de ella con la misma velocidad; no hubo un solo encarcelado de las MAOC desde la llegada al poder del Frente Popular[2].

* * *

9 de febrero de 1934, primera hora de la noche. En el final de la calle de Álvarez Mendizábal, casi ya en Marqués de Urquijo, que era donde vivía el joven estudiante de Medicina, sonaron cinco tiros. Todos le entraron por la espalda. El socialista Francisco Tello Tortajada acababa de asesinar a Matías Montero, diecinueve años, falangista y antiguo militante de la FUE, cercano al partido comunista como tantos otros de los suyos. El pistolero formaba parte del grupo armado Vin-

dicación, llevaba una relación escrita de posibles objetivos que habría que liquidar y Matías Montero se había significado en el asalto al local fueísta de su propia facultad unos días antes: era uno de esos objetivos. El crimen consagraba la violencia e invitaba a los falangistas a responder. Aún tardaron unos meses y unos cuantos entierros más en hacerlo[3].

De la misma facultad complutense de Medicina, dos años menor que Matías Montero y llegado de Valladolid, era alumno Reinerio García Pérez, hijo de un teniente coronel veterinario trasladado a Madrid con toda la familia. Lo que el militar ignoraba, y seguramente también su esposa, Antonia Pérez Torroba, era que el mayor de sus hijos, Reinerio como el padre, al poco de llegar ya dirigía una de las seis centurias falangistas de la Primera Línea madrileña, la 1.ª, reputada como la más combativa entre sus milicias. Y lo que ignoraba el jefe de Centuria era que todos sus datos, horarios, movimientos y dirección familiar estaban en poder de las MAOC.

Diez días después de las elecciones, el 26 de febrero de 1936, a las ocho y media de la tarde, una patrulla de ocho individuos irrumpe en el número 7 de la calle de Cristóbal Bordiú, donde el barrio de Chamberí tiende al de Cuatro Caminos. Tres de los elementos, todos armados, aguardan vigilantes en la portería, confirman allí que el muchacho al que buscan vive donde les han dicho, primero izquierda, y apuntan al portero para evitar cualquier aviso. Suben los restantes, llaman y abre la madre. Preguntan por Reinerio para que les acompañe; aparece el segundo de los cinco hermanos, Julio Antonio, y ambos, madre e hijo, contestan que el mayor no está en casa. La información que publica el *Adelanto de Salamanca,* cambiando los nombres propios, nos dice que ese es el momento en el que los asaltantes sacan sus pis-

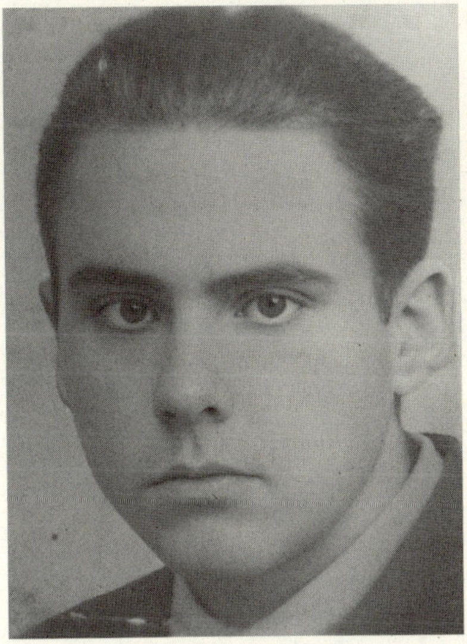

Reinerio García.

Matías Montero.

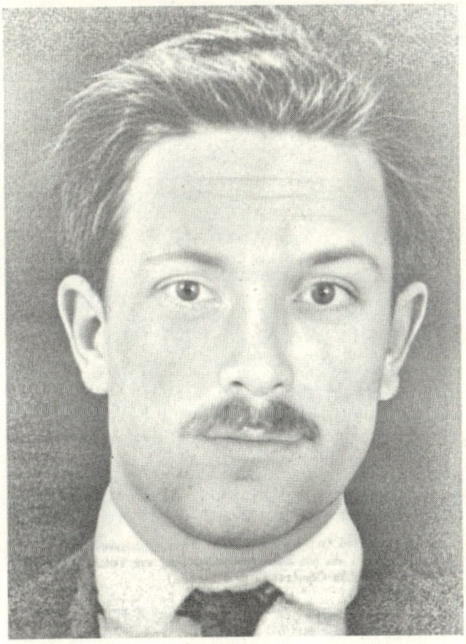

Francisco Tello.

Dos muchachos que perdieron la guerra y uno que la ganó. A. Reinerio García Pérez lo intentaron secuestrar en febrero del 36. Lo mataron el 19 de julio. Su compañero de facultad, Matías Montero, cayó a manos —y pistola— del socialista Francisco Tello. Este vivió exiliado en México hasta 1966. Tuvo un sobrino, Antonio Tello Tello, falangista.

tolas y les ordenan que levanten las manos. El redactor cuenta que, al hacerlo, Julio Antonio toca el interruptor involuntariamente y apaga las luces. Sorprendidos por lo que creen el principio de un contraataque, en lugar de registrar la casa, abren fuego en la oscuridad. No hay heridos, no era el día; y asustados por su propio estrépito, los secuestradores debutantes saltan escaleras abajo y con el retén que espera en el portal desaparecen[4].

El jefe de la 1.ª Centuria es un hombre herido y frustrado. Ha intentado sumarse a los rebeldes del Cuartel de la Montaña, pero un bloqueo le ha frenado en la calle de Ferraz a balazos. Dañado, puede coger un taxi al que hace parar a unos cientos de metros, en una de las calles que esquinan la plaza de España. Entra en el segundo portal, sube al último piso, seguramente con la intención de divisar los accesos al cuartel y volver a intentarlo. Es una buhardilla. Llama, pide un vaso de agua al hombre que le abre la puerta y le da tres pesetas con cuarenta céntimos para que baje y abone la carrera al taxista. Su formalidad le va a matar. El muchacho estaba muy pálido, diría luego quien va a pagar el servicio. Se llama Antonio Pérez Fernández, tiene cuarenta y cuatro años y es pintor. Además de entregar el dinero, delata al joven a la Guardia de Asalto. Suben a la casa y no hay diálogo. Entran disparando, hay poca defensa posible. Reinerio García Pérez, diecinueve años, muere a las cuatro de la tarde del 19 de julio de 1936 con su pistola en la mano. La casa es la más alta del edificio, el número 3 de la calle de Álvarez Mendizábal.

El 9 de septiembre de 1939 fusilaron en la tapia del Cementerio del Este a Antonio Pérez Fernández, de cuarenta y siete, militante del partido comunista[5].

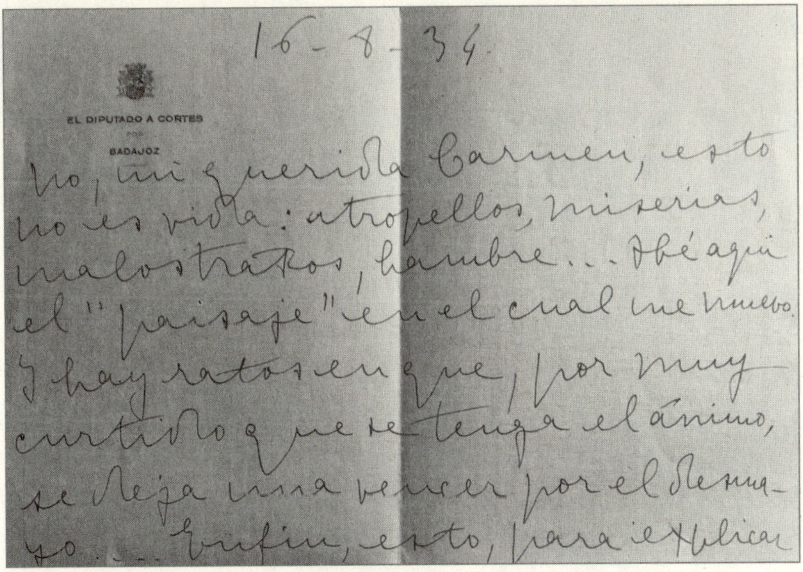

16-8-34

EL DIPUTADO A CORTES
POR
BADAJOZ

No, mi querida Carmen, esto no es vida: atropellos, miserias, malostratos, hambre... He aquí el "paisaje" en el cual me muevo. Y hay ratos en que, por muy curtido que se tenga el ánimo, se deja una vencer por el desaliento... En fin, esto, para explicar

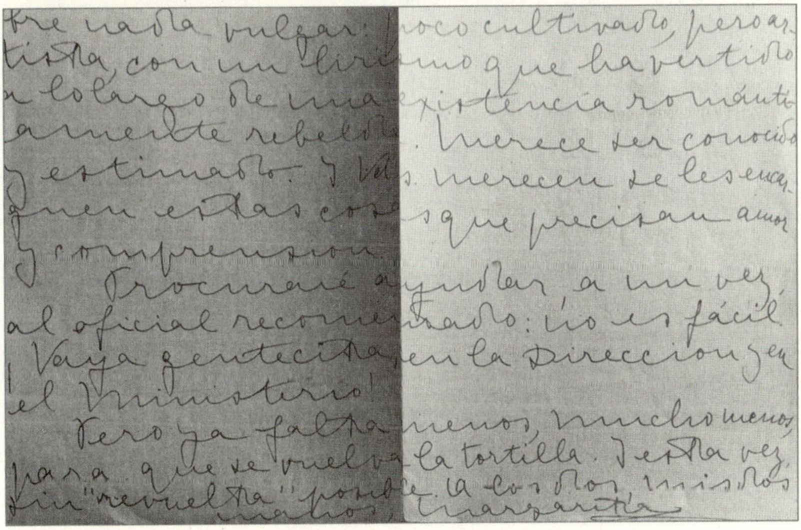

bre nada vulgar: poco cultivado, pero artista, con un lirismo que ha vertido a lo largo de una existencia románticamente rebelde. Merece ser conocido y estimado. Y Vds. merecen se les encarguen estas cosas que precisan amor y comprensión.

Procuraré ayudar a su vez al oficial recomendado: no es fácil. ¡Vaya gentecita, en la Dirección y en el Ministerio!

Pero ya falta menos, mucho menos, para que se vuelva la tortilla. Y esta vez sin "revuelta" posible. A los dos, mis dos manos. Margarita

Carta de Margarita Nelken dirigida a Carmen Conde solicitando protección para Tello: «Se trata de un hombre nada vulgar: poco cultivado, pero artista, con un lirismo que ha vertido a lo largo de una existencia románticamente rebelde. Merece ser conocido y estimado».

«Con esto basta, dale»

«Tras la fusión de las juventudes socialistas y comunistas que dio nacimiento a las Juventudes Socialistas Unificadas (JSU) en marzo de 1936, la mayoría de los integrantes de las MAOC fueron miembros de esta organización. Se les proporcionaron armas y un entrenamiento paramilitar básico para que constituyeran una posible alternativa a la policía y a la Guardia Civil»[1].

El 9 de febrero de 1934 cae asesinado Matías Montero. Es la misma fecha en la que un amigo suyo, Eduardo Ródenas Llusiá, escribe las páginas finales de su propio diario. Eduardo Ródenas era un chico inquieto; recordaba la primera vez que hizo novillos porque fue tras una bandera enorme, roja, amarilla y morada, que alzaba una joven sobre la multitud. Amelia Azarola se llamaba aquella estudiante de Medicina, futura esposa de Julio Ruiz de Alda[2]. Eduardo acababa de cumplir quince años y estaba muy orgulloso de haber entonado *La Marsellesa* por las calles de Madrid, y que todo el mundo la cantara tras él. Lo narra en ese diario, un valioso ejercicio de observación de aquel cambio de régimen desde la mirada de un adolescente curioso.

Eduardo Ródenas va despejando su vocación de escritor con el recuento de sus primeras aventuras amorosas, el Retiro, los cines del barrio, el deporte, las excursiones a la sierra, las andanzas de la pandilla y la fundación de la Asociación de Alumnos del Instituto Escuela junto a su amigo Miguel Madinaveitia, hijo del prócer republicano. Federico García Lorca le elige para el teatro ambulante de La Barraca un poco antes de matricularse en la Facultad de Filosofía. En el 32 se hace de la FUE. En el 33, de la Falange. En las dos, apasionadamente. Lo cuenta así:

> FUE es ahora lo que suena en mis oídos. FUE [sic] y FE [...]. La Federación Universitaria Escolar, organización que debía ser apolítica completamente, atacada por todas partes, ha hecho declaraciones de antifascismo. En juntas de la APEFL [Asociación Profesional de Estudiantes de Filosofía y Letras] me he opuesto con todas mis fuerzas. Me han vencido. Pero estoy dispuesto a luchar, luchar por la F.U.E [sic] única, por la verdadera Federación de Estudiantes. Voy al congreso UFEH de Sevilla con La Barraca. Allí empezaré a luchar. ¿Cuándo, cómo y dónde acabaré?[3].

Todo eso en febrero del 34. Una vía de fusión contra el conflicto cuando el conflicto ya se manifiesta a tiros. Esa tercera España siempre derrotada.

Eduardo Ródenas caminaba por el lado izquierdo del SEU y la Falange. Atraído por el comunismo, se permitía asegurar con sorna que lo primero que haría la Falange al llegar al poder sería acabar con los fascistas[4]. A su paso como dirigente, el SEU avanza hasta convertirse en la fuerza sindical más importante del estudiantado español. Eso, que es patente mediado 1934, se hace indiscutible en los dos años siguientes. En marzo de 1936, con Vicente Gaceo, Guitarte y unos cuantos más, se opone a la integración de su sindicato en un Frente Nacional Universitario que agrupe a las organizaciones de estudiantes católicos y tradicionalistas. Están mu-

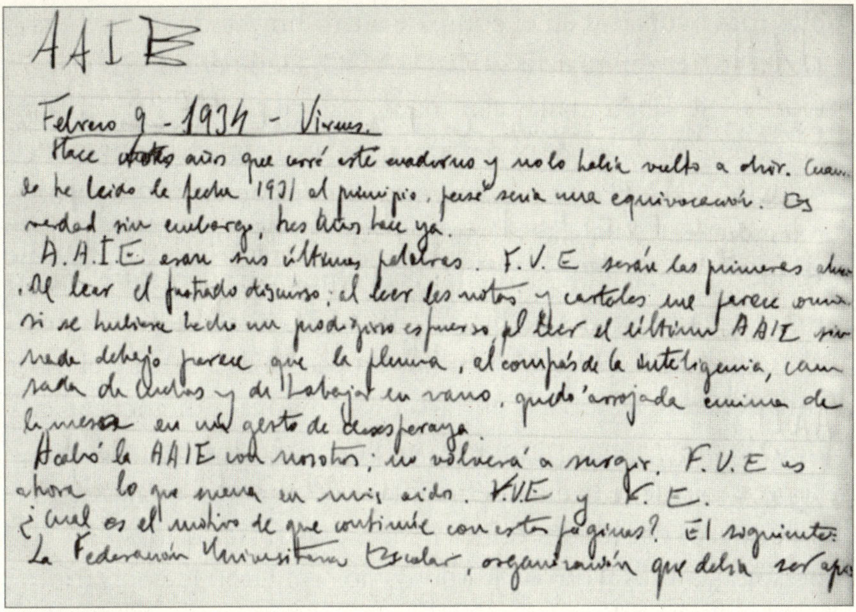

AAIE

Febrero 9 - 1934 - Viernes.

Hace ~~[illegible]~~ años que cerré este cuaderno y no lo había vuelto a abrir. Cuando he leído la fecha 1931 al principio, pensé sería una equivocación. Es verdad sin embargo, tres años hace ya.

A.A.I.E. eran mis últimas palabras. F.U.E. serán las primeras ahora. Al leer el frustrado discurso; al leer las notas y carteles me parece como si se hubiera hecho un prodigioso esfuerzo, al leer el último AAIE sin nada debajo parece que la pluma, al compás de la inteligencia, cansada de luchas y de trabajar en vano, quedó arrojada encima de la mesa en un gesto de desesperanza.

Acabó la AAIE con nosotros; no volverá a surgir. F.U.E. es ahora lo que suena en mis oídos. F.U.E. y F.E.

¿Cuál es el motivo de que continúe con estas páginas? El siguiente: La Federación Universitaria Escolar, organización que debía ser apo-

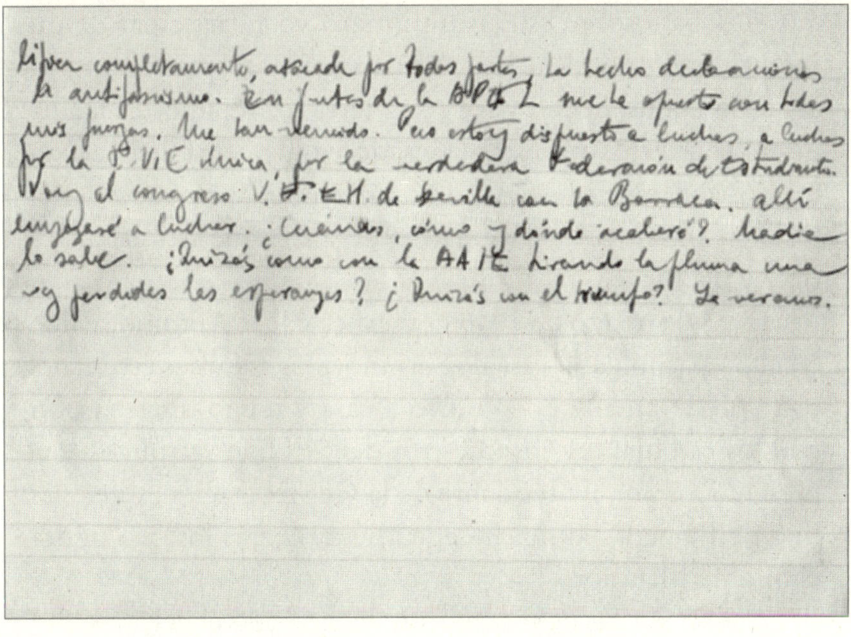

lítica completamente, atacada por todas partes, ha hecho declaraciones de antifascismo. En juntas de la [illegible] me he opuesto con todas mis fuerzas. Me han vencido. Pero estoy dispuesto a luchar, a luchar por la F.U.E. única, por la verdadera Federación de Estudiantes. Voy al congreso U.F.E.H. de Sevilla con la Barraca. Allí empezaré a luchar. ¿Cuándo, cómo y dónde acabaré? Nadie lo sabe. ¿Quizás como con la AAIE tirando la pluma una vez perdidas las esperanzas? ¿Quizás con el triunfo? Ya veremos.

Páginas manuscritas del diario de Eduardo Ródenas.

cho más ocupados en el combate a tiro limpio de su Primera Línea con la vanguardia de las MAOC. Han perdido las elecciones y se saben dianas caminantes. Poco tiempo para charlar con aprendices de parlamentarios. No entienden una disolución del SEU en ese magma; lo consideran una actitud reaccionaria al hecho de que, desde diciembre de 1935, el Bloque Escolar de Oposición Revolucionaria (BEOR) comunista, perfectamente ligado a las MAOC, se ha hecho con el control de la FUE. Y piensan, un paso más allá, que el futuro cercano, ligado a la entrada de su masiva militancia en el mundo profesional, significará en pocos años un dominio incontestable de la realidad española. José Antonio estaba de su lado, pero, como con tantas otras cosas relacionadas con el personaje, unos y otros estudiosos nos contaron lo contrario.

Perdone el lector que utilicemos un párrafo para liquidar el debate sobre este asunto, pero va a participar de un inédito que es punto final. Se ha venido aceptando que el acuerdo era un hecho y solo la guerra lo impidió. El falangista David Jato, que estaba avisado y muy cerca de lo acontecido, concluye: «José Antonio no titubeaba en sacrificar el SEU en aras de la total unidad estudiantil, que estimaba factible y decisiva».

El 13 de marzo de 1936 es viernes y José Antonio recibe en el despacho de su casa de Serrano a los afanosos estudiantes. Que lo cuente él: «Vuelvo a casa y tengo una reunión con los estudiantes: los nuestros del SEU, los católicos, representados por el presidente de la Confederación, que es el hijo de Pradera, y unos independientes entre los que figura el hijo de Marañón»[5].

A estas alturas de marzo ya se ha acabado el debate sobre crear una nueva organización en la que se incluyan, y disuelvan, todas las demás. Por supuesto que, contra lo escrito a toneladas en las décadas siguientes, cualquier otra denominación —frentes nacionales o semejantes— ni se plantea. Sigue el jefe de los falangistas: «Se proponen formar un único sindicato con el nombre del nuestro, pero no ligado a la Falange por la designación del mando». Era tan abrumadora la mayoría de militantes falangistas en la suma total que a estos les podría dar igual aceptar esa única condición, pero ni ese as tan pequeño conceden, y menos aceptar un triunvirato como fórmula de dirección. José Antonio, que había acabado con el triángulo de mando en la Falange, se permitió darles un consejo al final de aquel encuentro que dejó claro lo de «el que quiera, que venga»: «Yo les aconsejo un cuerpo, incluso deliberante, pero mando único en lo ejecutivo». Y se acabó, que al día siguiente estaba en la cárcel y ya no saldría más.

* * *

Frente a la victoriosa tesis de Ródenas decayó la unionista que dentro del SEU defendían especialmente quienes militaban a la vez en la Falange y en Acción Católica, como los estudiantes de Derecho José Ramón Fernández-Bugallal y Juan José Olano Orive. Olano no llegó al 13 de marzo; murió acribillado dos días antes[6]. Volvía del cine con su amigo Enrique Bellsobell cuando un grupo organizado los detiene en los bulevares de Alberto Aguilera, a la entrada del barrio de Pozas. La barriada ocupa toda la manzana que luego va a ser el Corte Inglés de Princesa. Allí ha crecido Enrique Castro Delgado, al cargo de los servicios de información del partido comunista, que se aficiona a la política colándose desde niño en las tertulias del Café España, por cuya puerta, en el chaflán de Pozas, pasan muy a menudo Olano y Bellsobell camino de casa.

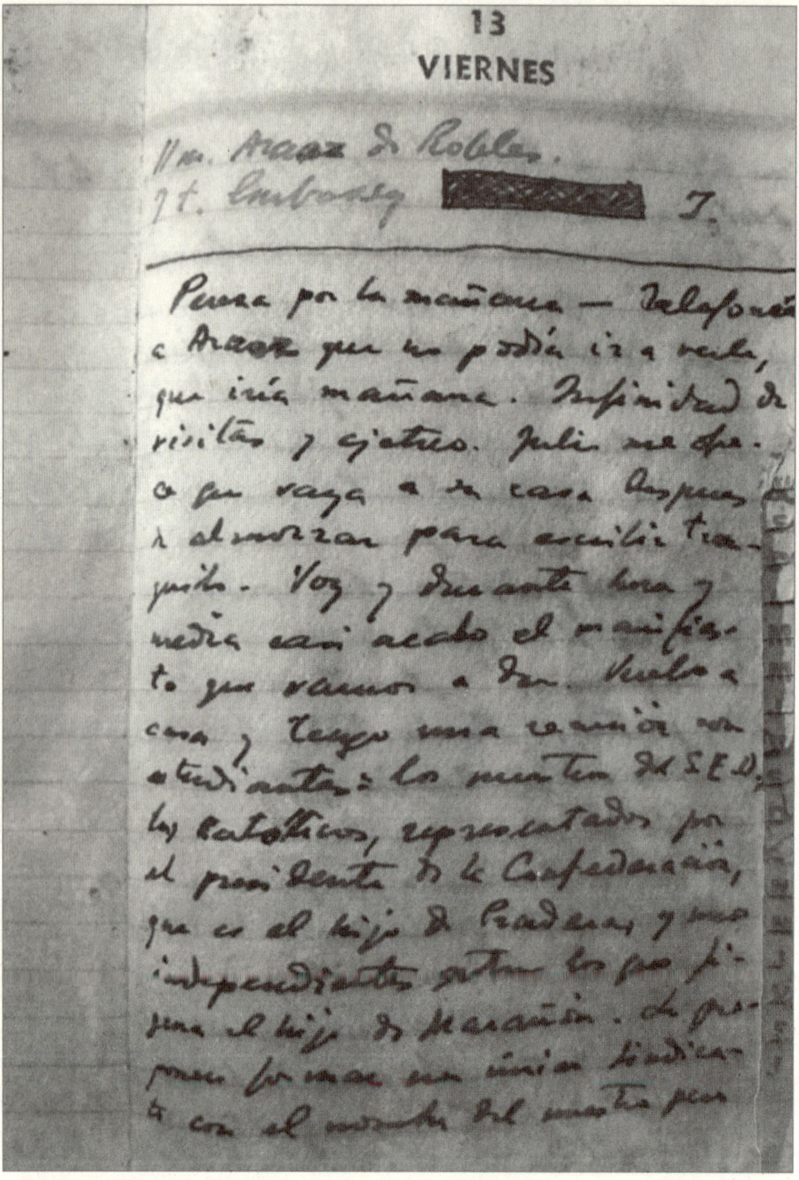

13

VIERNES

11 m. Araoz de Robles.
9 t. Embassy [redacted] J.

Paseo por la mañana — Telefoneo a Araoz que no podía ir a verle, que iría mañana. Infinidad de visitas y ajetreo. Julio me ofrece que vaya a su casa después de almorzar para escribir tranquilo. Voy y durante hora y media casi acabo el manifiesto que vamos a dar. Vuelvo a casa y tengo una reunión con estudiantes: los jerarcas del S.E.U., los católicos, representados por el presidente de la Confederación, que es el hijo de Pradera, y unos independientes entre los que figura el hijo de Marañón. Se proponen formar una unión sindical con el nombre del maestro pero

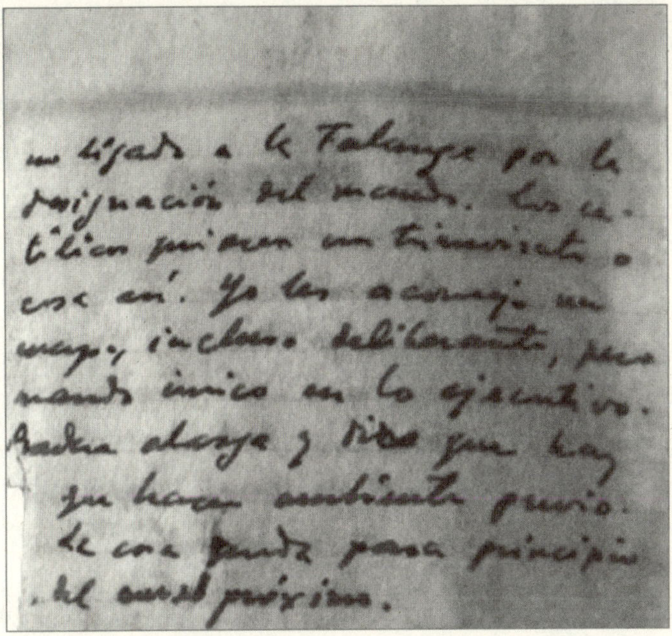

un ligado a la Falange por la
designación del mando. Los ca-
tólicos parecen un triunvirato o
cosa así. Yo les aconsejé un
[illegible], incluso deliberante, pero
mando único en lo ejecutivo.
[illegible] alarga y dice que hay
que hacer ambiente previo.
Le [illegible] para principio
del curso próximo.

Páginas manuscritas de José Antonio Primo de Rivera pidiendo no responder con violencia a las provocaciones de la FUE.

Enrique Bellsobell, alumno de la Escuela de Comercio, diecisiete años y huérfano de padre, vive con sus hermanos y su madre en el bajo de Benito Gutiérrez 27, a menos de cien metros de Olano, Ferraz 66. Los dos tienen el mismo aire, flacos, con gafas, y esa sonrisa algo iluminada de la que son dueños los muy espirituales. Bellsobell no es falangista, está con el carlismo de los estudiantes tradicionalistas y unido a Juan José Olano en una muy ardorosa dedicación a la Acción Católica. Deben de venir del cine de la Flor, ahí al lado, también en Alberto Aguilera. Son ya las nueve y media pasadas y la idea es no llegar muy tarde a casa. Pero esa noche no habrá cena familiar. El soldado que va a recoger sus cuerpos moribundos, y luego la policía, avisa a los suyos de que los han tiroteado. Bellsobell queda en el sitio con algo de vida. Olano, tambaleante, cae unos metros más allá, en el pasaje de Valdecilla, mientras los asesinos huyen.

La estrategia es idéntica en distintas zonas de la capital: a calle abierta, una suerte de obedientes brigadillas marxistas detienen discriminadamente a algunos transeúntes porque sospechan de su aspecto o porque los están esperando. En el caso de Olano cabe la segunda circunstancia. Destacado miembro del sindicato falangista que impera en la Facultad de Derecho, es conocido por su empeño en potenciar la unidad estudiantil ante una FUE dominada por los comunistas; interesante pieza de caza de dieciocho años.

Cuando los brigadistas se acercan a los amigos, les dan el alto de inmediato. Les piden la documentación mientras los cachean. No llevan armas, pero sí, ambos, el carnet de Acción Católica. En la narración de los hechos, diversa según las fuentes —Paul Preston llega a escribir que mueren en una reyerta[7]—, abundan los detalles patéticos, como el de que al declarar que son de la Juventud del Corazón de María quien

Eduardo Ródenas.

Ródenas (de pie, el segundo por la izquierda) junto a sus amigos de La Barraca en Valladolid.

dirige la patota ordena: «Con esto basta, dale»[8]. La realidad es que les dejan ir y, al darse la vuelta, los acribillan por la espalda. Un militar que ve la escena corre hacia Juan José, detiene el primer vehículo que pasa y lo trasladan a la casa de socorro de la Tenencia de Alcaldía. Llega un sacerdote, pide comulgar, pero no puede en ese momento porque una de las heridas traseras le ha perforado el estómago. Olano muere a las dos y media de la mañana. Le entierran en un amanecer casi clandestino. La prensa de Madrid no lo cuenta, ni que hay un funeral en San Antonio de la Florida. Tampoco informa de que, como primera respuesta, el SEU cierra las aulas en la universidad madrileña y luego en toda España, con permiso o sin él de los rectores.

Enrique Bellsobell Castiñeira agoniza durante tres días y expira el 14 de marzo en el sanatorio de Nuestra Señora de la Salud. Los historiadores católicos insisten en subrayar el afán de los dos muchachos por perdonar a sus verdugos con el aliento final. Los suyos no les harán caso. A Olano especialmente, porque un día después de su muerte, en un arrebato furioso, sus camaradas de la facultad atentan contra uno de los profesores de Juan José, el catedrático Luis Jiménez de Asúa. Han pasado treinta horas. La improvisada acción no solo se lleva por delante la vida de Jesús Gisbert, sino también la libertad de toda la Junta Política de la Falange, que en su mayor parte morirá en las cárceles, y la de uno de los mejores amigos de Olano, su compañero de clase Alberto Ortega, personaje muy popular en la facultad, también dieciocho años, primer residente en la casa madrileña del Opus Dei de Ferraz 50. El falangista Ortega será acusado de ser uno de los autores de la represalia y arrojado al mar con una piedra al cuello en un acantilado cántabro cuando llega julio.

Nadie será acusado del asesinato de los dos jóvenes que salían del cine y caminaban tranquilamente por los bulevares. De la muerte de Olano, su discrepante camarada Eduardo Ródenas se enteró camino de prisión. Sale en los primeros días de julio para preparar el examen de licenciatura en el Centro de Estudios Históricos junto a uno de sus mejores amigos, Alonso Zamora Vicente. Pero le queda poco de libertad; perseguido, se entrega el 7 de agosto para canjearse por su madre y Julio, su hermano menor[9], a los que retienen en prenda. Iban a por él y su destino es malo, la checa del Asilo de la Paloma. Al final de su diario, el joven actor de La Barraca, Eduardo Ródenas, dejaba escrito: «¿Cuándo, cómo y dónde acabaré?».

A Alfonso Ródenas Arregui, padre de Eduardo, le va a costar la misma vida responder a las tres preguntas. Identifica el cuerpo de su hijo en el depósito del Este el día 11 de agosto de 1936: «Presentaba un aspecto horroroso, le habían deshecho la cabeza a culatazos, le habían sacado un ojo y presentaba señales de que el asesinato había sido efectuado con ensañamiento». Lleva un tiro en el pecho. El crimen termina de consumarse en la ermita de Valverde, carretera de Fuencarral[10].

Esa misma semana, asesinos paralelos acaban en un barranco de Víznar con la vida de su amigo Federico.

Los tiros, a la cabeza

Negresco es uno de los sitios postineros de Madrid. Entre Cibeles y la Gran Vía, junto al Círculo de Bellas Artes, su terraza se alarga en primavera dominando toda la acera y hay que hacer cola para encontrar una mesa. Pero es invierno, jueves 14 de febrero de 1936, y lo que está abarrotado es el interior del café. A las nueve de la noche entran unos cuantos jóvenes falangistas. Al frente de ellos va un tipo muy alto, delgado y tranquilo, que no tira las octavillas —no quiere perder ninguna—. Las va dando en la mano, de mesa en mesa.

Sentado en la barra, calvo, macizo, hablador, está con un amigo el escultor Luis Quintanilla recuperando horas de libertad después de haberse tirado una temporada en la cárcel por el golpe de 1934. Militante del partido socialista y muy amigo de Luis Araquistáin, Quintanilla es, además de un aceptable escultor, un buen pintor y un excelente grabador; boxeador, viajero y dipsómano, sensible a la absenta. Escribe bien, le interesa el cine, le interesa la literatura. Pero no quiere leer la hoja que le da el muchacho moreno, ni esa ni ninguna que lleve impreso un cangrejo. La tira al suelo y el joven falangista le dice que la coja. Hay pocas palabras más, la botella de ajenjo le parte la cabeza al falangista y la derecha del joven, con peso claramente superior, le abre una brecha a Quintanilla. Los dos, a la casa de socorro y a comisaría. Por el parte que se abre, Luis Quintanilla Isasi, domiciliado en la calle de Fernando el Católico 80, conoce que el joven que le ha lanzado el directo se llama Eduardo Ródenas Llusiá y que vive en O'Donnell 3. Como jefe de la checa del Cuartel de la Montaña, ligada a la del Asilo de la Paloma, Quintanilla va a recordar ese nombre muy pronto y esa dirección inmediatamente. Es tiempo para el rencor[1].

* * *

En la trasera del Campo del Gas la barahúnda es fenomenal, sesenta tíos pegándose a las cuatro y media de la mañana entre Embajadores y la Puerta de Toledo. Es lo menos parecido a una jornada de reflexión, pero las elecciones que se van a celebrar el día siguiente, 16 de febrero, carecen de protocolo previo. Pueden votar los mayores de veintitrés años, quiere decirse que la gran mayoría de los que participan en la gresca se atizan para que decidan otros. Entre los que sí pueden votar hay dos falangistas descalabrados: Rafael León López, veinticuatro años, y Justo Serena Enamorado, treinta y dos, que terminan en la casa de socorro, y otro de treinta que combate por el Frente Popular y acaba en la comisaría: Silvestre Villatobas Ronco. La mayor parte de los activistas de uno y otro bando son del barrio, se conocen bien. Han jugado de pequeños, compartido pillerías, aventuras en las cuevas del cercano Manzanares y todavía, si nadie los ve, se pueden intercambiar un saludo y tomar un corto en cualquier taberna alejada del Puente de Segovia. Justo y Silvestre han coincidido en la guerra de Marruecos. Justo como oficial, Silvestre como mecánico en el 17 de Cazadores de África[2].

Dos días después de la bronca son legalizadas las Milicias Antifascistas Obreras y Campesinas, primer fruto de la

Al pintor del Frente Popular Luis Quintanilla le hizo su epitafio un informe del Gobierno republicano cuando le echaron del espionaje: «Excesivamente vanílocuo, pedante y fatuo… habla mucho, sobre todo por las noches, y bebe mucho». Era por la noche cuando le rompió una botella en la cabeza a Eduardo Ródenas en el café Negresco. Se llevó un bofetón del «barraco»: mal negocio ridiculizar a un chequista vanidoso.

nueva realidad política. Entre los que aún llevan algún moratón por lo de la noche de marras hay gente especialmente preparada para aprovechar el momento. Se trata de incorporar el horror a la acción política. Células adscritas a los radios del Partido, nueva policía alternativa a la policía, van a empezar a actuar en la calle y en los sótanos. El Radio Oeste ha señalado un local en la calle de Antillón para dar cobijo a la fórmula en sus dominios y dos nombres, cuentas pendientes de la trifulca del 15, para ejecutarla: Rafael León y Justo Serena.

⋆ ⋆ ⋆

Rafael León López vive en el número 11 de la calle de los Invencibles, una casa baja al otro lado del río, al pie de Carabanchel. Milita en la Falange y trabaja como electricista, por ese orden. Mira hacia atrás cuando sale a la calle y se siente tranquilo al llegar al centro. Mal hecho.

El cine en Madrid no se proyecta, no pasan una película; en Madrid, el casticismo ha decidido que las películas se echan. En la sala más grande de España, la del Capitol, Gran Vía 41, echan una de Charles Chaplin que dicen que está bien, *Tiempos modernos*. Además, en exclusiva para toda la temporada. La sesión continua empieza a las once y termina a las cuatro de la tarde. Entre los espectadores de primera hora hay un buen número de trasnochadores que recuperan deuda de sueño en los cómodos butacones del cine más moderno del país. Puede que Rafael haya distraído un rato para ver a Charlot o que, con mayor probabilidad, pase por la puerta del cine todos los días para ir a trabajar —tres portales más abajo, tendrá una oficina años después otro Rafael León López—. Va tranquilo. ¿Quién se va a atrever a montar una patrulla parapolicial en la calle más concurrida de la capital en su hora punta? Las MAOC, Rafael, las MAOC[3].

Señalado desde la madrugada del 15 de febrero, el militante falangista Rafael León López está totalmente bajo control, conocen sus pasos y le esperan a la hora sabida en el sitio exacto, el lugar más abierto y populoso, que el atentado se quiere con mucho ruido. Va a necesitar mucha suerte el «chispas» para salvar la vida. Mucha. Los pistoleros son un par. Con el mismo artificio utilizado para acabar día y medio antes con Olano y Bellsobell, los agentes comunistas le exigen la documentación mientras le regalan una pregunta retórica: ¿tú eres falangista? Rafael lo niega con toda la convicción del que sabe que está atrapado diga lo que diga. No hace ni amago de sacar el carnet, ni lo necesitan. Le miran a la cara y un segundo después Rafael León tiene un tiro en la cabeza y cae sangrando al suelo. Antes de despedirse del cadáver, ambos le golpean con las culatas de sus pistolas. De estos golpes va a tardar en curarse más que del disparo, porque el muerto no está muerto. Un gesto del instinto ha movido su frente lo justo como para que el tiro haya entrado en sedal, y, pese a lo estrepitoso de la sangre que le tapa la cara, en la casa de socorro firman un parte médico donde se señala que la herida es de pronóstico reservado, pero «sin interesar órganos de importancia». No consta que añadan la palabra milagro[4].

Nadie fue acusado del asesinato frustrado, como cabía esperar si ni siquiera ocurría con los consumados. Pero vale relacionar la noticia que descubrimos en la prensa con otra que discurre líneas arriba, en la misma página, único indicio desde el que puede aventurarse el estudioso de las milicias de las MAOC para poner cara al dúo que le mete un balazo en la bóveda craneal a León López.

Nos habla de la detención de un par de pistoleros comunistas, metalúrgicos, Bonifacio Prieto y Luis Espinosa Casado, de diecinueve y veinte años, localizados mientras parecen vigilar desde un taxi estacionado en la plaza de San Miguel. A pie, cinco minutos desde la Gran Vía. El jiennense Luis Espinosa es hombre de la máxima confianza de Pedro Checa, el auténtico jefe de la cosa, quien organiza la estructura policial directamente y escoge los elementos que van a ocuparse de traducir más que literalmente el manual soviético. Luis Espinosa Casado siguió trabajando junto con Checa durante la guerra en la dirección del aparato militar del Partido Comunista de España como uno de sus más cercanos colaboradores[5].

* * *

El otro falangista señalado por la organización tras la bronca del 15 de febrero, Justo Serena, no va a ser tan afortunado como Rafael León. A Rafael le balean en la calle; a Justo lo van a secuestrar. No se admiten fallos.

Los guerreros volvían del combate con un fantasma dentro que les atormentaba como si noche y día siguieran en la batalla. Escrito con un punzón cuneiforme, el mal del cruel ectoplasma está descrito en las tablas de las guerras mesopotámicas, tres mil años atrás. Después de la Primera Guerra Mundial la siquiatría dio nombre a los fantasmas del soldado: neurosis de guerra; después de la del Vietnam, trastorno de estrés postraumático (TEPT)[6].

Justo Serena Enamorado ha pasado a la reserva del Ejército antes de cumplir los treinta años y se vuelve a Madrid; lleva en su morral de veterano en África mucha sangre enemiga, mucha sangre amiga. De la promoción de 1921 en la

Academia de Toledo, con un hermano en la mehala de Tetuán y otro guardia civil, pasa de teniente de la Legión a cuidar de su madre, Piedad Enamorado. Algo nos perdemos en el camino. Los tres hermanos le deben a Piedad muchas horas de fregoteo por los pasillos de aquel piso enorme en la calle de Fuencarral donde trabaja como sirvienta[7]. Viuda desde muy pronto, les da educación, les da estudios, les da ejemplo, y el pequeño de los tres vuelve entre brumas para acompañarla al entrar en la vejez. Desubicado, encuentra en la Falange una salida natural a sus preguntas, una idea y un compromiso. Su energía militar, probada en la batalla, no decayó, simplemente cambió de escenario, ahora como primer jefe de Escuadra de Choque. Una nueva milicia de la que alardeaba sin recato. En la pequeña vivienda de la calle Angosta de Los Mancebos, donde cae Latina hacia el Puente de Segovia, su madre le está esperando para cenar. No llega, ni va a llegar. Cuando alcanza la calle de Bailén, varios tipos armados le han metido en un coche que tira para el viejo convento de Antillón. Los fantasmas del soldado son reales.

Los clandestinos de la Primera Línea

Saturio Torón tiene treinta y dos años y treinta y dos cornadas. De abajo arriba una cicatriz de 185 centímetros: todo su cuerpo lo es. El destino se apropió de él desde la pila y le ha dado un apellido implacable y exacto. Torón mataba toros hasta hace unos meses. Lo hacía a pecho franco, exponiendo siempre, carecía del don y lo suplía con fuerza y sangre. El dueño del toreo es aquel que encela al animal y lo burla entre filigranas; el arte de engañar sin mentir. Torón no mentía. Pero tampoco engañaba. La fatal conclusión es que, con siete hijos sanísimos, una esposa paciente y una pierna renca por la última cogida en la plaza madrileña de Tetuán, ya ha cobrado todo lo que sobre el albero podía ganar.

Saturio Torón encierra un personaje novelesco. Además de torero, ha sido anunciante de una marca de vinos, ha dado nombre a unas navajas de afeitar y desde hace un tiempo firma como periodista en *El Debate*. Antiguo boxeador, en su perfil resumido cabe también la condición de devoto de la Virgen del Pilar, aventurero, falangista de acción y oficial del Ejército republicano, todo lo cual se desvanece en una madrugada de Somosierra cuando camina solo entre las dos líneas de combate[1]. Le revienta una mina, según la versión oficial, como capitán de los Legionarios de la Muerte, unidad republicana que combatía en la Sierra de Madrid. Legionarios de la Muerte, nombre algo ajeno a lo que era la nomenclatura común en ese ejército. Y con un punto de viejos heroísmos dramáticos que parecen salidos de otros tiempos. Recuerda a aquel en el que también participó la vena romántica del gigantón navarro: la Escuadra de la Sangre, una efímera secuencia de su vida falangista que acaba con la expulsión del que muñe como jefe del aparato, Ansaldo, y una bronca épica para Saturio por organizar la escuadra y bautizarla.

Aunque va a durar poco porque lo expulsan rápido, Juan Antonio Ansaldo Bejarano[2], encargado de la seguridad en las filas falangistas bajo un título muy suyo, director de Objetivos, ha empezado a organizar la brigada de choque con un grupo inicial en el que Saturio aparece como elemento más visible, pero solo porque se dejaba ver. Lo más violento que hace es colocarse un pistolón entre el cinto y el ombligo: le abulta cuando se inclina sobre el mostrador de la tasca vallecana en la que todas las tardes se toma un chato con su guardaespaldas. El que le cubre es un titán de cincuenta kilos que le adora, su compañero en la escuela de *El Debate,* Dionisio Ridruejo, que al salir de clase hace el viaje peripatético hasta casa de Torón y luego se vuelve a la suya, preocupado por él y armado con un cortaplumas. Nunca pasó nada[3].

Saturio era vociferante y decidido, pero no participó en acción alguna. Sin embargo, el nombre sanguinolento de la escuadra por el que le abroncó José Antonio fue aumentado por Ramiro Ledesma en *¿Fascismo en España?*, noviembre de 1935, hasta Falange de la Sangre para referirse a aquel primer intento. El nombre lo repitió el escritor Francisco Bravo una vez y se instaló del todo sin que el término se hubiera utilizado jamás entre los militantes ni apareciera en otro texto, hasta el que editan a Ansaldo en 1951[4].

★ ★ ★

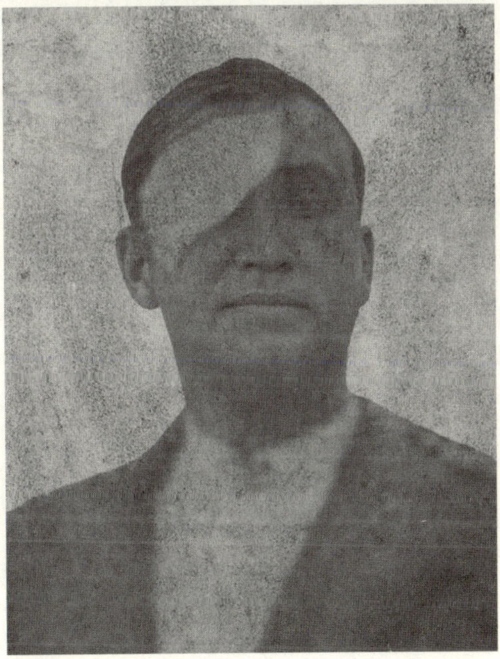

Arriba, Camilo Olcina, con gafas y echando mano al bolsillo interior del abrigo, de la CNT a la Falange con los mismos tics. Abajo, Saturio Torón, boxeador, torero, periodista y lo que le echaran. Tuvo una muerte extraña, quién sabe si de regreso a sus filas desde el bando republicano.

Coincidiendo en el tiempo con el atentado de los hermanos Rico, que todavía monta Ansaldo, aparece la Primera Línea, estructura avanzada y violenta que va a responder en un ajedrez trágico, pieza a pieza, mientras puede, a la acción directa del marxismo. Durante un tiempo muy breve su jefe es Luis Arredondo, veterano de la guerra africana, que se vuelve con Ansaldo a Renovación Española. Le sustituye Luis Aguilar, la sombra de José Antonio Primo de Rivera. A su lado reúne a gente de máxima confianza, miembros del SEU que van extendiendo las escuadras de choque con militantes de la periferia.

Es la segunda mitad de 1934 y pronto se va a añadir temperatura profesional a la Primera Línea. La traen unos cuantos anarquistas, la mayor parte de ellos antiguos legionarios, convocados por Nicasio Álvarez de Sotomayor y Camilo Olcina[5]. El primero de ellos es el soriano Ramón Cobeta, un antiguo guardia civil con veleidades de poeta libertario, miembro de Los Intransigentes en la FAI y apresado junto a su compañera cuando iban a colocar unos explosivos. Ella es la hermana del socialista Francisco Cruz Salido, Purificación, pero milita junto a Cobeta en el anarquismo. Lo de la bomba es un encargo de Sotomayor que les cuesta dos años y medio de cárcel. Cuando salen, Sotomayor, que ya está en las JONS, incorpora a Cobeta. Su prestigio en la CNT va añadiendo otros nombres tras el del Ramón, aunque alguno de los que le han atribuido son meras trapacerías de la narración histórica[6].

* * *

A José Antonio Primo de Rivera le preguntan en el juicio de Alicante que si conoce al Negro. Y que si conoce a Ribagorda. De este último comenta que supo de él en la cárcel tras su detención del 14 de marzo: «No tenía la menor idea de que existiera Ribagorda»; añade una nota irónica: «Tenía gran empeño por hacerse pasar por camarada»; y concluye: «Yo les dije a los camaradas de la misma galería que no lo consideraran como tal». Y, sin embargo, tan contundente afirmación, que puede ser sencillamente ratificada en los archivos con unos cuantos días de trabajo, no ha sido tomada en cuenta por los historiadores de cualquier signo o de ninguno, de manera que Nicasio Ribagorda pasa a la historia como autor de uno de los últimos atentados falangistas, un empeño criminal difícilmente equiparable en cuanto a abyección.

Nicasio Ribagorda Pérez nace en Villaconejos en 1902. En África sirve como carabinero y diez años en la Legión. Casa pronto con una joven viuda que aporta un hijo, Manuel, al matrimonio. Al poco tienen el primero de la pareja, que se llama como el padre y muere con cinco meses en tierras africanas por una bronconeumonía; luego llegará una hija que les sobrevivió. Algo que le aleja del equilibrio se le mueve por dentro a partir de la pérdida del hijo. Decide dejar Melilla y volver a la península inmediatamente. A su retorno consigue un puesto en el Ayuntamiento de Madrid como agente de arbitrios y otro en el movimiento libertario como anarquista de acción. Una tarde de agosto de 1931 aparece en el hospital acribillado a balazos; alguien le ha arrastrado hasta la clínica cercana dejando dos regueros de sangre paralelos que desarticulan todos sus argumentos ante el juez. Forma parte de un grupo ácrata que después de repartir unas cuantas bombas ha intentado acabar con unos policías disparándoles desde un taxi en la puerta del Hotel Palace. Los agentes responden y en la refriega cae Ribagorda, al que le endosan veintitrés años por los hechos demostrados. No está tanto en el penal de San Miguel de los Reyes porque le toca la amnistía del 21 de febrero de 1936 que le sacaría en marzo.

En los cinco años de cárcel conoce a otro tipo de su fuste, Adolfo Burzaco Iturbe, un paisano de Guecho que pasa de recibir cuatro balazos en la defensa del nacionalismo vasco a apuntarse al Tercio y terminar en la trena por estafa y homicidio. Luego se hace anarquista y en el penal le auxilia la FAI, asegura. Burzaco y Ribagorda salen de prisión a la vez y con un «trabajo» pagado por delante que ha conseguido el vasco a través de sus contactos madrileños; les van a dar dieciséis mil pesetas a repartir por acabar con la vida del abogado socialista Eduardo Ortega y Gasset. Ribagorda se acerca como cliente al hermano del filósofo, reclama sus derechos ante el ayuntamiento que lo expulsó —puede, es un hombre amnistiado—, y el letrado toma el asunto con seriedad y le pone empeño.

Ese mes que Ribagorda pasa en libertad es espeluznante: cuando llega a Madrid, su esposa está agonizando. De atender a los comentarios de los vecinos que le observan y hablan luego con la prensa, dedica el tiempo y el dinero al vicio. No hay que hacer todo el caso a los vecinos y la prensa, pero en la podredumbre del acto que planea hay algo que supera la bajeza de cualquier comportamiento. En lugar de asumir la ejecución del ataque, prepara una bomba de mecha bajo una bandeja con comida, una gallina y huevos, y envía a su hijastro de quince años con la cesta de trilita y una sola indicación: cuando estés llegando a la puerta, prende la mecha. Los reflejos de la mujer de Ortega, que echa un colchón sobre el explosivo, evitan víctimas humanas: ella, los tres pequeños y la sirvienta, que a las diez y media de la mañana el destinatario del presente no está. La casa queda des-

Nicasio Ribagorda.

Adolfo Burzaco.

Nicasio Ribagorda y Adolfo Burzaco. Ninguno de los dos fue falangista. La historia de ambos aparece en estas páginas, aunque merecería mejor sitio en cualquier crónica de la España negra.

trozada, pero no hay escapatoria, claro. El chico es reconocido como cercano a Nicasio Ribagorda. Cuando la policía llega a su domicilio, la familia está velando el cadáver de la madre. Ha muerto ese mismo día[7].

En la enumeración de los crímenes de ese período, el de este intento pasa a la relación sumarial de la Falange, y Ribagorda a la lista de militantes históricos del partido, aunque el jefe de la Falange lo niegue con toda contundencia y el pistolero Ribagorda haya estado en prisión todo ese tiempo. Hubiera bastado con un estudio serio de la información aparecida en prensa —y ya hemos aprendido que cuanto más alejada de la capital, más veraz y profunda— y el comodín del sumario. *El Felanitxer* hace las dos cosas, la crónica y la cita referente del sumario que da el nombre del inductor del crimen, Fernando Cobián Fernández de Córdoba, y de la formación a la que pertenece, Renovación Española. Cobián es el «abogado amigo» al que alude el socio de Ribagorda en su declaración, el «benefactor» que le hacía llegar el dinero a la cárcel[8].

A Ribagorda le asesinan junto a los generales Fernando Capaz y Rafael Villegas en la matanza de la Cárcel Modelo de agosto del 36. No podía pasar inadvertido a los ojos de Felipe Sandoval y de Aliques, sus viejos conmilitones anarquistas. Le ponen una pistola en la frente y le vuelan la cabeza. Literalmente. A los falangistas que habían sido militantes comunistas, o al mismo Sinforiano Moldes, que venía del anarcosindicalismo, les dieron otra muerte, mucho más simbólica y cruel. Una muerte política[9].

★ ★ ★

A José Antonio Primo de Rivera le han preguntado en Alicante por El Negro antes de hacerlo por Ribagorda y contesta con la verdad. Pero una verdad corta. En la Primera Línea había más negros. Tres. Y los tres eran El Negro para sus camaradas más cercanos[10].

Agripino Camín Elósegui es hijo de Alfonso Camín, el último poeta bohemio, buen poeta y coleccionista de matrimonios, que hasta cuatro va a firmar el asturiano. Camín, el aventurero Camín padre, se trae de Cuba una afición importante por la belleza negra que convierte en poesía y en más cosas[11]. No es un padre dedicado, Camín el poeta, pero en su constante itinerancia hace un alto para dirigir en Madrid una revista, *El Norte,* de esas en la que se juntan el halago y el chantaje, donde emplea a su hijo. Buen fotógrafo, Agripino, muy bueno, listo y mañoso, pero de una mano, que la otra la perdió de pequeño con todo el brazo. Alfonso y Agripino nunca están de acuerdo en nada excepto en lo de repartir la tierra y nacionalizar la banca. En eso sí, aunque el hijo se lo toma más en serio; el mozo era parte importante del equipo que editaba *Arriba* y luego *No Importa,* en el piso clandestino de la calle de Sagasta. Agripino escapa de la muerte en el Cuartel de la Montaña y sobrevive a la guerra; después de ella, el paseante le puede encontrar silbando un verso de *Guantanamera,* cámara al hombro como fotógrafo callejero en cualquier rincón madrileño. Su padre vivió bastante más que él; Agripino nunca colaboró con el Régimen, comportamiento idéntico en todo el equipo con el que Vicente Cadenas y Vicente Gaceo pusieron en marcha la prensa falangista[12].

Agripino Camín era negro. Y manco.

Ramón Faisán, alias Johnson, puede que no se llamara Ramón ni Faisán, y que del ayer trajera solamente el seudónimo yanqui. Las crónicas coinciden en decir que nació en Cuba y que pasó con gloria por la Legión: cinco heridas de guerra. La primera información que encontramos sobre él aparece con ocasión de una cita en los juzgados por resistencia a la autoridad y es de 16 de enero de 1936, muy tarde. En esa cita ante el juez se presenta como Ramón Faisán Lacambra y ese segundo apellido le delata para quien atienda a las imposibles coincidencias. Lo que está haciendo es atribuirse el apellido de su mejor amigo, el camarada que vive con él en el número 15 de la calle de la Luna, Rafael Lacambra. Usos habituales de los clandestinos.

En marzo de 1936 hay una huelga de la construcción en Madrid que rompe el sindicato obrero de la Falange, la CONS, crecido notablemente en número por la llegada de albañiles desesperados que no aguantan más sin ingresar una peseta en sus casas. La estrategia es dudosa y, según el historiador Ceferino Maestú, Camilo Olcina convence a José Antonio para cerrar un acuerdo con la CNT y apoyar la huelga. El propio Camilo se lo cuenta a Ceferino y se apoya en los hechos: la CONS dejó de trabajar inmediatamente. Pero en uno de esos últimos días de desencuentro, los obreros sindicados acuden a la vieja plaza de toros para seguir demoliendo el coso de la Fuente del Berro. Johnson ha llegado un poco antes porque su tarea es proteger de los piquetes a los que quieren trabajar. No pasa inadvertido, es negro y tiene un asimétrico recuerdo legionario muy a la vista: le falta un brazo. Sin embargo, debe de tener jerarquía con la pistola porque ocupa un puesto relevante junto al bloque de los vascos que el mando ha traído desde Guipúzcoa y Navarra a Madrid para consolidar la parte dura de la central obrera, vinculada a la Primera Línea.

Su inseparable Lacambra es un irundarra que llega a la capital al tiempo que lo hacen desde San Sebastián Manuel Choperena y Adrián Irusta[13], y desde Navarra José Urra Goñi, comunista hasta hace poco. Irusta, nacionalista vasco en su origen, y Choperena, han sido legionarios, han sido

Dos de los vascos de la Primera Línea falangista: Manuel Choperena (arriba) y José Urra. Ninguno se hizo viejo.

pelotaris, quieren acción y no la han tenido en demasía en el País Vasco. Un elemento bragado como Choperena no puede alardear de que le hayan multado con doscientas cincuenta pesetas por hacer pintadas en La Concha; no como Urra, que, puestos en cantidades que sean importantes, fue a la cárcel en octubre del 31 porque le pillaron en la frontera sacando de España doscientas mil pesetas. Sometido a un hábil interrogatorio no soltó una palabra. El asunto no estaba nada claro; lo seguro es que el dinero era de otros, pero solo pagó él. Si fue cosa de militancia, el partido comunista, que no abandona a sus correos eficaces, le gestionó un trato especial desde su primera noche en prisión. Pasados unos días todo se aclaró: unos cuantos evasores de la burguesía donostiarra estaban detrás del asunto; el «primo» que por unas monedas iba a contrabandear el dinero, Urra. Urra, a todo que sí, se denunció a sí mismo ante la policía. Una aristócrata y su asesor bancario enredados en la trama fueron al trullo, y el panolis al que algún periódico derechista de San Sebastián tildó de afeminado, de rositas y con treinta mil del ala que le pagó la policía por la delación. A los tres años volvió a salir en los papeles porque le partió la cabeza a un paisano[14].

El grupo de los vascos llega a Madrid para dotar a la Primera Línea de un perfil proletario del que carece. La milicia falangista está formada por estudiantes en su mayoría abrumadora y jóvenes escuadristas que trabajan como empleados y viven en el extrarradio. Johnson convive con ellos desde el primer día, un vasco más. Con Choperena e Irusta tiene además el vínculo legionario, un desapego semejante por la vida y el mismo arrojo. Forman una escuadra de la Primera Línea al servicio de la Central Obrera Nacional-Socialista.

* * *

La jornada del 6 de marzo termina. Son las cinco y media y los obreros se disponen a salir. Cuando la mayor parte se ha dispersado y el equipo de seguridad está cerrando la obra, tres individuos armados con fusiles ametralladores los acribilla desde un taxi matrícula 49060 de Madrid que han robado en Atocha[15]. El tableteo de las ráfagas ha dejado tendidos a Manuel Choperena, Rafael Lacambra, José Urra Goñi y Ramón Faisán. Choperena está atravesado a balazos, lo mismo que Lacambra, que pierde un brazo, pero ambos aguantan. Urra Goñi, el silencioso navarro, no va a añadir un minuto más a sus veintiséis años. Johnson está donde tantas veces antes estuvo a punto de estar. Al Telón de los Caídos, los dos.

La operativa de las MAOC es perfecta. En la seguridad de que alguna ambulancia llegará, tienen preparado otro comando que la machaca cuando carga a los heridos camino de la Casa de Socorro. Ha de definirse con todos los sinónimos de la palabra prodigio que de los diez balazos que perforan el automóvil ninguno haga carne.

El segundo de los tres, muerto. ¿Ramón? ¿Faisán? Johnson, negro. Y manco.

⋆ ⋆ ⋆

El tercer Negro es Pereira, y es el Negro al que buscan las MAOC y del que habla José Antonio en su último juicio. No solo confirma su condición de militante, sino que lo afirma como un hombre de confianza, muy querido. Antonio Gonçalves —para todos González— Pereira es el chófer, perenne acompañante, camarada y amigo del dirigente falangista Julio Ruiz de Alda desde que el antiguo legionario portugués y el oficial de Artillería participan en la toma de Xauen. Luego, Ruiz de Alda solicita pasar a la joven arma de Aviación, salta los océanos y entra en política. Pereira, allí. Por esa cercanía, la presencia del Negro en un suceso de principios de verano de 1934, que le tiene de actor junto a Sinforiano Moldes y Blas Zambudio, destacado anarquista barcelonés, merece una reflexión que jamás se ha hecho.

Para empezar, Zambudio, también conocido como Petrolo y el Pequeño, un tipo que entiende el atraco como el camino más directo a la acracia y que terminará cayendo en su particular maquis, a tiros con la policía que le agujereó a balazos «hasta que dejó de ser peligroso», según explica textualmente *La Vanguardia* el día de Reyes de 1942[16]. Mejor muerte la suya que la de sus compañeros de partida: apresados de inmediato, son pasados a garrote vil. Zambudio es muy amigo de Sinforiano y viven juntos en Madrid por ese tiempo, julio del 34, y ojo a la fecha, que dice mucho. Ambos tienen un largo historial de detenciones por su entrega a la causa anarquista; de 1927 data la primera de Moldes. Comparten la misma actividad en el ataque directo al capital y nadie sabe cuántas entidades han podido asaltar. De su lealtad a la causa da cuenta el que siempre anduvieron a la cuarta pregunta, siempre pobres: el dinero, a la Confederación.

Lo sorprendente es el triángulo: Zambudio, anarquista destacado; Pereira, falangista destacado; Moldes ¿las dos cosas? Lo constatado es que trabajan juntos.

Sinforiano es encarcelado en 1933 por el asalto revolucionario al Cuartel de María Cristina, en Madrid. En julio del 34 va preso por última vez como libertario y, en la cárcel, detenido junto a la redada de falangistas que se ha hecho por esas fechas, se incorpora del todo a la organización. A partir de esa fecha, Sinforiano Moldes ocupa un papel distinguido

Perico Durruti.

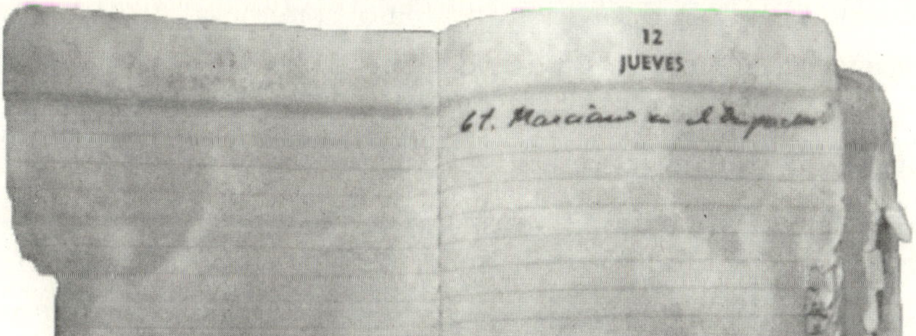

Esta es la agenda de José Antonio. Explica mucho que su última cita en libertad la tenga con Marciano *Perico* Durruti, fusilado por Franco unos meses después del noviembre alicantino. Perico cayó con su camisa azul.

en la Primera Línea, directamente relacionado con José Antonio Primo de Rivera. En otoño del 34, este le envía a Zaragoza, tierra que conoce bien de su experiencia confederal. En muy poco tiempo fortalece la estructura a partir de antiguos compañeros de la CNT, como Andrés Candial, Ángel Inglés o el notable Melchor Rocatallada, y retorna a Madrid. Su siguiente captación es muy llamativa, porque Moldes añade al partido un apellido libertario aún más ilustre: llega a la Falange desde el sindicato anarquista Marciano Pedro Durruti. El avalista es el propio José Antonio, lo mismo que con Moldes, lo mismo que con Manuel Mateo, el secretario de la CONS que ha sido dirigente del PCE[17].

El menor de los Durruti es un revolucionario interesado en aprender; mecánico chapista, veintitrés años, gran lector, habla fluidamente francés y tiene ideas propias que a menudo contrasta en cartas con su hermano Buenaventura. Es una de las piezas fijas del Ateneo Obrero de León[18]. La familia le llama Perico y de ninguna otra manera. Aunque no oficializa su ficha hasta el 6 de febrero de 1936, en los primeros meses del 35 ya está en la Primera Línea, viaja a Barcelona y prepara las reuniones que José Antonio va a tener con su paisano Ángel Pestaña y el cenetista Diego Abad de Santillán. Al núcleo sindicalista revolucionario de la vanguardia falangista llegan con Perico Durruti los hermanos Velázquez y *Tarascón* Ferrer, históricos del anarquismo catalán provenientes del grupo Los Macabeos.

Perico está de vuelta en Madrid con el nuevo año y el 12 de marzo se ve con José Antonio en su despacho. La próxima vez que se encuentren será como inquilinos de la Modelo en Moncloa, porque al líder falangista le apresan al día siguiente y, el 13 de abril de 1936, Perico es detenido con Sinforiano en la casa de una amiga anarquista, carretera del Pardo. Viven allí y allí les ocupan parte del fichero de la Falange e íntegro el del sindicato de la Construcción.

Los infiltrados en el movimiento falangista están haciendo daño. Unas semanas antes la policía entra en la casa de otro de los hombres de Moldes, el Negro Pereira, y se incauta de más archivos de Falange Española. El partido comunista lo tiene señalado en una selecta relación de «fascistas peligrosos». El baúl lleno de documentos lo baja con un vecino, el hijo del portero de la finca de Zurbano, un chavalín llamado Miguel Gila, el mismo que años después hará reír a los españoles con historias de guerras absurdas[19].

Moldes permaneció en prisión tras el 18 de julio, y de su final hay capítulo aparte; Perico Durruti salió un poco antes por la mediación de su madre, Anastasia Domínguez, que llamó a Ángel Pestaña para que condujera un escrito de súplica que le redactó José Antonio, según declara Perico en su juicio. En agosto del 37 será asesinado por los franquistas; era crítico con la presencia militar al frente del golpe y defendía la incorporación de los izquierdistas al nuevo proyecto nacional, que iba a necesitar comprensión antes que fusilamientos[20].

El sumario del juicio por el que le condenan a muerte agrupa mentiras y verdades en una mezcolanza obscena. Es verdad que Perico ha repetido por todas partes lo que compartía con José Antonio en sus charlas, que la Revolución ha de desprenderse de los militares e incorporar a la tarea de la nueva España a toda la masa obrera que necesita realidades más que lemas. Es mentira, crimen del fiscal que el juez bendice, que Moldes y él entregaran los archivos al enemigo. Es verdad que, igual que su hermano Buenaventura, Perico participó en acciones directas, tal como dice el informe que busca su muerte; «atracador», le llaman. Pero no sabemos si esa verdad alcanza al tiempo en el que un grupo de luchadores que venían del anarquismo pasaron al combate falangista en su Primera Línea. Solo falta el dato concreto que corrobore que el atraco que preparaban cuando fueron detenidos por primera vez juntos Sinforiano Moldes y Antonio Gonçalves Pereira, *El Negro,* y algunos que sí se consumaron en el año posterior sin paternidad de la acción, era en realidad financiación de un partido que defendía desmontar el capitalismo como una alta tarea moral. Algo que se creía su Primera Línea.

El Negro Pereira, el tercer negro al que todos buscaban, fue asesinado en la matanza que hubo en la Cárcel Modelo de agosto del 36.

Pepe Price y Justo Serena, víctimas del método

«Ellos llamaban cuartel a una especie de checa que tenían por el camino de San Isidro». Para hablar de ese lugar y lo que pasaba allí en junio de 1936, María Madrueño utiliza el lenguaje madrileño inmediato, el que fulmina tesis evanescentes del porte «el pueblo se equivoca al llamar así a lugares tan especiales, que no eran checas; eran podencos», y define en su declaración, al fin de la contienda, cuál era el jaez de aquellas mazmorras en la calle de Antillón. En otro lugar de este libro se resuelve tan falso debate de una manera menos ligera que la utilizada en la frase anterior. ¿Cómo ha de denominarse un lugar en el que unos cuantos individuos van tornándose en la tortura, en celdas contiguas cuelgan a dos personas de barras transversales atándoles de tobillos y muñecas, los desollan con vergajos (verga del toro que, después de cortada, seca y retorcida, se usa como látigo), les cortan los dedos de los pies para que vayan desangrándose durante cinco días, les acuchillan el resto del cuerpo poco a poco, los golpean hasta deformarlos y el escaso resto de vida lo acaban a balazos quema piel?

Piedad Enamorado, la espalda hundida por años de servir, mirada hundida por la preocupación, carga con el miedo camino de la comisaría de Latina que está ahí al lado, en su misma calle de Los Mancebos, cuatro portales atrás. Alborea el primer día de julio. Su hijo Justo no ha venido esta noche a dormir; ya le sorprendió que sin avisar no llegara a la cena, pero tiene treinta y dos años y mucha vida corrida como para ponerle los puntos por cosas así. Justo era teniente en África, teniente de la Legión, y desertó de sí mismo para volver a Madrid y cuidar de ella. Mala idea. Le alteraba menos tener al hijo en tierra de moros y saber de él por la carta que recibía a primeros de mes que en casa y sobresaltada por los líos de la política, la maldita política. Pero su Justo, el pequeño de los hermanos, todos militares, era así, valentón, a veces de más, orgulloso de ser falangista, milicia por milicia, y propagandista de la causa allá por donde iba. Siempre en líos, durmiendo en calabozos y con la cabeza rota cada poco. Un lanzado. Problemas.

Rafael Pelayo cuenta en sus memorias que lo engañaron diciéndole que eran camaradas y que subiera al coche porque otros de los suyos les necesitaban no lejos de allí, Bailén abajo. Da igual, porque Justo entró en el coche y al instante supo que había ido de pardillo a aquel viaje. Aquel coche olía a muerte por todas partes. Se lo dice la policía a su hermano mayor cuando descubren el cadáver: «Al chico del Price y a su hermano se los llevaron en el mismo coche y en el mismo coche los sacaron, capitán». Julio Serena, capitán de la Guardia Civil de treinta y siete años, jefe del Cuartel de Hellín[1], ha ido a Madrid en cuanto su madre le avisa de lo que le han dicho en la comisaría: temen cualquier cosa.

Hay tres casos muy parecidos en los últimos tiempos, aunque nada se conozca del primero, Aurelio Martín Ruiz, de veintiún años, falangista que por lo visto cuidaba de documentos del partido, sobre cuyo secuestro se ha echado tierra en la reciente política de no entregar información a la prensa relativa a los sucesos terribles que se multiplican en Madrid[2]. Pero no van a poder cubrir de silencio al segundo de ellos, José Mariano Sánchez Gallego, de dieciocho años, falangista. No van a poder porque es hijo de Mariano Sánchez Rexach, dueño del Price, el local de espectáculos más potente de la capital, teatro, circo, veladas de lucha y boxeo, *shows* de todo tipo, que junta por miles a la sociedad madrileña cada noche. El padre llega hasta las Cortes y a los diarios, aunque de manera más escueta de lo que habría sido portada medio año antes. La crónica que faltó es más sencilla de conocerse casi un siglo después.

Pepe el de los Perros le caía mal a Rafael Pelayo. Pepe siempre tenía cinco duros en el bolsillo, era grandote, pintón, leído y falangista de Chamberí. De esta última condición alardeaba ante Pelayo, que dejaba el paquete de *Mundo Obrero* bajo la mesa de billar para jugar con él en los recreativos de la glorieta de Bilbao junto al Café Europeo. Por los viejos tiempos, cuando eran amigos del barrio. Pepe, congregante de Acción Católica, no era un militante de acción en la Falange, no tenía tiempo para estar en la Primera Línea ni mucha vocación tampoco. El espacio que le dejaba la férrea autoridad familiar lo tenía repartido entre los perros, las clases y ayudar a su padre en la gestión del circo. Pepe se llamaba José Mariano Sánchez Gallego, tenía dieciocho años y muy mala suerte[3].

La tarde del 30 de junio fue con unos amigos al cine de la Flor, sesión de media tarde. Justo un año antes había entrado en la misma sala, pero sin pagar: con sus camaradas de centuria y unos cuantos más reventaron una jornada dedicada al cine soviético. Al despedirse de la pandilla y enfilar el camino a la calle de Luchana, donde vivía con su madre, empezaron a seguirle. Van a secuestrarlo[4]. El rapto de José Mariano está iniciado por la troika del Manías y es un ejemplo de la coordinación elitista en la que se movía la organización comunista cuatro meses después de las elecciones de febrero y uno antes de la Guerra Civil. Los radios están enlazados y de una manera muy aguda las MAOC y sus troikas. La información la pasa Pelayo a la troika con la que operaba, la del Manías, El Rojo y Abellán, Radio Este. Y casi con seguridad por un asunto de antipatía personal: José Mariano nunca fue jefe de Centuria, ni militante destacado, ni de Primera Línea. Pero Pelayo era a sus quince años mucho más listo que El Manías, muchísimo más, y les endosó una operación de matute en la que rápidamente aparece otra célula del sur de Madrid.

Rafael Pelayo de Hungría describe veinte años después la escena que él mismo había originado: el secuestro de José Mariano Sánchez Gallego, en otro tiempo Pepe el de los Perros. Entra en acción la siguiente troika de las MAOC:

> Regresaba este tranquilamente a su casa, cuando de un coche particular surgieron dos individuos. Juanito Fernández, acercándole la pistola al pecho, le avisó:
>
> —¡Si intentas avisar, eres hombre muerto!
>
> —Sube al coche[5] —le obligó La Fuente.
>
> Le llevaron a la calle de Antillón, donde El Tendero, El Rácano y El Garcia se hicieron cargo de él y le bajaron al sótano para interrogarlo.
>
> —¿Qué piensa hacer la Falange? —preguntaba El Tendero.
>
> —¿Tenéis armas? —proseguía El Garcia.
>
> —¿Dónde las ocultáis? —continuaba El Rácano.
>
> Sánchez Resach [sic] permanecía callado.
>
> —Veréis cómo esto le abre el pico —y le dio dos puñetazos en la cara.
>
> —Sabemos que preparáis un levantamiento.
>
> —¿Quién va a ser vuestro jefe?...

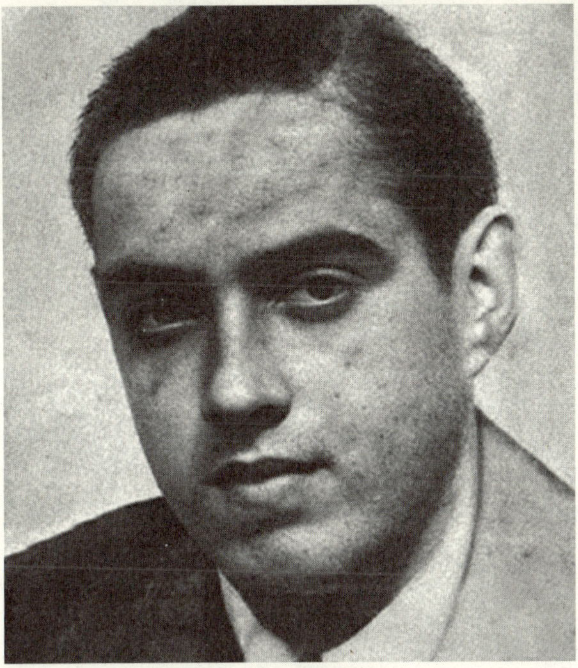

Pepe Price y
Justo Serena.

La troika proseguía sus preguntas y sus golpes sin obtener respuesta.

—Dale un poco de jarabe, Rácano; ya verás cómo canta.

—Dejármelo a mí, Garcia —pidió El Tendero.

Sin una queja, Sánchez Resach [sic] aguantó los salvajes golpes que le propinó El Tendero con recio vergajo.

Después de ocho días de martirizarlo, sin ningún éxito, decidieron eliminarle, para que no pudiera contar los tormentos a que había sido sometido[6].

No fueron ocho días, fueron cinco, tanto da. Llegado al máximo umbral del dolor cualquier sensación se disipa. El dolor es una herramienta de defensa que deja de actuar cuando no hay nada que defender, cuando se han sobrepasado todos los límites. Y en este caso la información que quería obtener, nula porque la víctima no tenía ninguna, era mucho menos importante que la exhibición aterradora del método para provocar la sicosis del enemigo. Esto os va a pasar.

En las torturas participaron los que menciona Pelayo y otras troikas que convivían en la checa de Antillón, como la muy familiar de Emilio Goyanes, su medio hermano, Andrés Asiaín, y el cuñado de este, Antonio Carmona *Carmonilla*. Se necesitaba bastante gente para organizar aquellas sesiones de veinticuatro horas con dos torturados en celdas contiguas. El que está en la de al lado es Justo Serena Enamorado.

⋆ ⋆ ⋆

El instinto del soldado que ha esperado entre cientos de camaradas el ataque del enemigo, apretados y silenciosos bajo el ras de la trinchera, terminó por habituarle a distinguir el olor del miedo. Las hormonas catecolaminas se liberan desde las glándulas suprarrenales y lanzan un proceso de actividad que el combatiente asimila pronto. Es el aroma del pánico. Justo Serena lo olfateó nada más subir a aquel auto, posiblemente. Lo había dejado el anterior pasajero. Y si lo hizo, pensaría: «Estoy listo de papeles». No sabía cuánto. El terror huele igual que la muerte, y ese es el rastro indeleble, potentísimo, que ha dejado el anterior pasajero a la fuerza. Terror y muerte.

El anterior pasajero camino del horror está separado de él por una pared gruesa. No lo verá nunca, solo va a escuchar sus gritos.

Mariano Sánchez Rexach tiene puesta toda su esperanza en recibir una carta, un mensaje, una llamada, en la que le pidan un rescate por su hijo. El capitán Julio Serena Enamorado tarda lo que dura su conversación con la policía en saber que los dos secuestros están combinados, son políticos y auguran mal final. Durante esos cuatro días, desde su llegada a Madrid hasta que localizan el cuerpo de su hermano, se mueve en su ámbito de la Guardia Civil. Tampoco hay interés excesivo en desentrañar lo que está pasando, observa.

El día 4 de julio hallan los cadáveres. Los restos de los dos falangistas aparecen a poca distancia uno del otro en las proximidades de la carretera que va de Húmera a Pozuelo[7]. La misericordia de los forenses lleva a informar a la madre de José Mariano de que el cuerpo incluye «graves escoriaciones». Con el eufemismo le ahorran la descripción brutal del estado que muestra el cuerpo, apagado su último latido con un tiro en la cabeza y otros tres de compañía, según cuenta un vecino de Pozuelo que es testigo a distancia. Pelayo profundiza: «Apareció tirado en una cuneta, lleno de moraduras y varias balas en el cuerpo. El Viejo y El Popeye habían apretado el gatillo tres veces». Pedro de Répide, el escritor de la bohemia que también visitó Antillón y conocía al dueño del Price, a su estilo precisó más: «Era encontrado muerto, atado a un árbol, transido su cuerpo medio desnudo y perecido en el martirio como un San Sebastián de las horas nuevas»[8].

El padre sí ve lo que queda de su hijo. Ha podido confirmar que es él por la estampa de la Virgen que lleva siempre en el bolsillo. No va a tener fuerza para sobrevivirle más que unos meses.

Julio Serena Enamorado acude a la Piedra para asegurarse de que el cadáver que ha aparecido en el monte es de su hermano. Le acompaña un pariente, Julio Toledo Manzano, médico en el Hospital San Carlos. A la madre le dicen que «murió en el acto», pero tras la muerte de Julio siempre habrá un alma «caritativa» que se complazca en hacerle saber que así, en primer vistazo, a su hijo le habían arrancado el cuero cabelludo y presentaba setenta y tres puñaladas. Lo dice en su declaración la pobre mujer[9].

* * *

Los datos definitivos para localizar a una parte de los criminales tres años después los va a aportar una joven oficinista de veintiún años que llega al caso por pura sincronicidad: María Madrueño López de Lizárraga.

María Madrueño declara en la Causa General y narra detalles que ha ido preservando intactos en su memoria, en algún papel quizá, y los repite con firmeza delante de alguno de aquellos verdugos en el careo del juzgado. La precisión de Madrueño va afirmada en el rencor, es evidente: los que están delante asesinaron a su hermano Demetrio, le negaron cualquier dato sobre el crimen que le permitiera usar como calmante y la han usado como criada en el palacete que incautaron. Alardeaban de sus hazañas, muy especialmente quien más la acosaba: Andrés Asiaín Martín, que, con la crónica baladrona de los métodos a los que se entregaban en la primera checa, estaba poniendo una firma en el «enterado» de su pena de muerte.

Los hados de la guerra han querido que al iniciarse la contienda María estuviera viviendo en la casa-palacio de los marqueses de Peñafuente, esquinazo de San Andrés con Espíritu Santo, en Malasaña, justo el que eligen para ellos los de las MAOC de Antillón. Sus padres han sido sirvientes de los marqueses toda la vida; su tía, también. Ese es el espacioso edificio que ha ocupado la troika de Goyanes con los suyos; han tardado poco en ponerse a la altura. No tienen la menor inhibición; en una de sus primeras charlas de salón mencionan un nombre: Justo Serena Enamorado. María se sobresalta. Justo es el jefe de la escuadra falangista en la que milita su hermano Demetrio; y también es su amigo. Ha estado en su funeral y ha visto a la madre, Piedad. Los milicianos, animados, siguen hablando. El que más, Andrés Asiain.

María no pierde dato: apaleamiento, puñetazos, cuchilladas, amputaciones, una bañera, y encima colgado de una barra «como un cerdo», escurriendo sangre, Serena. María espera con ansiedad que digan algo de Demetrio, el escuadrista por entonces desaparecido. Pero no lo van a hacer allí; será en la taberna de San Andrés 7, al lado, y María lo sabrá por su dueño, Teodoro Cuesta, que lo narra también en la Causa General. Los asesinos de su hermano son los de la misma troika: Manuel Contreras, viejo conocido de la afición que había participado con catorce años en el asesinato de Francisco de Paula Sampol; el indispensable Andrés

Asiaín, al que siempre delataba la falta de un dedo; y un tal Cacho. ¿El método? Muy poco original. Localizan a Demetrio Madrueño en la Gran Vía con su uniforme de sargento del Ejército rojo en el que se ha emboscado, lo suben a un coche con engaños y, una vez secuestrado y adecuadamente vapuleado, acaban con él, no recuerda el bodeguero si en el Monte de El Pardo o en Chamartín. Contreras da el tiro de gracia. No sé si les suena.

La declaración de María Madrueño López de Lizárraga es de una originalidad sorprendente comparada con las habituales de la Causa General. Los cuarenta y cinco días que convive con los asesinos hasta que se colocan en la policía y otros cuerpos de seguridad va a volcarlos fríamente en el juzgado. Analiza lo que ha vivido, la suma de datos que ofrece, e incluye sus particulares opiniones, no solo describe. El juez las considera y pasan al sumario[10].

La primera es definir el origen de la gente a la que acusa: por las alusiones constantes que hacen «a su» radio[11], Madrueño concluye que el radio en cuestión es el del Puente de Segovia, aunque durante la guerra no hayan tenido más relación con el viejo convento de Santa Cristina.

Se detiene después en considerar que, por la repetida descripción de estos hechos y otros análogos, no deben considerarse como iniciativas aisladas, sino enmarcados en la estrategia del partido comunista.

Y finalmente, lo que es principio de este capítulo, asegura que lo que en la primavera del 36 Asiaín y sus amigos llamaban cuartel de la calle de Antillón no era cuartel, sino checa.

Andrés Asiaín Martín es condenado a muerte y ejecutado contra la pared del Cementerio del Este el 6 de mayo de 1943. Siete y diez de la mañana. Asiaín ha pedido que lo fusilen junto a su último guía, seguramente el más impor-

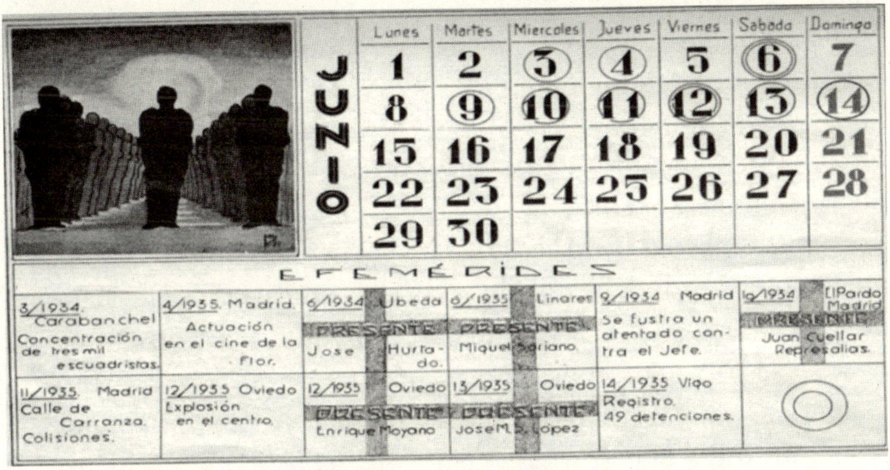

En esta página se esconde, bajo la fecha del 4 de junio de 1935, la secuencia de alguna película que acaba mal. Los falangistas de Chamberí, y seguro que algunos más, han asaltado su cinema preferido, el cine de la Flor, porque en lugar de pasar *Beau Geste, Tres lanceros bengalíes* o la última de Chaplin, los amigos de la Unión Soviética han alquilado el local para proyectar cine estalinista. Como solución encuentran «ir al cine» y revientan el acto en plena función. Un año después, el falangista Olano y su amigo Bellsobell, son acribillados cuando vuelven a casa comentando la peli que acaban de ver. Venían del Flor. Muy poco tiempo después, José Mariano, dieciocho años, sale de la sesión de tarde con unos amigos y se despide, que tiene que cenar rápido e irse al Price a trabajar. Saben de qué cine salía, claro, el de la Flor. Los asesinos del joven escuadrista le esperaban a la salida.

tante de su vida, con seguridad el más importante de su muerte. Es un nacionalista vasco, Luis Álava Sautu, jefe del servicio de espionaje del PNV tras la Guerra Civil, asesinado por el franquismo, que se niega a escuchar cualquier petición de clemencia. En los últimos días de su vida, la palabra católica y sin duda luminosa del ingeniero vitoriano convirtió a Asiaín, que murió ante el paredón asido al rosario que compartía con Álava, después de haber confesado y comulgado el día anterior y rezado con su mentor la única oración que se sabía, el Padre Nuestro[12].

Asombrosa historia que para Justo Serena Enamorado, treinta y dos años cuando lo despacharon, habría sido bastante más rentable que se hubiera producido siete años antes. Cuando a Serena lo bajaron de la barra para sacarlo de Antillón, hombre roto por todas partes, contó Andrés Asiaín que se tiró sobre él y le arrancó la camisa. «Fíjate si era valiente, cómo se notaba que había sido del Tercio el hijo de puta».

Tercera parte

Los verdugos de las MAOC

Un idioma paramilitar

A Pío Baroja le hizo gracia la pintada que vio en un pueblo manchego: «Avajo esos escalabajos cavernicolas», pero se equivocaba el hombre malo de Itzea al creer que los vivas, mueras y abajos desaparecerían en cuanto se encalaran las paredes. Quien anduvo más fino por entonces, precavido ante el tono que tomaban los acontecimientos, fue el malagueño José Moreno Villa. Había en boca de muchos una expresión que le aterraba, «yo los mataría a todos», y su deducción es inapelable: «Hay verdadera ansia de exterminio». Lo comprobó algo más tarde, cuando a finales de noviembre de 1936 salió de Madrid e hizo noche en una casa de Tarancón, ofrecida por unos milicianos de la FAI que le explicaron qué fue de los dueños: «Los matemos a todos»[1].

Entre la pintada que vio Baroja y el mataría y el matemos anda la gramática de una nota publicada el 17 de agosto de 1933 en el *Heraldo de Madrid,* preñada de violencia y de funestos presagios. No parece escrita por Cervantes, desde luego, pero es suficiente para justificar la creación de las MAOC. Avisa de que en las últimas semanas han comenzado a «actuar de una manera descaradamente desvergonzada los monárquicos, cavernícolas y fascistas, estrechamente ligados», y habla de las «insolencias provocativas de la chusma señoritil y monárquica». Se refiere al proceso contra los sublevados de la sanjurjada, «los sangrientos sucesos de la Universidad Central, el asalto al local de los Amigos de la US [Unión Soviética]; el abortado complot de la noche de Santiago; las maquinaciones diarias de las bandas fascistas; el envalentonamiento intolerable de que diariamente vienen dando muestras las hordas del fascismo». Finalmente, aclara que las MAOC se han creado tras una asamblea celebrada en el local de la Asociación General de Dependientes de Comercio y Empleados de Oficinas, y cita los nombres de los miembros del comité ejecutivo: «presidente, Antonio Hierro Muriel; secretario, Luis Mangada; tesorero, Robles; vocales: Luis Relaños, Pulido y Alejandro Jiménez».

Todos estos hombres no son más que marionetas, la fachada legal que oculta una estrategia muy precisa y a los hombres que la llevarán a cabo. Las MAOC se han creado meses antes. *Mundo Obrero* publica el 16 de marzo de 1933 un manifiesto que anima a la creación de las milicias antifascistas, definidas en el editorial de otro periódico como «otro fascio en la acera de enfrente»[2], y su puesta de largo tiene lugar en el Frontón Central cuatro días más tarde, donde se han reunido cerca de siete mil comunistas. *Mundo Obrero* ni siquiera da el nombre del militante que presenta las milicias ante los asistentes. Viste ya la camisa azul y la corbata roja: «Es necesario, frente a las bandas armadas de criminales fascistas, el armamento del proletariado; pero ahora mismo, sin esperar autorizaciones de nadie, empezando a constituir en los lugares de trabajo las milicias antifascistas, integradas por todos los trabajadores». Grandes aplausos. Las milicias no tardarán en desfilar por las calles[3].

El origen de la policía comunista española se remonta a julio de 1923, cuando el secretario general del Partido, Óscar Pérez Solís, propuso la creación de unas «centurias obreras», grupos paramilitares a la manera de los comunistas de

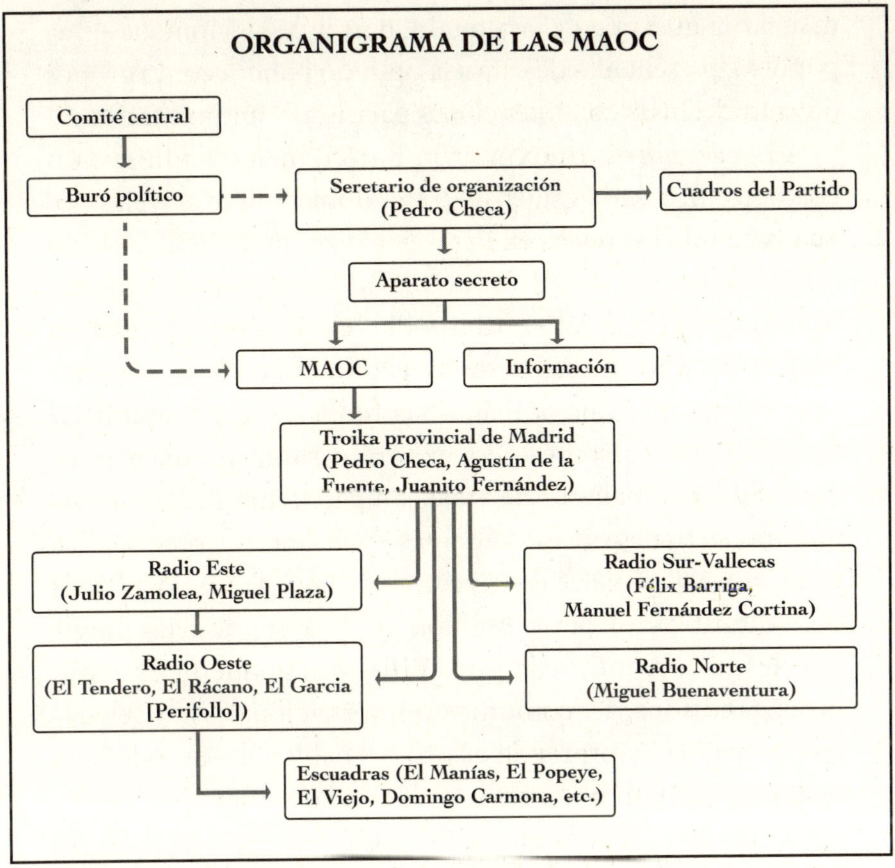

Alemania. Aunque la idea no se llevó a cabo, porque la militancia era escasa, la violencia la ejercían los llamados «grupos de choque», que algunos historiadores llaman «semiterroristas», sin que se sepa bien a qué alude, qué denomina o qué matiza el prefijo.

Las MAOC se convirtieron en una fuerza paramilitar fundamentada en una doctrina marxista-leninista sobre la insurrección armada que combinaba las funciones del Ejército popular y la policía. Por un lado, con sus células activas en todo puesto de trabajo y con células infiltradas clandestinamente en el Ejército —con éxito, como se verá nada más comenzar la guerra en el asalto al Cuartel de la Montaña—, y, por otro, presentadas de cara a la opinión pública como grupos de «autodefensa» con intenciones pacifistas y antimilitaristas[4].

Autodefensa es un oxímoron estrictamente leninista, un cortocircuito verbal que supera el doblepensar orwelliano. Su obscenidad se revela en París en el verano de 1934, cuando una delegación del PCE acude al congreso del movimiento pacifista Amsterdam-Pleyel. Los españoles han preparado unos meses antes su propuesta para las milicias antifascistas, pero no acaban de entender que la mayoría de los delegados presentes no son comunistas, sino pacifistas, *popútchiki,* compañeros de viaje, simpatizantes del comunismo, intelectuales sin antecedentes —«limpios», como se dice en las novelas policíacas—, útiles para lavar la cara del Partido y dignificarlo ante la opinión pública, marionetas movidas desde la Komintern por Willi Münzenberg, el genio propagandístico del comunismo internacional. A la delegación española le sorprende que todos hablen de «autodefensa de las masas» y ni uno solo se refiera a las milicias antifascistas. Cuando el representante del PCE sube al estrado y explica la táctica de las MAOC, eso de que no es indispensable matar a un obrero fascista solo por el hecho de serlo, pero sí es «justo y necesario» si el obrero reparte propaganda o realiza alguna otra «acción análoga», la concurrencia muestra un mímico rechazo: en su informe posterior, el representante explicará con asombro que «pudo apreciar ciertas contracciones en los rostros de algunos miembros responsables, lo que determinó que cortase su informe sobre esta cuestión, planteándolo en la reunión de fracción»[5].

Cuando los congresistas se recuperan del susto español, se celebra entre bastidores la «reunión de fracción», donde se concreta la exigencia de mentir a los ciudadanos, de hacerles «despertar el sentimiento de necesidad de la autodefensa de masa», una autodefensa dirigida disimuladamente por unas milicias que reúnen a miembros de todas las agrupaciones políticas, pero que han de ser guiadas por el partido comunista. Finalmente, los responsables políticos del congreso sermonean a los españoles: «El Frente Antifascista debe hablar de autodefensa de masas sin concretar esta en unas Milicias del Frente Antifascista».

En su *Breve tratado de sovietología,* Alain Besançon ofrece las claves para descifrar el lenguaje comunista del que el informe español sobre el congreso de París es modelo preceptivo. La lógica propone dos palabras para realidades opuestas: *esclavitud* y *libertad* valen como ejemplo. Sin embargo, como detecta Besançon, el esquema del lenguaje comunista es distinto: una palabra y dos realidades: «De este modo, la libertad, en su sentido soviético, es para nosotros *lo contrario* de libertad; la distensión, lo contrario de distensión, y la defensa de la paz, lo contrario de defensa de la paz». Del mismo modo, concluimos, la «autodefensa de la masa» es lo contrario de la «autodefensa de la masa»[6].

El mito de la autodefensa lo asumen todos los historiadores que han tratado en algún momento la organización de las MAOC, unas milicias consideradas por algunos como meros grupos de domingueros mal entrenados y mal armados: «... No es probable que antes de julio de 1936 pasaran de ser algo más que grupos de militantes, predominantemente de las Juventudes, que se ejercitaban regularmente los domingos y festivos en la sierra o en la Casa de Campo de Madrid, cuya función consistía en llevar a cabo acciones de autodefensa y realizar tareas de servicio de orden en reuniones, mítines y manifestaciones, y cuyo armamento se limitaba a un pequeño número de pistolas»[7].

La aproximación acrítica al fenómeno de las MAOC tiene su origen en la aceptación de unas fuentes que tienen carácter de consigna. La definición de las milicias como meros grupos de autodefensa está reproducida directamente de testimonios tan dudosos como los de Juan Modesto y Enrique Líster. El primero define las MAOC como «una organización de autodefensa del pueblo, hijas del enfurecimiento de la lucha provocado por la reacción, que ponía rumbo al poder, a la fascistización gradual de la República; eran impuestas, en particular, por la actuación, cada vez más descarada y peligrosa, de los grupos de pistoleros falangistas que gozaban de cierta impunidad». El tono de Líster es más burocrático: «En cuanto al objetivo perseguido con ellas era de autodefensa de las organizaciones democráticas, proteger las manifestaciones, mítines, etc., contra los ataques de los grupos de pistoleros falangistas. Su instrucción en los primeros tiempos se hacía clandestinamente y, según iba cambiando la situación, se hicieron más libremente». *Sic* a todo[8].

Es difícil comprender que unas milicias nacieran en la primavera de 1933 para defenderse —autodefenderse— de un partido creado en octubre de ese año, pero en cualquier caso es evidente que las MAOC no son una agrupación de domingueros y, aunque en principio sus armas son los palos, las barras de hierro y las porras que llaman «rompecabezas», se irán haciendo con un arsenal suficiente para concluir sus atentados no solo con éxito, sino también con más impunidad, como sin querer denuncia Líster en sus memorias.

Si hay un punto débil en las MAOC es la indisciplina, pero para matar a un hombre porque «es justo y necesario» bastan solamente un asesino y una pistola. Ahora bien, si lo que se pretende es maximizar los efectos del crimen, es obligatorio recurrir a la tortura y el terror, tan caros al dios Lenin[9].

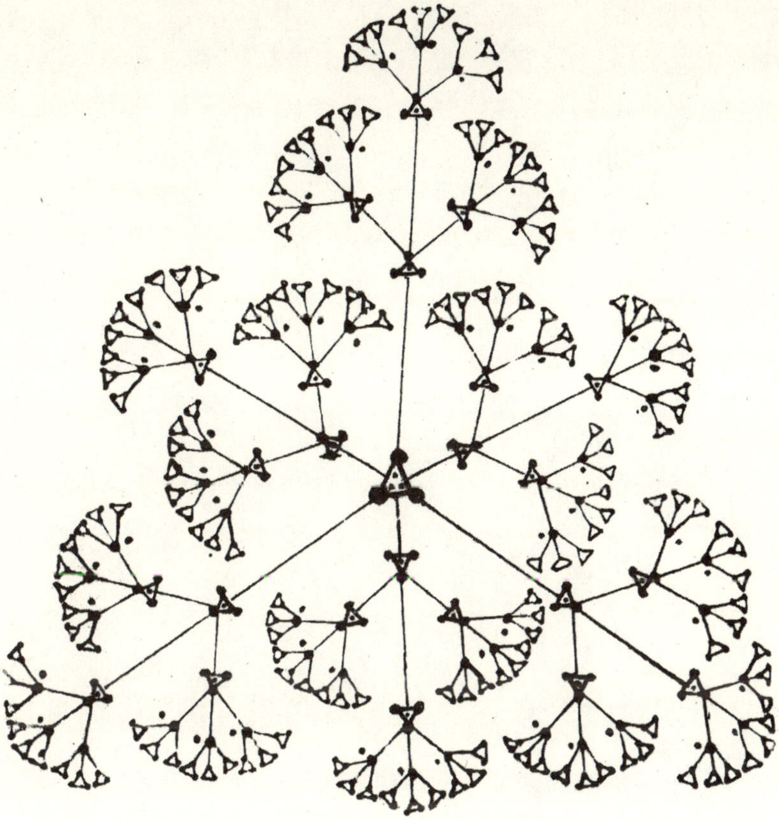

DESCRIPCIÓN DE LA FIGURA

1.º Triángulo central: *Troika local*.

2.º Los triángulos que siguen al anterior: *Troikas de las centurias*.

3.º Los dieciocho triángulos siguientes a los anteriores: *Troikas de las guerrillas*.

4.º Dos puntos juntos, uno más grande que otro: comandante de escuadra y un agente de enlace.

5.º Los puntos que están en el interior de los triángulos: agentes de enlace.

Organización de las MAOC en células, troikas dirigentes, centurias y guerrillas conectadas por enlaces.

Pedro Checa al frente del terror

Solo La Pasionaria y el secretario general del Partido, José Díaz, gozan de la prerrogativa campechana de ser conocidos por el nombre. Son Pepe y Dolores para sus camaradas más cercanos y son Pepe y Dolores hasta para el más infantil de los pioneros. Los demás quedan estabulados en su apellido: Modesto, Líster, Delicado, Castro, Antón, Galán, Checa. El de este último es un caso especial. A Pedro Fernández-Checa Izquierdo se le cayeron el Fernández y el segundo apellido. Es Checa a secas para sus camaradas y Pedro Checa para el resto del mundo, y así es como se le honrará en la calle que lleva su nombre en Getafe, en el mismo barrio donde la vecina calle de José Díaz, en cínica geometría, intersecciona con la calle de Andrés Nin, la víctima más reconocida del PCE.

Ni al novelista más socarrón y con menos imaginación del mundo se le habría ocurrido llamar de una manera tan evidente al responsable orgánico de la represión del partido comunista en España. El terror comunista está supeditado a la estrategia, según Lenin, y la estrategia del terror comunista español la dibuja el buró político del Partido, encabezado por José Díaz y asesorado por los representantes de la Komintern enviados por Moscú. Pedro Checa solo es el encargado de hacerla efectiva.

Los bolcheviques crearon en 1917 la Cheka, la Comisión Extraordinaria Panrusa para Combatir el Sabotaje y la

Contrarrevolución, una policía política cuya misión era la organización de la violencia revolucionaria, la represión de las desviaciones ideológicas y los activismos políticos contrarios al comunismo. La Cheka se encargaba de extender el terror a través de sus miembros, los chequistas, y de sus centros de tortura, máximo ejemplo para los organismos represivos de todo país comunista a lo largo del tiempo: la Securitate rumana, el SB polaco o la Stasi de la Alemania oriental, en cuya central en la Normannenstrasse de Berlín se honraba con una estatua al primer dirigente de la Cheka, Felix Dzerjinski[1].

Cuando Victor Serge, escritor revolucionario y más tarde renegado del comunismo, dijo de Dzerjinski que era un «idealista probo, implacable y caballeroso» encerrado en el cuerpo de un hombre que transmitía «un aire de fatiga y de dureza», describió perfectamente el molde moral de Pedro Checa[2].

Ni uno solo de los exiliados comunistas españoles que dejarán testimonio de su vida en memorias o entrevistas hablará mal de Pedro Checa. Ni uno. Pese a ser un tímido rayano en lo enfermizo, todos destacarán su cercanía y su cordialidad. Un antiguo camarada resumirá con precisión sus condiciones políticas, las de «un hombre del que hay que guardar buena memoria porque fue un comunista consecuente, firme y ejemplar» que «en momentos difíciles había demostrado madera de revolucionario y serenidad e intrepidez»[3].

Un idealista probo e implacable: un fanático. Un teórico sereno e intrépido que gasta el mismo aire de fatiga que Victor Serge vio en Dzerjinski.

La policía lo ha detenido no menos de diez veces entre 1930 y 1936, y aunque no ha sufrido como Dzerjinski lo hizo en sus estancias carcelarias en Siberia, es un hombre

Pedro Checa.

Angelita Soler.

enfermo que no aguantará el exceso de trabajo que le procurará la guerra. La peripecia del exilio tampoco ayuda: estancia en el campo de refugiados de Blida, al suroeste de Argel; viaje a Francia vía Orán; la URSS y el traslado a México, donde continuará con su incansable labor de organización. Los diagnósticos: fatiga y tuberculosis. Esta será la que acabe con su vida en agosto de 1942. Treinta y dos años de vida[4].

* * *

Pedro Checa es, junto a José Díaz y Dolores Ibárruri, quien conoce los secretos más sombríos del Partido, los más oscuros, cenagosos y pestilentes, los que todos intuyen, pero en los que muy pocos quieren detenerse, y por eso su muerte alentará la paranoia y la conspiración. Los servicios secretos soviéticos lo retirarán a un refugio en Cuernavaca cuando su enfermedad se agrave: «Entonces hubo una sospecha en ese clima [...] de conocimiento de lo que habían sido los procesos de Moscú y la liquidación de los rusos y de los internacionales y hubo un rumor muy fuerte de que se lo habían cargado, francamente»[5].

Lo que pocos saben es que, además de la fatiga y la tuberculosis, Checa padece de impotencia sexual. Quizá el mal le venga de la fatiga de la guerra, de la dirección y de la extensa red de terror policiaco que ha de organizar no solo en Madrid, sino también en Barcelona, en Valencia, donde se han multiplicado los cuadros del Partido. Enrique Castro Delgado, el metalúrgico que se coronó como primer comandante jefe del 5.º Regimiento de Milicias Populares, recordará en sus memorias que Checa tenía una amiga en la calle de Hortaleza con la que se veía una o dos veces al mes, y que después de cada visita «pasaba unos cuantos días enfermo de algo extraño, quién sabe si de asco o cansancio»[6].

Ahora, la cosa es diferente. Durante la guerra, Checa ha conocido en Valencia a Angelita Soler. Ángeles Soler Miguel es nueve años más joven que él. Es una chica deportista, guapa —en el exilio llegará a ejercer de modelo para Max Factor—, comunista como tantos miembros de su complicada familia[7]. Trabaja como mecanógrafa en el cuartel general del mando de una brigada del Ejército republicano. De ella dicen que es «guapota, de tez muy fina, pero de tipo desigual, más bien grueso», y que le gusta hablar «a lo machote». No le gusta la burocracia, así que a veces deja la máquina de escribir para «dar escobazos al suelo de la oficina».

Tras su paso por la brigada, Angelita Soler comienza a trabajar de mecanógrafa para Pedro Checa. Una hermana suya, también comunista, explicará lo inevitable con una gracia muy particular, muy científica: «A los pocos meses de trabajar juntos se produce una relación amorosa [...] hasta el punto de que se quieren casar»[8].

Su infatigable labor —Checa ha llegado de Madrid tras haber organizado las masacres de Paracuellos del Jarama, y continúa su labor en el «Levante feliz» con viajes por toda la España republicana— hace que pospongan la boda, pero no la decisión de vivir juntos. No pasan muchos días cuando Angelita le dice a su hermana que tiene que dejar a Pedro: «Es un hombre impotente. He esperado unos días para ver qué pasaba, él me dice que es un fenómeno nuevo en su persona, que no sabe lo que le pasa. Que no lo deje. Yo siento en el alma todo esto, lo quiero. Nos queremos. Pero me estoy poniendo enferma, las noches con él no las puedo soportar». Checa, veintisiete años; Angelita, dieciocho.

Pese a todo, continuarán juntos en España y en la URSS, pero, al llegar a México, Angelita dejará a Pedro y se distanciará de la colonia española. El Partido le impedirá la entrada en el cementerio cuando entierren a Checa en el Panteón Español[9].

El retrato médico de Checa se acompasa con su retrato físico y con su retrato moral. Castro, que tenía mano para la estampa al aguafuerte, subrayó el aire unamunesco que le daban sus gafas redondas y su nariz aguileña, su tendencia a llevar el suéter abrochado hasta la nuez y el cuello de la camisa por fuera, y sobre todo su «mirada perdida» y «un comienzo de sonrisa condenada a no cuajar definitivamente nunca». Castro también señaló que «no era brillante ni cuando hablaba ni cuando escribía, pero era preciso», y hay que darle la razón tras leer los pocos escritos que Checa dejó[10].

Gregorio Morán sostiene que Checa «tenía alguna formación teórica, y por eso se puede decir que constituía una excepción; se había integrado en el PC desde grupos izquierdistas preocupados por el dilema ideológico del momento entre trotskismo, leninismo y el emergente estalinismo». Para descargar las tensiones de tanta teoría y de la sobrecarga que le procuraba el trabajo de organización del partido y del terror, leía novelas policiacas. Nunca el *Quijote*[11].

Con veinte años se había hecho socio del Ateneo y escribía en el periódico *Rebelión,* un semanario de ideología marxista leninista en el que también colaboraban, entre otros, Álvarez del Vayo, Luis Araquistáin, Juan Simeón Vidarte y Manuel Navarro Ballesteros. Hacía acopio de prensa política y leía en francés. Compraba *L'Humanité* y coleccionaba desde el primer número un periódico llamado *Le Monde*[12]. Su casa estaba atestada de libros y periódicos.

Tanto él como sus hermanos eran originarios de un pequeño pueblo, Albalat de la Ribera, a unos cuarenta kilómetros al sur de Valencia. Pedro, nacido en 1910, era el mayor. Después vinieron Luisa y Casio. De Luisa apenas hay rastro alguno de su paso por el mundo, tampoco de su destino; y de Casio se sabe que también anduvo enredado en subversiones como su hermano. La madre, María Isolina, había nacido en Cuba en 1885 y era viuda de Zoilo Fernández-Checa, un oficial de correos que murió cuando Pedro tenía dos años. Su pensión ascendía a mil cien pesetas, y algo más de un tercio del sueldo se le iba en el alquiler del piso donde la familia se había instalado en Madrid, en el barrio de Cuatro Caminos. Pedro Checa tuvo una buena formación. Estudió Comercio y trabajaba como aparejador. Algo más tarde, y junto a su madre y su hermana, se mudó al extrarradio del suroeste de Madrid, en la carretera de Extremadura, a menos de quinientos metros de la calle de Antillón[13].

★ ★ ★

Hay que regresar a las memorias de Victor Serge, el antiguo comunista que en 1936 se había despegado de Trotski, el eterno desposeído que conocía bien los entresijos deshumanizadores del partido comunista, para entender no solo al fanático instruido Pedro Checa, más dogmático que intelectual, delineante del terror comunista español, sino también a los hombres cuyos hilos manejaba directamente, subordinados y espoliques encargados del trabajo sucio, el mismo tipo de hombres que estaban a cargo de Felix Dzerjinski:

> [...] el partido tenía pocos hombres de ese temple y muchas Chekas; estas seleccionaban poco a poco a su personal

> en virtud de la inclinación psicológica. Solo se consagraban de buen grado y obstinadamente a ese trabajo de la «defensa interior» ciertos caracteres desconfiados, rencorosos, duros, sádicos. Viejos complejos de inferioridad social, recuerdos de humillación y de sufrimientos en las cárceles del zar los hacían intratables y, como la deformación profesional actuaba pronto, las Chekas formaban inevitablemente depravados con tendencias a ver conspiraciones en todas partes y a vivir ellos mismos en el seno de una conspiración permanente[14].

Sí, el apocado Checa, el teórico del terror, tenía a su mando a unos hombres muy especiales que imprimieron su carácter de sádicos, duros y depravados a las acciones que llevaron a cabo desde antes de la guerra, cuando el miedo no podía utilizarse aún para justificar la barbarie y el exterminio.

La financiación del crimen

No hay apelación que valga cuando las pistolas dictan sentencia. Las órdenes se ejecutan, las víctimas son ejecutadas, y quienes imparten los mandatos del crimen son Pedro Checa, Juanito Fernández y Agustín de la Fuente, la cúpula de las MAOC, su troika directora.

Juanito Fernández es un obrero jerezano que vive en una humilde casa de Cuatro Caminos. No hay puertas, solo cortinas para separar las habitaciones donde se arracima la familia. Morirá pronto, en los combates en Somosierra durante las primeras horas de la guerra. La novia de Juanito es Pepita, Josefa Zornoza Caro, comunista que proviene de las filas del anarquismo y es de origen burgués, de casa con sirvienta. Nada más se sabe de ellos. Como ocurre con tantos otros, sus orígenes y sus destinos se desvanecen entre las nieblas de la historia[1].

De Agustín de la Fuente conocemos algo más: es matarife de profesión, más bien grueso, tiene los ojos entornados, tartamudea un poco y está empeñado en aprender alemán. Conoce bien la Cárcel Modelo. La pisó por primera vez en mayo de 1934, cuando a causa de un mal vino le dio por armar gresca durante un baile y le encontraron una pistola. En la cárcel hay tiempo para todo, también para marcar a un hombre y ordenar su asesinato. Es fácil: a Agustín de la Fuente le basta con escribir el nombre de la víctima en un papel y pasarlo de matute a un enlace durante las horas de visita. Esta vez le ha tocado ejercer de correo a Rafael Pelayo, que entrega el papel a Pedro Checa. Este, a su vez, encarga el operativo a Los Vallecanos[2].

Los Vallecanos son cuatro: Jerónimo Casado Botija, Félix Barriga García, Manuel Fernández Cortina y Manuel Jiménez Rodríguez. Los tres primeros serán guerrilleros en la URSS durante la Segunda Guerra Mundial. Casado alcanzará la graduación de teniente coronel del Ejército soviético después de haber pasado por la academia Frunze y se casará con una sobrina de Antonio Machado. Pero no es tan listo como parece, o acaso es que le acompaña la mala suerte, porque es el único al que detiene la policía unas semanas más tarde de cometerse el crimen y no pierde ni un segundo en delatar a sus compañeros[3].

Félix Barriga es el terrorista simpático. Gregorio Morán no ocultará su admiración cuando lo retrate: «Pendenciero, hecho para la aventura, fanfarrón y mujeriego, agente del NKVD y retirado del servicio por individualista e indisciplinado». Tan majo no será, porque su mujer, Teresa Pàmies, se separará de él en cuanto pueda y no lo nombrará en ninguna de las miles de páginas autobiográficas surgidas de su grafomanía insaciable. ¿A cuántos ha matado Barriga? No se sabe, a nadie le importa. Ha escrito un libro en su exilio checoslovaco. Trata de la guerra, pero como si no, porque no habla de nada relevante, no habla de sus muertos[4].

Compañero de célula de Barriga es Manuel Fernández Cortina. Le llaman El Barbas y alguno lo tilda de «legendario», porque el crimen imprime carácter. Tampoco se sabe a cuántos ha matado El Barbas antes de la guerra; se puede afinar algo más sobre los que asesinará después, porque será jefe de una checa de Vallecas[5].

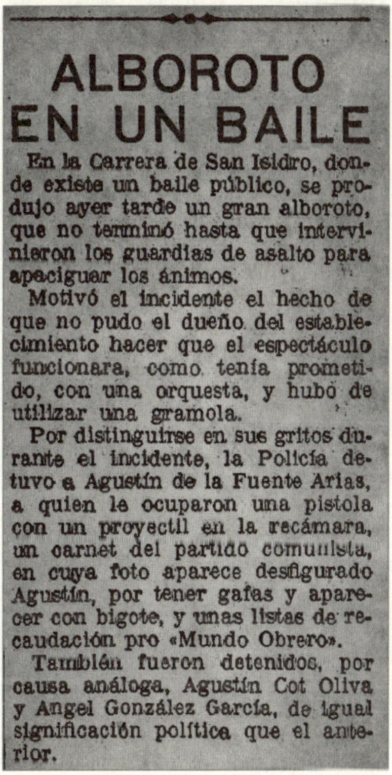

ALBOROTO EN UN BAILE

En la Carrera de San Isidro, donde existe un baile público, se produjo ayer tarde un gran alboroto, que no terminó hasta que intervinieron los guardias de asalto para apaciguar los ánimos.

Motivó el incidente el hecho de que no pudo el dueño del establecimiento hacer que el espectáculo funcionara, como tenía prometido, con una orquesta, y hubo de utilizar una gramola.

Por distinguirse en sus gritos durante el incidente, la Policía detuvo a Agustín de la Fuente Arias, a quien le ocuparon una pistola con un proyectil en la recámara, un carnet del partido comunista, en cuya foto aparece desfigurado Agustín, por tener gafas y aparecer con bigote, y unas listas de recaudación pro «Mundo Obrero».

También fueron detenidos, por causa análoga, Agustín Cot Oliva y Angel González García, de igual significación política que el anterior.

Juanito Fernández, arriba, máximo responsable de las MAOC junto a Pedro Checa y Agustín de la Fuente. Tuvo una vida corta y murió en el asalto al Cuartel de la Montaña, antes de que le diera tiempo a fusilar a nadie. Agustín de la Fuente tartamudeaba al hablar y aprendía alemán por su cuenta. Vivió lo suficiente para emigrar a la Unión Soviética, donde murió en 1962.

Manuel Jiménez quizá sea el más joven de todos, y sin duda es el más escurridizo. A lo mejor ni siquiera es de Vallecas. En 1933 no todas las escuadras comunistas disponían de pistolas, pero bastaban los vergajos y las barras de hierro para moler a palos a sus víctimas. Lo supo bien Dionisio Lázaro Cifuentes, obrero en la imprenta Gráficas Reunidas, que fue atacado por cinco hombres cuando regresaba a casa un día de septiembre. Aquella vez se libró de milagro. Se zafó de sus agresores, se refugió en un bar y la parroquia abroncó a los violentos, que huyeron, aunque un cabo del Ejército atrapó a uno, Manuel Jiménez Rodríguez, de diecisiete años y parece que compañero de taller de Dionisio. ¿El motivo de la agresión? Que un día mostró en la imprenta una fotografía de Lerroux. Por eso, solo por eso, sus días están contados. En las primeras semanas de la guerra pasará por la checa de Canillas. Lo dejarán libre, pero el 30 de agosto de 1936 saldrá de su casa y no se volverá a saber más de él[6].

⋆ ⋆ ⋆

Los cuatro vallecanos se apostan frente a la Cárcel Modelo esperando el cambio de guardia. Madrid, 25 de marzo de 1935, ocho de la mañana. Son cuatro los vigilantes que salen de la cárcel y se dirigen a sus casas enfilando la calle de Vicente Blasco Ibáñez, hoy Princesa. A la altura del mercado de la calle de Altamirano, tres hombres les disparan varias veces, cruzan de inmediato la calle y suben al taxi que han secuestrado, donde aguarda el cuarto junto al chófer. Huyen perseguidos a tiros por dos guardias que han tomado otro taxi de una parada cercana y han sido testigos del atentado.

Han muerto los vigilantes Francisco Tenacio Pompa y José Álvarez Álvarez. Tenacio, de veintisiete años, ha recibi-

Tres miembros de Los Vallecanos de las MAOC. Jerónimo Casado (arriba a la izquierda), Félix Barriga (arriba a la derecha) y Manuel Fernández Cortina, *El Barbas*. Policías comunistas en los años treinta, guerrilleros españoles en la URSS.

do cuatro tiros, uno en la tripa y tres en las piernas; Álvarez, solo uno, que le ha atravesado la tráquea. Detrás de ellos caminaban Julio Barciela Pérez, de veintiséis años, y Manuel Roza Rodríguez. Roza ha logrado tirarse al suelo sin recibir daño alguno, pero Barciela recibe un disparo por detrás y le aciertan en la nuca. La lesión medular le producirá una parálisis facial que corrigen en el hospital con una trepanación. Apenas podrá testificar en el juicio, alegando pérdida de memoria. El detalle chusco lo ponen un anarquista, acusado falsamente de acompañar a los milicianos de las MAOC, y diez pesetas, nueve de la carrera y uno de propina, que los terroristas pagan al chófer secuestrado al llegar al paseo de Ronda, frente al hospital de San Juan de Dios, donde se apean y se marchan tranquilamente[7].

El automóvil empleado por las MAOC en el asesinato de los vigilantes de la Modelo se ha utilizado anteriormente en otro atraco donde ha resultado muerto un guardia, Benito Rodríguez Fernández, y aunque el método es el mismo en los numerosos robos y atentados que se producen en estos días, hay una particularidad que quizá sirva para diferenciar el robo de unos rateros del atraco de unos militantes políticos: estos pagan la carrera. Al conductor de este taxi le han dejado cuatro duros. Extraños ladrones, que pagan la carrera a los taxistas secuestrados[8].

Sin embargo, los pistoleros no pueden meterse siempre en su papel de bandoleros buenos. Un mes antes del asesinato de los vigilantes de prisión, dos hombres secuestraron un taxi. Uno de ellos encañonó al chófer desde el asiento contiguo mientras el otro se subió al *baquet,* a la manera de las películas de *gangsters*. El taxista, al ver a unos guardias, decidió estrellar el coche contra un árbol. El ardid funcionó, por fortuna. Los dos atracadores huyeron en direcciones distintas y la policía apresó a uno de ellos, que iba armado con dos pistolas. Su nombre, Diego Joaquín Abellán Cerezo. No pudo evitar recibir algunos golpes por parte de una muchedumbre concentrada frente a la casa en donde pretendía esconderse. La policía evitó el linchamiento. Unos días después, son detenidos como cómplices del atraco frustrado Constantino Rojo Alarcón, Bonifacio Prieto Calé y Remigio Herranz Dafauce. Recordemos: Rojo fue detenido en su día junto al Manías y Diego Abellán Cerezo, acusado de dar muerte a Juan Cuéllar en junio de 1934; a Prieto, por su parte, lo detuvieron muy cerca del lugar donde fue agredido Rafael León López, a quien dejaron casi muerto en la Gran Vía.

Constantino Rojo, que viene de familia de militares carlistas, no parece asumir lo que repetía Jesús Hernández, siguiendo a Lenin, sobre los atentados individuales. Rojo asesinará al policía José López Pelegrín Pastor el último día de abril de 1935, cuando este lo detiene para identificarlo[9].

★ ★ ★

Han sido tres meses frenéticos, criminales.

Hay camaradas que tampoco asumen la teoría leninista que dicta que los atracos son producto de la degeneración de la lucha de clases. Esto lo vocea *Mundo Obrero* de tanto en tanto, cuando quiere sacudirse de encima las acusaciones de que el Partido está implicado en los golpes perpetrados contra comercios y contra ciudadanos particulares. Pero la excusa es débil. Sea por indisciplina o por simple cuestión de táctica y estrategia, palabras que no se les caen de la boca a los teóricos del Partido, los hechos vocean su verdad: los comunistas roban. Y matan robando.

El 27 de agosto de 1935 tres milicianos de las MAOC llevan a cabo el atraco que han estado planeando desde días atrás en el bar Vinagre de Vallecas. Se llaman Julio Fernández González, León García Palacios y Eugenio Tejedor. La víctima del robo es Vicente Tarodo López, a quien asaltan junto a la estación del metro del Retiro, pero Tarodo no se pliega a la amenaza de las armas, se revuelve y pide auxilio. La *espantá* es desordenada: uno de los comunistas huye en un tranvía y dos se suben a un taxi para escapar de allí, pero el taxista, Agustín Manuel Plaza, se niega a arrancar el coche. La respuesta a su heroísmo es un disparo que le causará la muerte ocho días después[10].

La concentración de atracos en estos días de 1935 lleva a la conclusión de que el dinero de Moscú no es suficiente. El dinero para el Partido llega desde Rusia a través de la editorial Europa América, en Barcelona, y quien lo limpia en un enjuague de cuentas bancarias es Eduardo Castro Delgado, hermano del futuro comandante del 5.º Regimiento. Hay que pagar a los *liberados,* los revolucionarios profesionales; hay que pagar las publicaciones del Partido, cuyos ingresos no alcanzan ni para la tinta; hay que pagar los gastos de las próximas elecciones; hay que pagar las armas y asumir los costes de los pistoleros huidos de la policía y refugiados por toda España, Francia y la URSS. El dinero de Moscú no es suficiente y las cuentas se ajustan con atracos, caiga quien caiga[11].

El atraco más sonado, sin embargo, ha acaparado las portadas que no dan espacio a los asesinatos políticos. Tuvo lugar en la plaza de la Villa. Un muerto, Álvaro Fernández Canelo, dos heridos y un botín de cerca de un millón y medio de pesetas de las nóminas de los empleados municipales custodiado en un furgón del Ayuntamiento de Madrid[12].

Rafael Pelayo sostiene que este atraco, cometido el 30 de noviembre de 1935, lo llevaron a cabo hombres de las MAOC. Y así es. Los atracadores son Casimiro Chaves Romero, Euge-

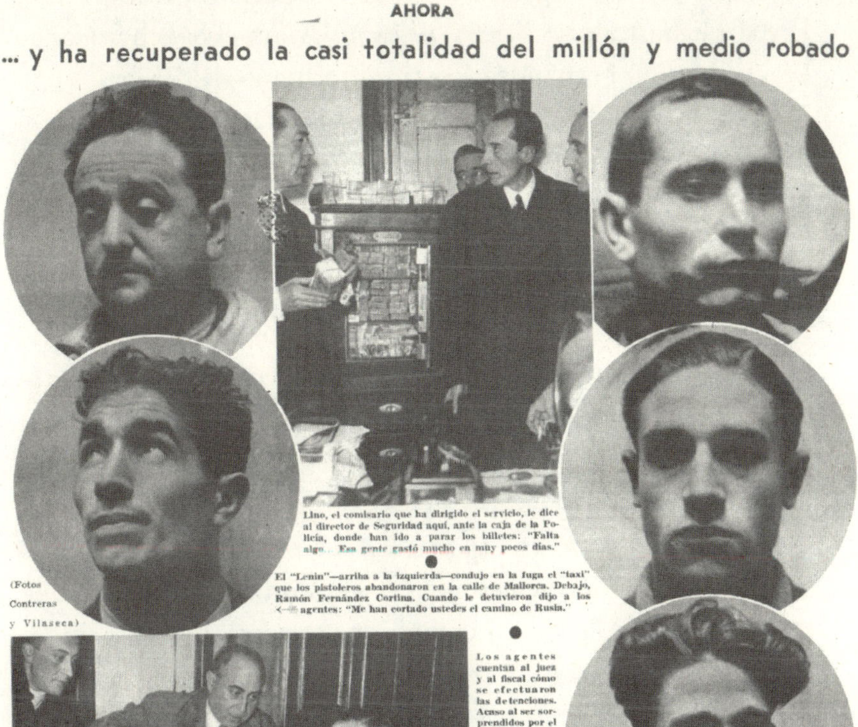
AHORA

... y ha recuperado la casi totalidad del millón y medio robado

Lino, el comisario que ha dirigido el servicio, le dice al director de Seguridad aquí, ante la caja de la Policía, donde han ido a parar los billetes: "Falta algo... Esa gente gastó mucho en muy pocos días."

El "Lenin"—arriba a la izquierda—condujo en la fuga el "taxi" que los pistoleros abandonaron en la calle de Mallorca. Debajo, Ramón Fernández Cortina. Cuando le detuvieron dijo a los agentes: "Me han cortado ustedes el camino de Rusia."

(Fotos Contreras y Vilaseca)

Los agentes cuentan al juez y al fiscal cómo se efectuaron las detenciones. Acaso al ser sorprendidos por el fotógrafo hablaban de la detención del "Lenin". Se estaba vistiendo. "¿Dónde ibas?", le preguntamos. Y él contestó. "De viaje, pero ya... me quedo."

Manuel Sánchez Canalejas. Por la inscripción de la tumba de su hermana la Policía—esta Policía de cuya mano entra en la Dirección de Seguridad—supo su nombre verdadero

A éste no le cortaron el camino de Rusia. Pudo pasar la frontera después de intervenir en el atentado de que fueron víctimas varios oficiales de Prisiones de la Cárcel Modelo, de Madrid. Se llama Manuel Fernández Cortina, y es hermano de Ramón, detenido ahora

Fichas para los archivos de la Policía. De arriba abajo: Casimiro Chaves Romero, "el Chavito"; Manuel Sánchez Canalejas, "el Canalejo"; Mariano Salas Castroverde y Florencio Izquierdo López, resto del lote. Todos atracadores. Florencio Izquierdo, atracador cien por cien. En un lugar sólo para él conocido había enterrado setecientas ochenta y cinco mil pesetas

(Fotos Contreras y Vilaseca)

El robo al furgón que llevaba las nóminas del Ayuntamiento de Madrid causó sensación en la prensa.

nio y Florencio Izquierdo López, Mariano Salas Castroverde, Fernando Salvadores Prieto, *El Lenin;* Manuel Sánchez Canalejas y Ramón Fernández Cortina, hermano del Barbas[13].

Gran parte del dinero aparece días más tarde en casa del Barbas, que está huido. Lo ha escondido allí su hermano, quizá en connivencia con su cuñada. Aunque *Mundo Obrero* desvincula al Partido del atraco, durante el juicio testificarán por la defensa un comunista consagrado, José María Galán, hermano de Fermín, el héroe de Jaca, y los acusados recurrirán asimismo a un diputado comunista, Pedro Martínez Cartón, para conseguir el indulto. Aunque hay dudas acerca de la filiación política de los detenidos, Ramón Fernández Cortina y Fernando Salvadores Prieto son miembros del Partido[14].

El método terrorista apenas varía en los diferentes atracos y asesinatos. Se define el objetivo, se estudian sus movimientos y se ejecuta la acción cuando las condiciones se estiman favorables. Lo hará ETA durante décadas, y se ha escrito tanto sobre las tácticas de sus crímenes que parece un lugar común. Sin embargo, matar es más fácil que averiguar quién da la orden y quién la ejecuta. Los inductores de estos crímenes nunca fueron relacionados con ellos, gran parte de los hombres que los cometieron jamás fueron detenidos y quienes terminaron en la cárcel saldrían antes de tiempo, indultados por la justicia republicana o por la excepcionalidad de una guerra planeada con mucho tiempo de antelación.

Más allá del destino de los ejecutores, cuenta sobre todo el de las víctimas. Álvaro Fernández Canelo, el empleado muerto en el atraco de la plaza de la Villa; Agustín Manuel Plaza, el taxista asesinado durante el atraco frente al Retiro, y Benito Rodríguez Fernández, el guardia muerto en el atraco de la calle de la Escosura, jamás han contado como víctimas de la policía política comunista[15].

Verdad y mentira en *Mundo Obrero*

Madrid, 23 de mayo de 1936, barrio de la Guindalera. Son las nueve y media de la noche y Pascual López Gil y José Cruz Aldea salen del bar Pekín, especialidad en café, grandes conciertos tarde y noche por la notable orquesta Pineda, aperitivos, meriendas, desayunos. Pascual tiene dieciocho años; José, dieciséis. Son vecinos, amigos y camaradas, quizá no en este orden.

Quienes les esperan fuera son también vecinos, pero ni son camaradas ni son amigos. Se vuelve a repetir el modo de actuación que el Partido ha impuesto a sus milicias desde hace tres años, el mismo esquema parapolicial, la misma checa itinerante y callejera. Los pocos periódicos que aventuran un número hablan de unos treinta, armados con pistolas y ladrillos. A José le toca el ladrillazo y a Pascual, la bala que le atraviesa entero por las costillas. En el hospital, antes de morir, señala a sus agresores, los miembros del centro comunista de la calle de Cartagena[1].

El periódico clandestino de Falange, *No importa,* recordará el crimen unos días más tarde y añadirá una coda: «Dos días después irrumpieron en una taberna de la calle de Cartagena, donde esos comunistas se reúnen, varios camaradas del caído, y con armas de fuego y blancas, dieron muerte a cuatro de los comunistas».

¿En qué taberna de la docena que abren en la calle de Cartagena han entrado a sangre y fuego los falangistas como represalia por el asesinato de Pascual López Gil?

En ninguna[2].

No ha habido asalto, ni muertos, ni heridos, ni pistolas o navajas. No ha habido represalia. Nada. Que *No importa* informe de un asalto inexistente solo se entiende por la necesidad de dar aliento a los militantes, haciéndoles creer que los ataques tienen su correspondiente respuesta[3]. La Falange está siendo duramente golpeada, la expansión del terror se ejecuta de forma eficaz y su eco lo esparce y lo amplía el órgano de expresión del partido comunista, el periódico *Mundo Obrero.*

Había nacido como semanario el 23 de agosto de 1930 bajo la dirección de José Bullejos. No tardaron en llegar la censura, el secuestro de ejemplares, los hundimientos y las resurrecciones. La última, en julio de 1934, con estreno de sede, en la calle de Galileo, con los talleres en la planta baja y la redacción en el primer piso del número 14. A la izquierda de Segundo Serrano Poncela escribe Enrique Castro, que de vez en cuando salpica con café el traje de su compañero, por socialista y señorito, porque escribe mejor, por rencor, por lo que sea. El director ahora es Jesús Hernández, que sustituye a Vicente Uribe, al mando en la época anterior, cuando *Mundo Obrero* tenía su sede en la calle del Cardenal Cisneros y Uribe pergeñaba sus editoriales como si esculpiera en piedra con la pluma, «sufriendo como un animal hembra en un mal parto»[4].

Quien tiene el verbo facilón y tajante la demagogia es Manuel Navarro Ballesteros, que se encarga entre otras cosas de las delaciones. El Partido le entrega el material y él lo destila en chivatazo. *Mundo Obrero* publica abiertamente y

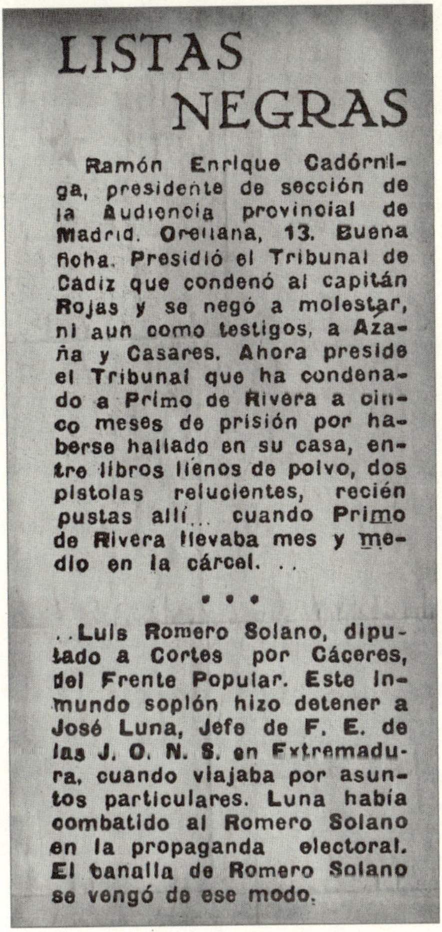

LISTAS NEGRAS

Ramón Enrique Cadórniga, presidente de sección de la Audiencia provincial de Madrid. Orellana, 13. Buena ficha. Presidió el Tribunal de Cádiz que condenó al capitán Rojas y se negó a molestar, ni aun como testigos, a Azaña y Casares. Ahora preside el Tribunal que ha condenado a Primo de Rivera a cinco meses de prisión por haberse hallado en su casa, entre libros llenos de polvo, dos pistolas relucientes, recién pustas allí... cuando Primo de Rivera llevaba mes y medio en la cárcel. . .

• • •

. . Luis Romero Solano, diputado a Cortes por Cáceres, del Frente Popular. Este inmundo soplón hizo detener a José Luna, Jefe de F. E. de las J. O. N. S. en Extremadura, cuando viajaba por asuntos particulares. Luna había combatido al Romero Solano en la propaganda electoral. El canalla de Romero Solano se vengó de ese modo.

¿QUEREIS SABER

Quiénes son los verdaderos asesinos de la infortunada joven socialista JUANITA RICO. Cuál es la fisonomía verdadera de los jefes de Falange Española. Quién asesinó al joven que apareció muerto en el Paseo de Perales. Cuántos y quiénes son los asaltantes de la Exposición de Dibujos Antifascistas del Ateneo;

Quién fué el indicador del asesinato del camarada Joaquín de Grado;

Quiénes y cómo son planeados los crímenes que cometen los fascistas y los que tienen en perspectiva de realización. Quiénes subvencionan a las pandillas de Falange Española. De qué forma se protege esta monstruosa organización. Cuántos y cómo son los sindicatos que tienen constituidos, su composición y desarrollo.

Queréis saber, en fin, qué es, qué hace y qué pretende Falange Española de las JONS?

Para conocerlo, leed los reportajes de

MUNDO OBRERO

Esta semana comenzará a publicar

MUNDO OBRERO

SENSACIONALES REVELACIONES

en que se pone al descubierto, en toda su desnudez, este movimiento fascista, y se descubre a los asesinos de los obreros.

Durante la guerra se hicieron famosas las secciones de los periódicos que llamaban al exterminio del contrario. Sus títulos eran patentes: «A paseo», «Tiro al blanco»... Como todo, estas secciones nacieron mucho antes de la guerra, en plena República. Los partidos utilizaban sus órganos de prensa para señalar, amedrentar, delatar y, sobre todo, mentir.

sin censura los nombres, las fotografías y las direcciones de decenas de falangistas a quienes acusa de varios asaltos y asesinatos de socialistas y comunistas.

No solo las checas se anticipan a la guerra. También lo hacen, de forma paralela, los servicios de espionaje del Partido. Los datos de los pistoleros de Ansaldo los recaba el Servicio de Información Antifascista, el mismo que en guerra cumplirá las funciones de información del 5.º Regimiento, la misteriosa ITA[5] organizada por Enrique Castro Delgado.

Castro también está al frente de este Servicio de Información Antifascista de 1934, y se sirve de una camarada para sacarle toda la información posible a un auténtico degenerado, Aníbal Calero, convicto por haber asesinado en 1929 a su novia. Todo lo cuenta Castro en unas páginas inolvidables de sus memorias.

Los once reportajes de *Mundo Obrero,* escritos por Navarro Ballesteros y titulados «El fascismo por dentro», aparecen entre el 22 de septiembre y el 4 de octubre de 1934. El Partido se cura en salud y protege a su fuente denunciándolo como pistolero en la segunda entrega, pero no tardará en ser descubierto. Calero morirá asesinado a finales de octubre en el barrio de San Gervasio en Barcelona[6].

El 16 de julio de 1936, bajo el epígrafe «Sin careta», el Servicio de Información señalará en *Mundo Obrero* a un padre y un hijo, apellidados Palacios, acusándoles de guardar armas y de ser pistoleros de Falange. Los datos son muy concretos: las direcciones de sus casas, de sus negocios y los horarios en los que el padre acude a la casa de su amante, de la que dan el nombre y la zona de residencia[7].

Si es cierto que la sintaxis es una facultad del alma, qué decir de la semántica. El vocabulario de Navarro parece extraído de los folletines policíacos de a perra gorda. Es el estilo que empapa *Mundo Obrero,* experto en ironías ortopédicas, jerigonza, lugares comunes y curiosos sintagmas, además de una dialéctica indiscutible que le lleva a exigir, altanero, unidad contra el fascismo después de haber llamado «socialfascistas» a los socialistas y «anarcofascistas» a los ácratas. El despliegue estilístico es fabuloso: «la ignominiosa conducta», «muy repulsivo señor nuestro», «el periódico confusionista y marrano que dirige», «de este prostíbulo periodístico emana un vaho hediondo», «carne de presidio», «aplastemos a la peste negra», «muestra su faz asesina», «perro sarnoso» (este, dedicado a Ricardo Baroja).

Entre los apelativos más degradantes se encuentran los referidos a dos hombres que el Partido se encargará de buscar y de asesinar en las primeras semanas de la guerra. El primero es Manuel Mateo, a quien llaman en estos artículos de 1934 «esta alimaña, este reptil asqueroso». El otro es Enrique Matorras, a quien motejan en 1936 como «asqueroso sapillo». Es una nueva remesa de «información antifascista» seguramente escrita por el propio Navarro Ballesteros. La vileza no estriba tanto en la palabra como en su circunstancia. Matorras fue compañero de Ballesteros en la redacción de *Mundo Obrero* y camarada en los mítines donde gritaban muera la Guardia Civil e incitaban a la soldadesca a pasar a cuchillo a los oficiales. Eran los tiempos en los que Navarro guardaba un buen arsenal de armas en su casa, costumbre que no perderá con el paso de los años[8].

Sin embargo, los tiempos han cambiado. Matorras es ahora un renegado que ha dado la patada al Partido, pero a la vez es también un pariente de Navarro Ballesteros. Su cuñado.

Los Navarro Ballesteros llegaron a ser dieciséis hermanos, que la muerte prematura, la mortalidad infantil propia de la época, dejó en diez. Casi todos comunistas siguiendo la estela de los dos mayores, Antonio y Manuel. La oveja negra de la familia es Mariana, que se ha casado con Matorras[9].

⋆ ⋆ ⋆

Enrique y Manuel han seguido caminos distintos, y ahora Navarro Ballesteros no puede leer el artículo de *Mundo Obrero* sin ver la sombra de su hermana en unas palabras que son condena más que insulto. Pero la sombra da igual; la causa va por delante y la muerte de Matorras viaja en automóvil. El coche que salió desde la checa de San Bernardo está esperando en la puerta de la Cárcel Modelo.

23 de agosto de 1936. Menudos son los Escanilla y El Popeye, los jefes de la checa más renombrada del partido comunista, como para que se les escapen las piezas más cotizadas de la cacería[10]. Todo estaba organizado: el falso incendio de la leñera, el tiroteo desde las alturas dominantes de los patios, la diezma de los menos importantes y la selección de los presos destacados. El primer nombre que suena en la prisión madrileña retumba por toda la segunda galería, la de los falangistas: ¡Enrique Matorras!

Lo ha gritado con toda su fuerza un tipo al que no le interesa que le vean la cara, cubierta con un pasamontañas de cuero. Enrique Matorras Páez, veintitrés años y unos cuantos días que hubiera preferido no cumplir, sale de la fila y pasa decidido al centro del patio con andar ligero. El antiguo secretario de las juventudes comunistas va a subir al coche fúnebre con los chequistas Manuel Díaz y José Araque, pero no solo. El siguiente es un falangista de jerarquía,

Aníbal Calero Pérez, primer legionario español. Asesinó a su madrina de guerra, salió de la cárcel y se vendió al mejor postor. Un degenerado. Terminó mal.

Manuel Navarro Ballesteros. Director de *Mundo Obrero* durante la guerra. Al terminar esta, pudo salvarse subiendo a un barco en Alicante, pero le cedió su plaza a otro periodista: José Luis Salado.

que Matorras no tiene acreditada esa militancia más allá de su cercanía en los últimos tiempos de convivencia: ¡Juan Orellana!

El sevillano también ha pasado por las páginas del acusador comunista. No se le perdona que saltara de encabezar candidaturas del PCE a la camisa azul. Orellana, *El Niño de la Sole,* escucha su nombre, escupe al suelo y saca la gracia estoica, «ea, me ha *tocao* la bola negra». Se le ha acabado el hambre, y también al dueño del siguiente nombre que vocean: «Sinforiano Moldes».

Van camino de un lugar en el que les esperan unos cuantos que ya estuvieron en los sótanos de Antillón, peritos en matacía. No El Chepa, que, sin el don de la bilocación, no llega a San Bernardo y sigue dando uso a la primera de las checas en el Colegio de María Cristina. Ha sacado de su casa de Vallehermoso a un guardia de las Milicias Vascas y se lo ha llevado en la noche. El jefe de los gudaris en Madrid, Jesús Galíndez, va con un compañero a indagar y, al saber dónde está, se asusta y prefiere no personarse, «no nos pareció oportuno llegarnos a la checa comunista, quizás por un recelo instintivo…», «una checa de justa reputación macabra». El vasco torturado y muerto se llama Anastasio Inchausti[11] y durante el último año ha estado dando mítines como presidente de los sindicatos católicos junto a un jovencito valiente y prometedor, pero con cuñados rencorosos. Enrique Matorras, que está llegando ahora mismo con Orellana y Moldes —¿quién será ese cuarto pasajero del que todos hablan?— a un escenario que es mejor obviar si uno ha leído a Enrique Castro Delgado, otra pluma fértil entrenada en *Mundo Obrero*[12].

* * *

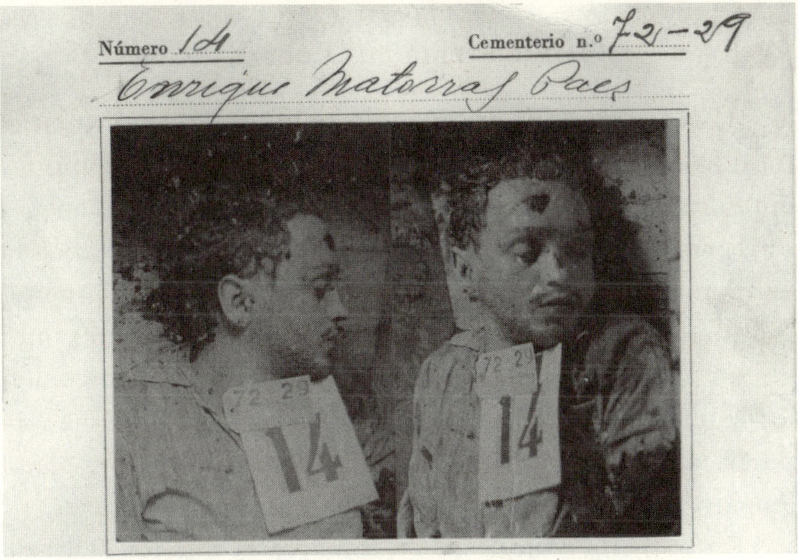

Cadáver de Enriquc Matorras Páez, uno de los primeros renegados del comunismo español.

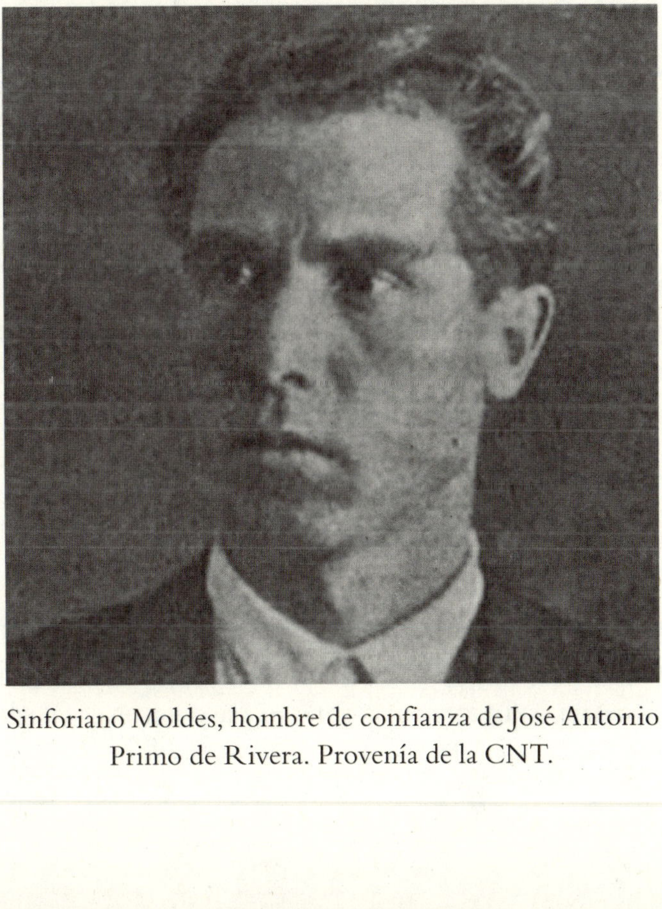

Sinforiano Moldes, hombre de confianza de José Antonio Primo de Rivera. Provenía de la CNT.

Mundo Obrero es un ejemplo palmario de cómo en el mundo comunista existen realidades distintas a cómo las entienden los demás. La verdad y la mentira no escapan a este principio. A veces, mintiendo, *Mundo Obrero* dice la verdad; a veces, diciendo la verdad, *Mundo Obrero* miente. No importa. Las conclusiones que saquen los lectores burgueses serán mentira burguesa; las conclusiones que saquen los lectores proletarios, verdad proletaria. La conciencia purificada de estos últimos es lo único que le importa al Partido[13].

En el primer supuesto se enmarca la muerte el 12 de agosto de 1934 de Víctor Manuel Carnicer Vilariño, deshollinador, veinte años, militante de UGT, que resultó herido de un tiro en la femoral. *Mundo Obrero* especula con un disparo hecho por fascistas desde el edificio de enfrente. El día 20 anuncia la muerte, explicando detalladamente cómo se desangró, pero sin mencionar para nada a los supuestos asesinos. Dos días más tarde, al informar sobre el entierro, en el que La Pasionaria y Francisco Galán dieron sendos discursos, explica que Carnicer murió «a consecuencia del incidente en el Fomento de las Artes». El que quiera entender, que entienda. El tiro se lo dio el mismo Carnicer cuando estaba sentado, ya fuera jugando con la pistola o porque en un mal gesto se movió el gatillo[14].

El homicidio del comunista Joaquín de Grado Escalona, del comité provincial del Partido, explica el segundo supuesto. Sobre las siete de la tarde del 29 de agosto de 1934, dos falangistas reparten propaganda en Cuatro Caminos. Mal sitio. El barrio tiene una larga historia de violencia y agitación obrera y la Falange, aunque con avances significativos, lo tiene difícil para abrirse paso en ese caladero y atraer gente a su sindicato. Los dos muchachos se ven inmediatamente increpados por un grupo de vecinos y huyen hacia la calle de María de Guzmán, adonde son seguidos por unos veinte hombres. Uno de los falangistas cae al suelo con el paquete de pasquines. Hay disparos y Joaquín de Grado muere de un balazo en la nuca.

El diario *La Libertad* ofrece tres versiones de lo ocurrido. La primera: «Uno de [los perseguidores] sacó una pistola para disparar sobre el fascista en el mismo instante que caía al suelo junto al perseguido, soltando la pistola. Parece ser que el repartidor de hojas se apoderó del arma e hizo sobre Joaquín varios disparos». La segunda: «Otros testigos aseguran que el fascista, al levantarse del suelo, llevaba un arma en la mano y disparó antes de darse a la fuga». La tercera: «Por último, hay quien afirma que fueron los mismos del grupo los que dispararon sobre el fascista, alcanzando uno de los disparos a Joaquín»[15].

Mundo Obrero explica nítidamente que los falangistas fueron agredidos cuando no hacían más que repartir hojas de propaganda. Eso sí, las hojas son «provocadoras» y a los destinatarios no les queda más remedio que iniciar un «movimiento de repulsa, de odio y de asco contra esta canalla». El nuevo elemento que introduce el periódico es un grupo de pistoleros fascistas armados, que protegían a los repartidores y que se replegaron junto a estos en la calle de María de Guzmán para esperar a la masa enfurecida. Los pistoleros dispararon sin acertar a nadie, varios perseguidores se lanzaron sobre un falangista caído que tenía un arma en su mano y que consiguió soltar, en asistencia inverosímil, para que la recogiera «otro de los fascistas que había pasado inadvertido por los obreros». Un folletín soberbio. Aunque *Mundo Obrero* reconoce que los falangistas fueron perseguidos cuando repartían propaganda, su realidad política e ideológica concluye que el cometido contra Joaquín de Grado es «uno de los crímenes que tenían planeados»[16].

El periodista británico Paul Johnson dijo que no se había mentido tanto sobre ningún episodio de los años treinta como sobre el de la Guerra Civil, pero lo que quizá no acertó a imaginar es que la mentira nació mucho antes del 18 de julio de 1936[17].

Sellado con sangre

Los ojos claros le dan a Francisco Largo Caballero un aire prusiano. Bastaría con que se dejara mostacho para calarse con decoro el *Pickelhaube,* el casco de un solo pincho de los militares del Imperio alemán. No desentonaría vestido de esa guisa en el restaurante Biarritz de Cuatro Caminos, donde el 14 de enero de 1934 pronuncia un discurso a los miembros del sindicato de impresores. El káiser del socialismo español no ve más alternativa que la violencia para «apoderarse del poder», y para ello sus «huestes» deben estar preparadas espiritual y materialmente[1].

Largo tiene una casa en la Dehesa de la Villa. Se dio en su día «la satisfacción» de una propiedad —él diría «una propiedad propia»—. Sus hagiógrafos tildan la satisfacción de puritana, ya que se trata de una propiedad modesta[2]. El aislamiento y la lejanía de la casa le obligarán a alquilar otros pisos en zonas más concurridas de Madrid —alguno de ellos con criada—, para evitar atentados contra él o contra su familia, pero será en su residencia de la Quinta de los Pinos donde la policía le detendrá la madrugada del 14 de octubre, cuando prácticamente se dé por sofocada en toda España la insurrección de la que él es responsable máximo.

La preparación del golpe de Estado implica directamente a las milicias, tanto a las socialistas como a las comunistas. Aunque no tardarán en confluir las pulsiones violentas de ambas, las socialistas se han adelantado a las comunistas en organización y en estructura, en parapetar su ejercicio tras el eufemismo de la autodefensa y en armarse no solo con balas, sino también con odio, imprescindible para apretar el gatillo[3].

La importancia de la insurrección de 1934, más allá de la estratégica como ensayo general de una guerra civil, se encuentra en su vertiente simbólica. Por un lado, el golpe funciona como catalizador de la violencia; por otro, se convertirá en el mito fundamental que justificará esa misma violencia. La glorificación del golpe se hará patente tras la victoria del Frente Popular en las elecciones de febrero de 1936, momento en el que comenzarán las delaciones de ciudadanos que mostraron en su día su repulsa a la insurrección y que se extenderán después de iniciada la guerra[4].

Como tantas otras veces, la propaganda se impone sobre los hechos y resulta ser la auténtica vencedora de la revolución, de esta fallida, esperpéntica y cochambrosa manera de darle «la vuelta a la tortilla». La propaganda pasará por encima de los muertos: de los civiles —entre ellos niños— y de las víctimas de las fuerzas del orden público, algunos de cuyos miembros serán expedientados por el Gobierno por haberse extralimitado en sus funciones represivas como representantes de la ley. Sin embargo, entre los sublevados no hay leyes, más allá de las propias de la barbarie, como demuestra Juan Modesto al insistir en el mito de la autodefensa con su habitual cinismo cazurro: «… en octubre de 1934, las MAOC de Madrid cumplieron modestamente su misión, protegiendo en la medida de sus fuerzas a los huelguistas y manifestantes de las agresiones de los pistoleros falangistas y de las brutalidades de la fuerza pública, evitando así que las víctimas fueran mayores»[5].

En realidad, el papel de las MAOC en el golpe de Estado de octubre de 1934 se constriñe a unas acciones de guerrilla urbana limitadas por la falta de experiencia y la escasez de armas. Sirve como ejemplo el papel de la célula de Rafael Pelayo, reducido a unas escaramuzas sin apenas consecuencias en el Cuartel del Conde Duque. Lo que vale para ejercer de policía callejera —un mínimo de dos hombres y dos pistolas— contra vendedores de *FE,* el órgano de expresión de Falange, no es suficiente contra las fuerzas del orden público republicano. Sin embargo, hay muertos. Los primeros caen la noche del 4 al 5 de octubre en el entorno de la sede socialista de la Prosperidad, y en total sumarán cuarenta y cuatro[6].

La insurrección ha sido un fracaso:

> Puertas de cuarteles que no se abren, jefes de escuadra que carecen de escuadra a la que mandar, armas abandonadas a toda prisa «en basureros y solares» o, como ya se ve, dejadas sin más en cualquier esquina; intentos de asalto «por diez o doce individuos» que se limitan a pasar veloces disparando sus pistolas contra los muros; desconexión entre los mandos; ignorancia de los «objetivos concretos que debería alcanzar cada sector»; carencia de una «dirección central de las milicias»; incapacidad para poner en funcionamiento las armas a veces tan rocambolescamente acopiadas; tiroteos más bien suicidas desde el interior de algún centro de reunión de militantes socialistas y, finalmente, paqueos desde esquinas o tejados: ese fue en resumidas cuentas el intento insurreccional en Madrid[7].

Como preludio de lo que ocurrirá en la Guerra Civil, los vencedores han perdido la batalla de la propaganda. La represión en Asturias, el foco más encendido de la revolución, creará un martirologio propio, y la liturgia posterior al alzamiento tendrá sus propios sacerdotes. Entre los anarquistas, Diego Abad de Santillán dirá que el golpe fue «la gesta más notable de los trabajadores de Europa en el último siglo»; para Romain Rolland, «desde la Commune de París no se había visto nada tan hermoso como el movimiento revolucionario de Asturias»; para Henri Barbusse, «el levantamiento del proletariado español en octubre de 1934 debe ser para nosotros fuente de inspiración, no de desesperación».

Por su parte, Joaquín Maurín y Luis Araquistáin coinciden, a su manera. Maurín, secretario general del Bloque Obrero y Campesino:

> Queda una última perspectiva por ensayar, la única históricamente progresiva: la toma del Poder político y económico por la clase trabajadora, para terminar la revolución democrática truncada, y comenzar la revolución socialista. Esta perspectiva ha aparecido en el horizonte como una aurora anunciando mejores días, durante las jornadas de octubre. Octubre es una fecha histórica. Se llega hasta allí y se parte de allí. Octubre ha sido el prólogo luminoso de la segunda revolución.

Luis Araquistáin, diputado del PSOE:

> Hoy el problema inmediato del socialismo español es la conquista del Poder, y como pensaban Marx y Engels, y luego Lenín y los bolcheviques, el único medio eficaz es la violencia y el único procedimiento de consolidarse en el Poder, destruyendo el Estado de la burguesía, es la dictadura del proletariado. La revolución de Octubre es la primera etapa de este gran ciclo histórico de revoluciones que se ha abierto en España.

Es cierto que, con el tiempo, algunas voces socialistas —muy escasas— renegarán de los hechos de octubre:

> Si el que fuera el último secretario general del PSOE elegido en España, Ramón Lamoneda, recordaba que ya inmediatamente después de octubre oyó decir desde «voces socialistas» que el movimiento «ha sido un crimen, ha sido llevar a la clase trabajadora al matadero, ha sido un error, [...] hemos hundido para siempre al Partido y a la UGT», Indalecio Prieto mantendría esta posición públicamente en un discurso que dio en el Círculo Pablo Iglesias de México, el 1 de mayo de 1942, declarándose «culpable ante mi conciencia, ante el Partido Socialista y ante España entera de mi participación en aquel movimiento revolucionario. Lo declaro como culpa, como pecado, no como gloria»[8].

Sin embargo, es Julián Besteiro el socialista que desde el principio alzó la voz y dio la cara en su día oponiéndose no solo a la revolución, sino también a la decisión del PSOE de usar la violencia, lo que le valdrá las críticas de sus camaradas. Desde *Renovación,* el órgano de la Federación de Juventudes Socialistas de España, clamaban ya en agosto de 1934 que su voz «no es la nuestra». Le recordaban que estaba sujeto a una disciplina y a un programa, y tildaban de monstruosas sus declaraciones contrarias a la violencia, algo intolerable para los jóvenes bárbaros del socialismo español: «Admirable es que quien ha pretendido en varias ocasiones ser el primer intérprete español del marxismo niegue la precisión de la violencia como instrumento para conquistar el Poder»[9].

Lo que dijo Besteiro, entrevistado por un redactor de la agencia Mencheta, apareció en numerosos periódicos de todo el país:

> La clase obrera no creo que ni aquí ni en ninguna parte ame la violencia. Pero tampoco creo en un triunfo social, por buenos que sean los deseos, sin choques y sin un elemento de tragedia. No es pura creencia mía. Se está viendo. Cultivar el trastorno por el trastorno no puede ser programa de ningún partido, y menos de un partido progresista. Pensar que de una perturbación va a salir espontáneamente una organización nueva es sencillamente una creencia supersticiosa. Las revoluciones se hacen con el corazón y la inteligencia, y donde no hay cabeza ni instintos directivos no hay fuerza progresiva ni verdadera revolución. Hay, sencillamente, trastornos y desorden[10].

De eso trata todo, de muerte y de violencia como modo de llegar al poder y de la forma de aplicarlas con eficacia. El fracaso será solo momentáneo, porque Octubre únicamente es un peldaño más en la escalada del terror, aunque sin duda el más difícil de tragar: las fuerzas de seguridad han perdido en toda España a setenta y un hombres, y quedan setenta y tres heridos graves y ciento seis leves. El número de muertos supera probablemente los mil cuatrocientos (entre ellos unos trescientos militares)[11].

Las juventudes socialistas y comunistas se han bautizado al mismo tiempo en las aguas de una violencia que hipnotiza a la diputada socialista Margarita Nelken, quien justifica los crímenes de los revolucionarios y se muestra extasiada cuando le preguntan por la unidad de acción con los comunistas, que califica de admirable: «Se ha sellado con sangre. No se habla lo bastante de Madrid, donde hemos tenido más de cincuenta muertos [sic]. Eran sobre todo jóvenes y muchachas. Comunistas y socialistas iban unidos. Delante del Ministerio de la Gobernación han hecho unidos las descargas»[12].

Cuarta parte

Antillón 4

Ese es el camino

En el primer cuarto del siglo xx, los arrabales de Madrid se nutrieron de la inmigración y del descenso de la mortalidad. La ciudad se abría hacia el suroeste por la carretera de Extremadura, cruzando el Manzanares por el Puente de Segovia hasta encontrarse con los Carabancheles, tragándose la Quinta del Sordo, la casa de Francisco de Goya, para levantar en sus terrenos una estación de ferrocarril que tiraba su línea hasta Navalcarnero. Las huertas y las parcelas dieron paso a las colonias de obreros, y el tiempo se llevó también unos molinos de viento, alzados sobre una loma, que justificaban la gracia de quien se refirió a Madrid como un poblachón manchego.

El arrabal del Puente de Segovia contaba con trescientos veinte habitantes en 1900; cinco años después alcanzó casi los dos mil vecinos, y ya eran cerca de nueve mil en 1930. La avalancha humana hizo que las calles se ramificaran con nuevos extrarradios, alfoces y arrabales surgidos entre los desmontes y los derrumbaderos del campo, apartándose en ellos las familias con menos recursos[1].

La reina María Cristina decidió fundar allí mismo un asilo en el que se diera instrucción y acomodo a las niñas del barrio y a las de los dos Carabancheles, el Alto y el Bajo. El edificio, con la iglesia aneja, se inauguró en 1894, y albergó a ciento cincuenta niñas bajo la tutela de las Hijas de la Ca-

Asilo de Antillón.

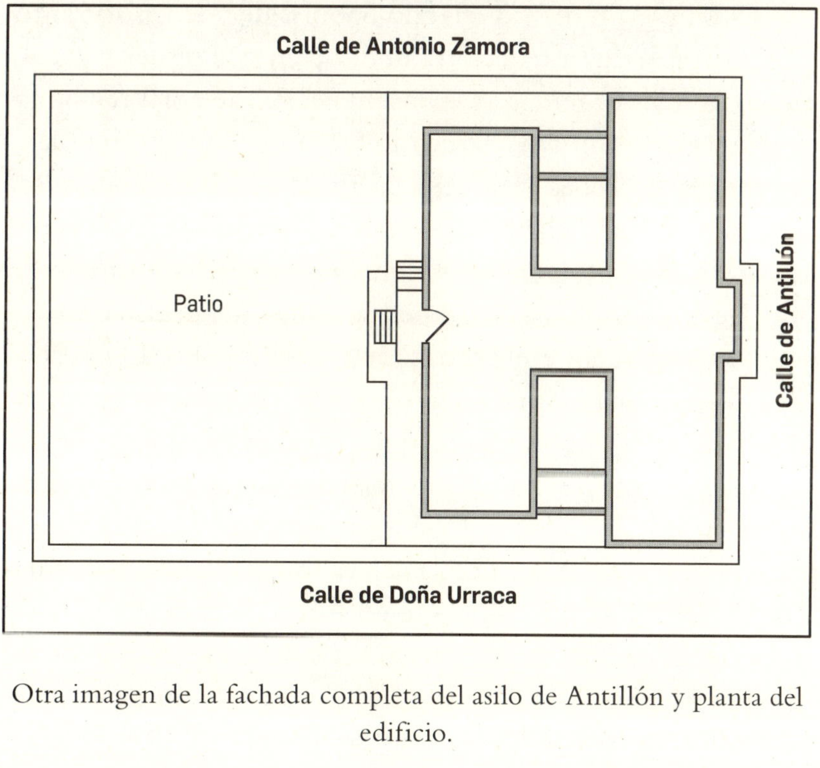

Otra imagen de la fachada completa del asilo de Antillón y planta del edificio.

ridad de San Vicente de Paúl. En dos décadas dobló su número, pero el edificio no tardó en quedarse prácticamente en ruinas y en 1916 se inauguró uno nuevo al otro lado de la plaza, en la calle de Antillón[2].

El Ayuntamiento de Madrid trató de convertir el asilo en una «escuela graduada» a finales de 1933, costeando las obras pertinentes. A primeros del año siguiente, la Junta de Enseñanza, presidida por el socialista Andrés Saborit, decidió dar un plazo a las monjas para que desalojaran el edificio, pero en julio las cosas continuaron como hasta entonces y el *statu quo* se mantuvo durante todo el segundo bienio, hasta que tras las elecciones de febrero de 1936 y la victoria del Frente Popular se volvió a poner sobre la mesa la necesidad de desalojar a las monjas y crear unas escuelas laicas[3].

Es en ese momento cuando Saborit decide insistir ante el Ministerio de Instrucción Pública para que resuelva el expediente con urgencia, y el miércoles 22 de abril recibe la respuesta del ministro Marcelino Domingo, autorizándole a hacerse cargo del edificio. Ese mismo día, Saborit comunica a las monjas que deben abandonar el convento antes del primero de mayo y que será el jefe de la guardia municipal, José Bermúdez de Castro, quien se ocupe del desalojo[4].

Sus planes, sin embargo, toman otro rumbo. El partido está ahora por encima del cargo, Saborit pinta poco en el PSOE y no es consciente de que las calles apestan a guerra civil desde hace tiempo. El concejal pertenece a una fracción socialista encabezada por Julián Besteiro, mal avenida con la dirección y muy crítica con la deriva totalitaria que acaudilla Largo Caballero. Las críticas se vocean públicamente en *Democracia,* el periódico que dirige Saborit. La dirección de la Agrupación Socialista Madrileña le ha abierto un expediente disciplinario y le ha privado de derechos y deberes por crear el periódico sin el permiso de los organismos directivos socialistas y por su oposición desde el primer número a las conveniencias del partido, las únicas que para los dirigentes tienen «rigor de mandamiento»[5].

Mientras tanto, las calles son tomadas no solo por las milicias. Sus actuaciones calan en la gente del común, envalentonada por la impunidad con la que pueden insultar, amenazar y agredir. El sacerdote Teodoro Cuesta explicará cómo un día de primeros de julio, mientras paseaba con dos compañeros por la calle de Génova, fueron increpados a voces y agredidos, sin que nadie les saliera al paso o avisara a las autoridades, por unos obreros comunistas a quienes ofendió el elegante traje que vestía uno de los amigos de Cuesta. Lo llamativo, sin embargo, no es tanto la amenaza como la libertad para proferirla sin miedo a sanción alguna[6].

Unamuno dará fe en sus postreros artículos en el diario *Ahora* del desprestigio de la justicia tras la victoria del Frente Popular, y en el último desgranará ejemplos del envalentonamiento de la muchedumbre, de ese proceso de corrupción civil y democrática que nació mucho antes del 18 de julio, y que él considera equivocadamente no producto de la ideología, sino de la ignorancia:

> Pasa por la plaza una muchachita acompañada de un familiar, cuando un zángano mocetón se divierte en hacerle una mamola. El familiar se vuelve a reprenderle, el mocetón se insolenta y el otro arrecia en la reprensión. Y entonces, ante el grupo de curiosos que se arremolina, ¿qué se le ocurre al zángano? Pues ponerse a gritar: «¡Fascista!, ¡fascista!». Y esto basta para que el reprensor tenga que escabullirse, no fuera que le aporrearan los bárbaros.

Otro día, en un rincón de una calle, sorprende un guardia municipal a otro mozallón haciendo necesidades; se le acerca, no a multarle, según piden las Ordenanzas, no, sino a llamarle la atención, y el necesitado, al verle venir se yergue y le espeta un «¡que soy del Frente Popular!».

Otra vez un matrimonio joven, en jira de turismo, entra en una iglesia, sin gente entonces, y a poco, husmeando no se sabe qué, entran tres chiquillos como de diez a doce años y exclama uno alzando el puño: «¡Maldito sea Dios!», y el otro: «Hay que darle unas hostias». Y como estos tres sucesos, recogidos aquí, muchos más de la misma laya[7].

* * *

En esa atmósfera de violencia incoercible corre la noticia por el Puente de Segovia de que van a expulsar a las monjas del asilo. Es imposible saber cómo se ha enterado Pedro Checa del inminente desalojo, si por los oídos que tenga el partido comunista en el ayuntamiento o por el runrún que transita por el barrio y que ha llegado hasta su casa en el paseo de Extremadura, a pocos metros de Antillón. La orden de ocupar el edificio parte de él, sin duda, pero la idea germinal y la decisión última no puede darse sin la aquiescencia del politburó, o al menos del secretario general, José Díaz, ni sin el visto bueno del representante de la Komintern en España, el italo-argentino Luis Codovilla. El método es el mismo desde que en 1932 Moscú descabezó el Partido y puso al frente a los hombres que ahora lo dirigen, y será el mismo que dé lugar a la extensión del terror en la retaguardia republicana durante la guerra y, por supuesto, a la organización de las masacres de Paracuellos.

Por lo demás, el plan de ahora requiere de una maniobra burocrática. No basta con enviar a cuatro jaques armados que acogoten a las monjas o que mantengan a raya al vecindario y a los periodistas. Lo importante es que la incautación sea legal, y para eso es necesario un salvoconducto, que el Estado delegue el ejercicio de la violencia en una fuerza paramilitar, entrar en guerra antes de que comience la guerra.

El martes 28 de abril de 1936, menos de una semana después del permiso del ministerio y tres días antes de que termine el ultimátum que se les ha dado a las Hermanas de la Caridad para que se marchen del asilo, los hombres de las MAOC se hacen con el edificio, «sin violencia en las personas» pero «con la necesaria intimidación» para que lo abandonen, e izan la bandera roja en su balcón. Uno de ellos esgrime un salvoconducto que les «autoriza como guardia cívica a la vigilancia y al cacheo». El papel no lo ha sancionado el ayuntamiento, por lo que es probable que tenga un sello de la Dirección General de Seguridad, si no la firma de su director, José Alonso Mallol[8].

La prensa apenas informa de la incautación. El comunista *Mundo Obrero* lo hace con un breve esa misma noche, mientras el socialista *Claridad* hace honor a su nombre y despacha el asunto con cuatro líneas coronadas por un titular incontestable: «Ese es el camino». Por alusiones que se leen aquí y allá queda claro que ha habido problemas en la calle de Antillón, donde se han reunido algunos vecinos entremezclados con un par de plumillas de los periódicos. *El Socialista* ocultará su desconcierto con una redacción un tanto esotérica cuando informe de que «hubo algún disgusto en la barriada por suponer que se hacía resistencia» al traslado. Quien sale con el rabo entre las piernas es Saborit, que se ha presentado allí junto al director y la inspectora del grupo escolar García del Real[9].

Desde este instante, el asilo queda en manos de las milicias socialistas y comunistas. En octubre de 1936, el partido comunista listará todos los edificios incautados desde la guerra, que, por medio del decreto de 27 de septiembre, pasarán a ser de titularidad estatal. ¿Dejó de pertenecer Antillón al Estado en algún momento?[10].

En cualquier caso, por anticipación política y capacidad de decisión, la policía política troca el destino que se iba a dar al inmueble como escuela laica por otro menos educativo. La gente de las MAOC, el elemento operativo que se hace con el caserón, elige los espacios que prefiere y, tras ocuparlos, va concediendo sus cuartos a las otras formaciones del Frente Popular. Los círculos socialistas y comunistas de los barrios y los comités locales y provinciales, que se han reunido hasta ahora en pequeños locales o en oficinas de la Casa del Pueblo, son desde este momento dueños de un gigantesco edificio que dispone de sótano, planta baja, principal y segundo piso, además de unos terrenos utilizados como parque. La altura de los techos, cinco metros. Un amplio vestíbulo da acceso a una galería que cruza el centro del edificio. A la izquierda queda un guardarropa acondicionado para más de doscientas niñas; luego, las clases, con cuarenta pupitres de pino blanco para dos niñas cada uno, con recado completo de escribir; en las paredes, las librerías, un reloj y un crucifijo que no durará mucho tiempo colgado. Al lado de la clase, los lavabos y los servicios, con agua fría y caliente. Frente al guardarropía y la clase se encuentra el comedor, con pavimento de mosaico, y al lado un montacargas y un lavadero. A la derecha del vestíbulo hay otra clase con ochenta pupitres; enfrente, la capilla. En la planta principal, dos habitaciones que dan a la calle se empleaban como obrador, y el resto de la planta lo componen varias clases con veinte pupitres cada una, retretes y lavabos. Al fondo, con las vistas al parque, las monjas acondicionaron sus habitaciones, con cuarto de baño. Finalmente, en el piso superior, se halla la cocina y los cuartos para el servicio, también con cuarto de baño[11].

Rafael Pelayo, que por los detalles que aporta en su libro se entiende que ha participado en la incautación y que conoce bien el edificio, explicará el uso que a partir de este momento se va a dar a los locales:

> Para que sirviera de tapadera a las verdaderas intenciones del Partido, en el primer piso se crearon varias escuelas. El segundo piso fue entregado para Secretaría de los servicios del Frente Popular: Izquierda Republicana; Unión Republicana; CNT; FAI; AIT; UGT; Partido Comunista; Partido Socialista; Socorro Rojo Internacional y Juventud Socialista Unificada.
>
> El tercer piso y el sótano lo utilizaron las MAOC como Cuartel General, para realizar los interrogatorios, planear los «trabajos» más viles para que los muchachos de las troikas ensayaran su puntería en los ratos libres.

La dirección del asalto al edificio de Antillón la ha ejercido la troika del Radio Oeste del partido comunista. Es de suponer que pronto recibirán la visita de Checa y quizá de algún dirigente más de la cúpula del Partido.

Antillón es una joya para todos, el laboratorio de lo que está por venir.

Los verdugos del Radio Oeste

Las MAOC se extienden por Madrid con el disparo vertical y horizontal de los puntos cardinales. Al frente de cada radio se impone una troika dirigente. La del Oeste la forman tres hombres que se han movido hasta ahora entre los bastidores del sombrío escenario de una República abocada a la guerra. Conviene perfilar sus contornos, darles nombre, nación, carácter y destino. Son Manuel Díez del Valle Blanco, Manuel Escontrela Ruimonte y José García Granda. Si un chequista no es más que su alias, se les conoce como El Tendero, El Rácano y El Garcia[1].

El Garcia nació en 1915 en la calle de Doña Elvira, a dos pasos de la calle de Antillón, hijo de un ayudante de cerrajero y el menor de cinco hermanos. Comisario durante la guerra y enviado a la URSS para recibir un curso de piloto de aviación. Guerrillero en el Ejército soviético, donde fue conocido por el sobrenombre de Volodia, y encargado de los interrogatorios a los españoles del Gulag en Cheropovést. Tan obediente, *perinde ac cadaver,* que le parecerá fantástico el pacto entre Hitler y Stalin. Regresará a España y se unirá al movimiento vecinal de Vallecas. Lo hará tan bien que Madrid le honrará con una calle[2].

El Rácano, como sus dos camaradas, pasará también por el Ejército soviético. Es litógrafo, de la calle de Toledo, y está en el medio de cinco hermanos. Alcanzará el grado de teniente durante la guerra, guerrillero en el Ejército soviético y obrero al terminar la Segunda Guerra Mundial en una fábrica de cojinetes. Morirá en Moscú en 1968[3].

El Tendero estaba a punto de cumplir los veintidós años cuando se incautó el asilo de la calle de Antillón y torturó a José Mariano Sánchez Gallego con un vergajo. De los tres del Radio Oeste fue siempre el menos discreto. Había ingresado en las MAOC recién creadas las milicias, y tres años más tarde su cuerpo muestra la novedad de cuatro heridas producto de tres disparos. Es un chaval que carga con la suerte que les faltó a sus víctimas. En la autobiografía que escribirá para el Partido insistirá cerrilmente en sus episodios de virilidad: las palizas sufridas en la cárcel, que aguantó sin confesar; los tres balazos anteriores a julio del 36; las dieciséis heridas producidas en la guerra y las veces que huyó del hospital sin permiso de los médicos para unirse de nuevo a sus compañeros en el frente.

Díez del Valle nació en Salamanca, pero la familia —los padres, cinco hermanos y dos hermanas— se trasladó a Vizcaya cuando él tenía un año. Vivieron en siete pueblos distintos y se ocuparon como pudieron. El mote, a Manuel, le vino por el oficio, dependiente de comercio. Con quince años ya era miembro del PCE y en 1931 se trasladó a Madrid junto a su familia, primero en Vallecas, donde formó parte de la célula número 1 junto a tres conocidos pistoleros, Manuel Fernández Cortina, Félix Barriga García y Aurelio Martín, y muy poco después en la célula número 2, en Puente de Segovia.

De inmediato se hizo con el mando del Radio Oeste y en 1935 ya era el responsable de su servicio de información. La policía le tenía entre ojo y ojo y necesitaba refugio fuera de España. Pedro Checa lo mandó a Barcelona para que pu-

Manuel Escontrela, *El Rácano*.

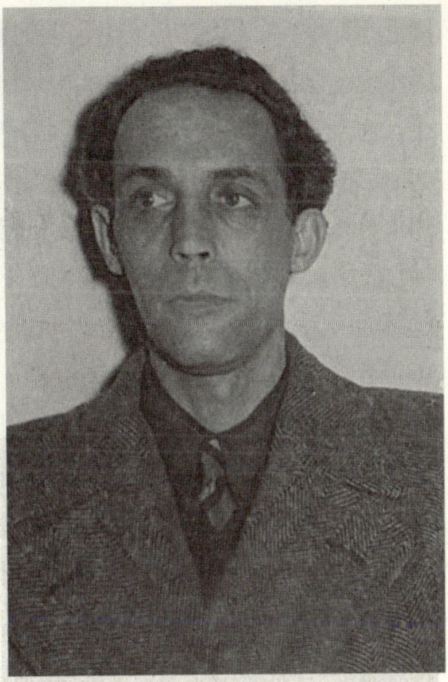

José García Grande, *El Garcia*.

Manuel Díez, *El Tendero*.

diera huir a Rusia, pero la guerra llegó primero. Se incorporó a la Columna Carlos Marx por orden del comité central del partido comunista catalán, y en el frente dirigió el periódico de la unidad, *La Trinchera*. En algún momento indeterminado entre agosto de 1936 y finales de año, la dirección del Partido en Madrid lo requerirá para que en la capital sea el responsable de un «comité de investigación», un eufemismo de chequismo puro y duro en los tiempos más oscuros de la represión en la capital. En Madrid hará un curso junto a otros cuatro camaradas para trabajar en la retaguardia. De Madrid pasará a Valencia, donde los cinco cumplirán «algunas tareas» encargadas —detalle importante— directamente por el secretario general del PCE, José Díaz[4].

Tras deambular por diferentes unidades del Ejército, pasará junto a uno de sus hermanos por tres campos de refugiados en Francia. Será uno de los elegidos por el Partido para emigrar a la URSS, donde cambiará la fábrica por el Ejército en cuanto Hitler ataque Moscú. Guerrillero desde entonces, condecorado e instructor de los grupos de información en una unidad del NKVD —predecesora del KGB—, hará un curso de radista y al terminar la guerra seguirá con sus «tareas» en Francia y en España antes de ser llamado por el Partido de nuevo, esta vez para ubicarse en Varsovia; allí cambia su nombre por el de Manuel Arana Iturri y se casa con una joven polaca.

La muerte solo le rozó, si bien numerosas veces, durante sus años de chequista y de soldado, pero se cebó con los suyos. Su novia murió durante la guerra, y no volvió a saber nada de su hija, nacida en marzo de 1937. Uno de sus hermanos, de trece años, murió a finales de 1936 a causa de la explosión de un obús. Su padre murió en marzo de 1939. Una tía le informó de que su madre y su hermana Filomena, de trece años, habían sido fusiladas por los franquistas a finales de 1939, pero fueron muertes falsas, de las que agrandan los listados de la represión y, también, el «sufrimiento del héroe», bueno para la biografía. La verdad es que Filomena salió de la cárcel, porque diez años más tarde aparecía en un listado de opositores a Hacienda y mucho tiempo después su número de teléfono estaba en la guía de Madrid. Respecto a la madre, Esperanza, no aparece ninguna Esperanza Blanco o Esperanza del Valle en las bases de datos de represaliados por el franquismo. A Manuel Díez le quedaron dos hermanos en España, de diez y de ocho años, sin que volviera a saber de sus vidas. Murió en 1964 y está enterrado en el Cementerio Militar de Powązki, en Varsovia[5].

* * *

Manuel Díez dejó rastro en los archivos porque fue detenido varias veces junto a otros camaradas cuyos nombres alimentan la nómina hasta ahora desconocida de las MAOC. A finales de septiembre de 1934, en plena escalada de enfrentamientos con los falangistas y poco antes de que tuviera lugar el golpe de Estado socialista y separatista, Manuel fue detenido en la calle de Alberto Aguilera por tenencia ilícita de armas junto a Marcos Sanz Herrero, Francisco Arroyave Maseda, Vicente García Hernández y Juan del Castillo Rufo. Un agente de policía reconoció a los muchachos, que cuatro días antes lo habían apalizado y le habían robado la pistola cuando protegía a un tipógrafo que trabajaba en unos talleres donde los obreros hacían huelga. Al dirigirse a ellos junto a su compañero, logró apresar a todos excepto a Marcos Sanz, que logró huir[6].

Todos ellos llevaban balas en los bolsillos y varias armas cargadas: dos revólveres Smith & Wesson, dos pistolas Beretta Demon y, en el caso del Tendero, una pistola sin marca, calibre 7,65, con el número 9 en las cachas; dos cargadores de nueve balas, una en la recámara y cuatro sueltas. Alegaron que las pistolas las habían encontrado por ahí, y El Tendero explicó que la suya la halló en el Puente de los Franceses y que se la había quedado porque le habían informado de que estaba amenazado de muerte junto a treinta y un camaradas más. Fueron condenados a cuatro meses y un día y fueron puestos en libertad el 24 de enero de 1935[7].

El Tendero no tardó mucho en integrarse de nuevo en las MAOC. La noche del 26 de mayo de 1935, tres individuos arrojaron una botella inflamable —lo que más tarde se llamaría cóctel molotov— sobre la puerta de la sede de Acción Popular, el partido de Gil Robles, en el segundo piso del número 21 del paseo de Extremadura, a una manzana del asilo de Antillón. La sede no sufrió daño alguno salvo en la puerta, que quedó un poco chamuscada después de que varios miembros del Partido sofocaran las llamas. Aquellos comunistas no tendrían futuro como incendiarios, pero sí como asesinos.

Al huir escaleras abajo se dieron de bruces con el portero del edificio, Marcelino Sainz Fernández, que llevaba una garrota en una mano y logró golpear a uno de ellos, echándolo a tierra. El otro disparó sobre Sainz. Según el conserje de Acción Popular, que se encontraba dentro de la sede, los disparos fueron tres. Bastó uno de ellos en el vientre para asesinar a Marcelino, que murió horas después en el hospital. Tenía cuarenta y ocho años, era natural de Carriaza, en Santander, y estaba casado con Manuela Martín Maestro. Al entierro acudieron la viuda y sus dos hijos, un hermano y el yerno, además de numerosos militantes de Acción Popular y de Falange, partido al que estaba afiliado Marcelino. Una suscripción popular a favor de la familia logró reunir casi cuatro mil pesetas[8].

Los asesinos lograron huir por la calle de Caramuel en dirección a los conocidos como Campos de Goya, cerca de la pradera de San Isidro. La prensa informó de que la policía conocía perfectamente la identidad de los terroristas. El 19 de junio detuvieron a Agustín Navarrete Fernández en una taberna de la calle de Segovia; posteriormente cayeron El Tendero y cinco comunistas más, entre los que se encontraban Braulio Farelo Ortega y Felipe Encinas Villahoz[9].

Durante la guerra, Farelo perteneció a una de las brigadas del Comité Provincial de Investigación Pública, la oscura checa oficial de Fomento, lo que le valió ser fusilado en noviembre de 1939. Encinas, durante la guerra, perteneció a los servicios especiales de la policía y fue acusado de participar en una detención junto a Álvaro Marasa Barasa, uno de los responsables directos de las masacres de Paracuellos.

Por su parte, El Tendero aseguró tener una coartada y dijo que en esos momentos estaba con su novia en el bar La Austriaca, en la Puerta del Ángel, a pocos metros de la sede de Acción Popular. La policía interrogó al dueño del bar, que no debió de dar fe de lo dicho por Manuel Díez, porque este permaneció en comisaría y fue finalmente condenado. La justicia republicana fue benévola: cumplió cinco meses de cárcel. Checa debió agradecerlo sobremanera.

El *paseo* también se inventó antes

Se equivocaba el periodista Jacinto Miquelarena cuando dijo que el *paseo* fue estrenado por los asesinos de Calvo Sotelo. El *paseo* se ha inventado en Antillón. El Tendero, El Rácano y El Garcia ponen el sadismo al servicio del Partido y han impuesto en los sótanos del viejo asilo las directrices que seguirá la justicia popular en la guerra. Interrogatorio y tortura. El final viene de la mano de las brigadas ejecutoras. La salida de la checa, el paseo en coche hasta el matadero y el fusilamiento final, cuando no el tiro en la nuca, del que son maestros El Viejo y El Popeye, que dejan los cadáveres a la vista como señal de escarmiento y aviso a navegantes. Terror puro[1].

Solo es posible ponerle nombre al Popeye cuando Rafael Pelayo publica *Rusia al desnudo* en 1956; ni siquiera el nombre, solo un apellido: Montero. Junto a él recorre Pelayo el barrio de Cuatro Caminos arrojando octavillas por las calles. El Popeye se convertirá tras la guerra en un quebradero de cabeza para las autoridades franquistas. El alias aparece repetidamente en los expedientes relativos a la checa de San Bernardo y han fracasado todos los intentos de atar el mote a un nombre[2].

Stalin y Popeye eran ídolos infantiles para algunos niños, gracias a las revistas comunistas dirigidas a los pioneros. Popeye, el personaje que Elzie Crisler Segar creó en 1929, alcanzó notoriedad en España en los años treinta gracias a las películas de dibujos que se proyectaban en los cines, y cualquiera que tuviera algo que ver con el mar, alardeara de músculo y de fuerza o fumara en pipa podía cargar con ese alias[3].

★ ★ ★

El portero de la checa de San Bernardo, Edmundo Rodríguez Rodríguez, describió al Popeye como un «individuo corpulento». Carlos Escanilla de Simón, secretario del comité del Radio Oeste y quien decidía a qué checa comunista conducir a los detenidos, habló de un hombre de «unos veinticinco años, alto, fuerte, fumaba en cachimba y según cree estudiante de la Facultad de Derecho». Por su parte, Gabriel Monje Hernández, empleado de la fundición tipográfica de Richard Gans y detenido en la checa, dijo de él que era una «persona educada, rubio, alto, fuerte, de una corrección poco común», y añadió «que por las señas que tiene el declarante, debía ser estudiante o persona instruida». Diego Romanillos, otro punto fuerte de la checa, declaró que conocía de vista al Popeye y que era «un muchacho alto y fuerte». Jacinta Benito Hernández, que fregaba los suelos en la checa, decía que era «el más nombrado de todos».

Otro de los chequistas, Víctor García Martín, declaró que, como era policía, conoció de vista al Popeye, que acudía al mismo comedor organizado por la DGS en la calle de Castelló 25-27, y que recordaba «con bastante exactitud sus señas personales por tratarse de un individuo cuyo aspecto físico se salía de lo corriente; tenía aproximadamente 1,80 de estatura, espaldas anchas y todo él denotaba una gran fortaleza física llevando el pelo cortado a lo "Amadeo" y cree recordar que era de color negro, así como el detalle de que fumaba en cachimba», y que, al preguntar por él, le dijeron que le conocían como El Popeye, y que «era estudiante de Derecho». También dijo Víctor García que El Popeye no era policía, y que si frecuentaba el comedor era porque tenía allí a conocidos o amigos, y que, en esa época, en torno a junio o julio de 1937, andaría por los treinta años[4].

★ ★ ★

Nada más terminar la guerra, la reconstrucción del rompecabezas de la checa de San Bernardo, del que El Popeye es pieza principal, corre a cargo de un hombre, un cacereño de Aldeacentenera nacido en torno a 1905, cuyos rasgos de carácter más destacados son la tenacidad y la paciencia. Se llama José Palacios Gamino.

Palacios fue detenido el 6 de agosto de 1936 y conducido al convento de las Salesas del número 72 de la calle de San Bernardo, la checa principal del Radio Oeste del PCE. Permaneció encerrado cuatro días hasta que se las ingenió para escapar. Son un misterio los pormenores relativos a su fuga de la checa y a cómo se las compuso hasta el final de la guerra para continuar en Madrid con su vida diaria de quintacolumnista como cabo de la Guardia Nacional Republicana, la sucesora de la Guardia Civil en territorio leal al Gobierno[5].

En cuanto las tropas de Franco entran en la capital, Palacios se pone en marcha al frente de una brigada de investigación de la primera comandancia del 14.º Tercio de la Guardia Civil. La brigada se hace llamar Brigadilla Palacios y organiza su centro de operaciones en el número 21 del paseo de la Florida. Una de sus primeras operaciones comienza con una visita a su antigua cárcel. Las monjas se han instalado de nuevo en el convento y reciben a los familiares de desaparecidos que buscan a sus padres, hermanos o vecinos, maridos, mujeres, novias, novios que se ha tragado la tierra. También acuden antiguos prisioneros que rememoran su vida en las celdas y reviven su miedo, entreverando las historias que explican a las hermanas con los nombres de los carceleros.

Las monjas le cuentan a José Palacios que han conseguido el nombre de una de las trabajadoras de la limpieza del comité del Radio Oeste. Se llama Carmen del Río Martín. Madrid no es tan grande como parece y basta un nombre para que Palacios dé con una calle y un portal. Carmen es detenida de inmediato e interrogada, y comienza a dar nombres. La brigada se pone en marcha para localizarlos. El 12 de junio Palacios se pone al mando de sus seis hombres, entra en una casa del barrio de Vallecas y detiene al conserje de la checa y a su mujer. Edmundo Rodríguez Rodríguez se declarará culpable de una cantidad inverosímil de fusilamientos, pero sobre todo aporta nuevos nombres, cada vez más importantes dentro del organigrama del terror del comité del Radio Oeste. Finalmente, la Brigadilla Palacios detendrá e interrogará a cuarenta y dos personas relacionadas con la checa de San Bernardo[6].

José Palacios Gamino termina su informe preliminar sobre la checa y sus principales dirigentes a finales de septiembre de 1939. Pese a que continúan faltando piezas, el puzle toma la forma cada vez más reconocible del terror soviético. Primero, las detenciones; durante el interrogatorio a los presos, las primeras palizas; en la celda, las torturas y las violaciones a las mujeres; si el veredicto así lo dictaminaba, el paseo y el fusilamiento o el tiro en la nuca.

* * *

Personal subalterno del comité del Radio Oeste de San Bernardo.

Fachada de la checa de San Bernardo 72.

Los primeros piquetes de la checa de San Bernardo los formaban unas brigadillas bautizadas con nombres rimbombantes a la manera de las películas y las novelas —los Leones Rojos, Brigada del Amanecer[7]—, pero sobre todo eran conocidas por los miembros de la checa por el nombre de sus cabecillas, entre los cuales destacaban tres: la de Tomás, la del Piedra y la del Popeye[8].

Tomás era Tomás del Castillo Terceño. Duró poco. Murió en Manresa durante la guerra, y sus hermanos, Carmen y Pío, apenas pudieron aportar datos sobre él. Del Piedra se sabe algo más, aunque nada de su destino. La información sobre él parte de otro hombre que comparte las hechuras de carácter de José Palacios. Se llama Clemente Paramio Redondo y, como aquel, se ha dedicado a perseguir a sus antiguos carceleros. Había nacido en Madrid el 30 de marzo de 1918 y trabajaba como auxiliar de aviación. En 1943 declarará ante las autoridades de la Causa General y ofrecerá un testimonio fundamental que merece ser transcrito casi entero:

> Que el declarante se encontraba detenido en la Cárcel Modelo en el mes de octubre del año 1936, y a mediados de dicho mes logró salir de la misma y librarse de una muerte segura gracias a la intervención de un individuo llamado Alejandro (a) El Negro[9], que conocía al declarante por ser de la misma barriada y por ser de las mismas aficiones deportivas; este individuo entró en aquella fecha con varios milicianos más a la Cárcel Modelo, con objeto de realizar el asesinato del declarante, por orden del PC, pero al reconocerlo, bajo su responsabilidad lo sacó de la Cárcel Modelo conduciéndole a un Centro Comunista de la calle de Alberto Aguilera, cuyo nombre no recuerda pero sí sabe que allí estaban insta-

ladas las Mantequerías Arias[10], este lugar por las propias manifestaciones de los milicianos, como asimismo por haber visto allí detenidos, era una checa, siendo el jefe de la misma un tal Ardura [Ramón Ardura Fradejas], que tenía además otro hermano en la misma checa.

Después de permanecer varios días en Alberto Aguilera, fue trasladado a San Bernardo 72, donde funcionaba el Radio Oeste del PC, siendo puesto en libertad después de cerca de 24 horas de permanencia en él, debido a que los informes que adquirieron del declarante eran buenos, como asimismo a haber respondido por él los vecinos de la barriada donde vivía[11].

Puesto en libertad, aprovechó este conocimiento con Alejandro, El Negro, y con los hermanos Ardura, como asimismo con los milicianos que componían la checa de Alberto Aguilera, para acompañarlos en distintas ocasiones a San Bernardo 72, por este motivo sabe que entre los que actuaban en San Bernardo 72 se encuentran, que sepa el declarante, los siguientes: Vicente Díaz (a) El Piedra, el cual por habérselo oído infinidad de veces relatar, sabe que detuvo a una familia compuesta de matrimonio y dos hijos, varón y hembra, asesinaron al padre y más tarde a la madre, a la cual tuvieron que sacarla en un colchón donde se encontraba inmovilizada a consecuencia de las palizas recibidas, mataron también al hijo varón y a la hija, a la cual, después de ser asesinada, la atropellaron. Este mismo individuo Díaz participó en el asesinato de Manuel Mateo, jefe de la Central Obrera Nacionalsindicalista, que fue asesinado en San Bernardo aun cuando el declarante ignora cuándo ocurrió el hecho, como asimismo el de un muchacho llamado Arribas, compañero de estudios del declarante.

Otro de los que formaban la checa de San Bernardo 72, era un individuo llamado «Popeye», que era un individuo fuerte, de una estatura superior a 1,80, que fumaba en ca-

> chimba y que más tarde fue marinero de la flota republicana, por cuyo motivo cree el declarante que logró huir al extranjero al acabar la guerra; este individuo ejercía bastante autoridad dentro de la checa de San Bernardo, siendo algo así como un jefe de grupo.
>
> Recuerda también cómo componentes de la checa de San Bernardo a unos individuos llamados Aladi[12] y Tomás, y también a otro llamado Rafael Sánchez de las Matas Covarrubias, a quien detuvo el declarante, acabada la guerra, conduciéndolo a la comisaría del distrito de Hospicio, donde manifestó que había intervenido en el asesinato de Manuel Mateo, de Arribas y de 50 más en número aproximado durante su actuación de la calle de San Bernardo.
>
> El declarante sabe también que en la calle de San Bernardo 72, y encargado de dar las palizas a los detenidos, se encontraba un individuo boxeador, el cual sometía a grandes palizas a los allí detenidos, lo que dio origen a que algunos de estos perdieran la razón. El declarante no recuerda exactamente cuál es el apellido de este boxeador, pero cree recordar que empezaba por la letra C, habiéndolo visto el declarante en la referida checa y recordando que era un individuo mal encarado y fuerte[13].

No es extraño que El Popeye ejerza autoridad en la checa, hija de Antillón, ni que en San Bernardo impere un sadismo que ya no es exclusivo de los chequistas más bragados en el manejo del hacha, el cuchillo, los puños, el vergajo y la navaja. La muerte del falangista Manuel Mateo supone un ejemplo palmario[14].

De Manuel Mateo Mateo sabemos más de lo que él hubiese preferido, pero sabemos poco. Que nace en Corella, que está acostumbrado a compartir porque junto a su escudilla hay otras dieciséis de sus hermanos, que se va pronto mundo adelante, que se hace comunista con igual precocidad, que tiene cargos en el Partido lo suficientemente importantes como para que lo envíen a Moscú, y que su mejor amigo, y camarada, un ferroviario llamado Francisco Antón, le despide del piso que compartían hasta finales de 1934 porque Antón precisa intimidad. Tiene una novia poderosa, diecisiete años mayor que él, que le pone condiciones: su novia Dolores. Pasionaria. No La Pasionaria, que suena a folclórica, dice ella.

La bronca personal se convierte en bronca política, mucho más que ideológica, y acaba con Mateo en la calle buscando una pistola por si acaso. Se la da un antiguo compañero de las primeras horas comunistas, Carlos Rivas Villar, que se ha hecho falangista, uno más en el trasiego revolucionario que le ha llevado del trotskismo al PCE y de ahí al nacionalsindicalismo. El caso es que acabar con el capitalismo por la vía patriótica les parece saludable. Mateo le pide que le presente a sus nuevos camaradas y termina conociendo a José Antonio. Entre los que se encuentra al llegar está el carismático Nicasio Álvarez de Sotomayor, muy destacado líder de la CNT hasta hace poco, doctor en Medicina y gran orador. «Un desordenado, como todos los anarquistas», decía de Nicasio el pugnaz Mateo, aspirante a mandar en los sindicatos de la Falange; «un marxista que no puede salir de su esquema mental marxista, como todos los marxistas», decía de Mateo el ambicioso Nicasio.

Los dos tenían razón.

Mateo permaneció junto a José Antonio en la crisis de mando falangista que concluyó con la salida de Nicasio Álvarez de Sotomayor y su cercano Ramiro Ledesma, con el que había llegado desde las JONS. Inmediatamente después pasó a ser secretario de la Central Obrera, el sindicato de

Falange. Por esas mismas fechas, 23 de enero del 35, la prensa nos dice que Mateo renueva como tesorero de la Federación Obrera Cultural y Deportiva, herramienta del partido comunista en la que lleva varios años y que tuvo como primer presidente a Enrique Matorras. No debía de ser fácil aceptar que si estabas en un sitio no podías estar en el otro: en el fondo lo que hacían era cambiar de plataforma, no de idea, que seguía siendo la misma.

Lo evidente es que *Mundo Obrero* no era muy partidario de la compatibilidad de militancias y convierte a Manuel Mateo en una diana caminante. A principios de julio del 36, Mateo está en Zaragoza. Si se hubiera quedado unos cuantos días, su vida habría sido más larga. Del Ebro va a Valladolid y tiene una bronca de enemigos con el jefe de la rebelión, el general Saliquet, que le da cinco minutos para salir de la ciudad. Es el principio de su muerte; cuando llega a Madrid para ponerse al frente de la Falange, ve que Garcerán le ha usurpado el mando.

Rafael Garcerán es un abogado que trabaja con José Antonio y no es militante: «Cuando vea a José Antonio le voy a decir que en Madrid no se ha levantado la Falange, sino su bufete», exclama Manuel Mateo. Acorralado en la imprenta de Enrique Garríguez y Mariano García, donde se refugia, Mateo se da cuenta de que el alzamiento está perdido cuando ve que las tropas se encierran en el Cuartel de la Montaña en lugar de salir, y también se da cuenta de lo que va a venir después: los que están con él en la casa impiden que se lance por el balcón. No debió de pensar Manuel Mateo que le hicieron un favor cuando una mañana de últimos de septiembre fue vencida su extraordinaria habilidad para el camuflaje. Siguieron a su novia, Antonia, y dieron con él. El final lo insinúa Enrique Castro Delgado en la conversación

Manuel Mateo sentado, mientras José Antonio hace uso de la palabra.

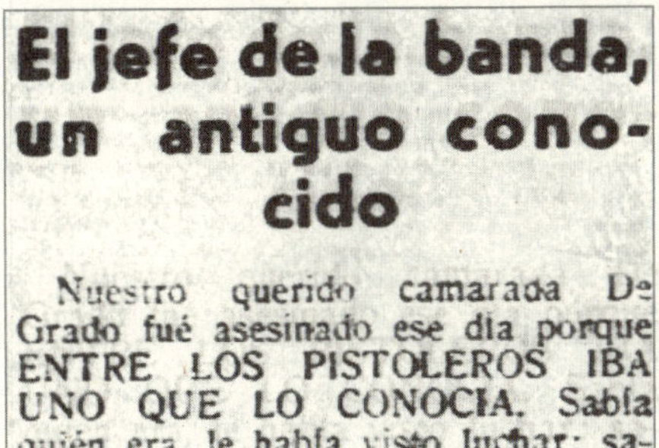

El jefe de la banda, un antiguo conocido

Nuestro querido camarada De Grado fué asesinado ese día porque ENTRE LOS PISTOLEROS IBA UNO QUE LO CONOCIA. Sabía quién era, le había visto luchar; sabía de su constancia, de su valía, que resaltaba su natural modestia. Y este antiguo conocido lo hemos presentado ya en el segundo de nuestros artículos. Se trata de un provocador que "trabajó" en nuestro Partido y que fué expulsado. Este confidente, hoy miembro del Secretariado Sindical Nacional de F. E. de las Jons, es MANUEL MATEO, el que, cuando publicamos el artículo en que se le presentaba vivía en compañía de Sotomayor en la calle de Preciados, 29.

Esta alimaña, este reptil asqueroso, acompañaba al grupo de fascistas que repartía las hojas a los parados en Cuatro Caminos el día 29. El seguía, a una distancia no muy grande, a la banda del crimen.

Manuel Mateo, un hombre muy particular, idealista nato que iba por la vida sin un duro en el bolsillo. Abandonó el partido comunista cuando era uno de sus secretarios en Madrid. José Antonio Primo de Rivera ganó un organizador que arrastró a la Falange a un gran número de obreros. Sus antiguos camaradas no se lo perdonaron y terminaron por torturarlo y asesinarlo en la checa de San Bernardo a las pocas semanas de comenzar la guerra.

con uno de los que le van a torturar en la checa de San Bernardo, y es espeluznante. Conocidas ya en Pepe Price y Justo Serena las técnicas liquidadoras, es mejor no dedicar ni un segundo a imaginar qué pasaría con el tipo más odiado. Su novia, encarcelada al otro extremo de la galería, habló de sus gritos, que nunca acababan. Ya es bastante[15].

* * *

Juan Antonio Montero Gutiérrez es el chequista de San Bernardo conocido como El Popeye. Había nacido en Córdoba en 1916. Cuando tenía siete años fue atropellado por un coche. Sufrió la fractura de la clavícula y la tibia derecha y una «herida contusa en la región occipital». Si el golpe en la cabeza tuvo consecuencias, no fueron intelectuales: en algún momento debió de llegar a Madrid y matricularse en Derecho, después de haberse presentado a las oposiciones de oficiales administrativos de la Diputación de Madrid[16].

Ingresó en el partido comunista en 1933 y no hay rastro ni en la prensa ni en los archivos de detenciones o de que hubiera participado en algarada alguna. Todo indica que era un hombre inteligente, capaz de llevar a cabo sus tareas para el Partido de una manera discreta, fría y eficaz. Como aquella mañana en la que sube a un coche junto a otros chequistas y dos detenidos: «Los del negro de la plaza de toros». A Choperena y a Lacambra los asesinan en un descampado en Puerta de Hierro.

En los últimos días de la guerra, El Popeye aparece como marinero de segunda en la base naval de Cartagena, de cuyo radio comunista es secretario de organización. Como bien intuye Clemente Paramio, su condición de marino le permitirá huir de España por mar. Lo hará el 7 de marzo en el

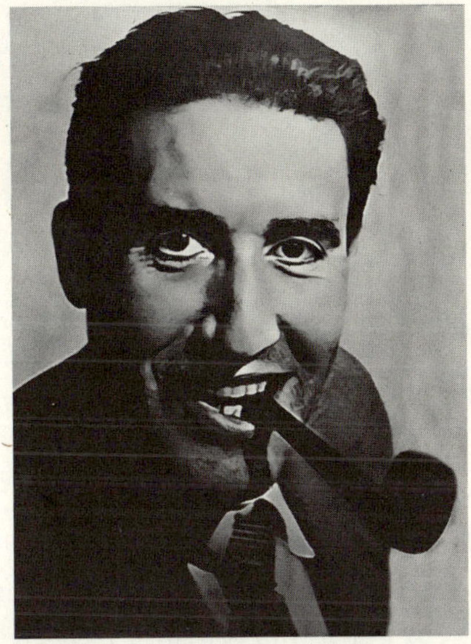

Juan Antonio Montero Gutiérrez, *El Popeye* (tercero por la derecha). De buena familia, era un joven educado, estudiante de Derecho en Madrid y de Medicina en su exilio soviético. Con una facilidad pasmosa para el gatillo y para escabullirse de sus enemigos. Las autoridades franquistas jamás conocieron su identidad, y pusieron mucho empeño en ello. Su *glamour* criminal queda muy por debajo del recuerdo de sus víctimas. Dos de ellas, José Mariano Sánchez y Justo Serena, son figuras fundamentales de la historia que se cuenta en este libro.

acorazado Libertad, que podrá rumbo al puerto tunecino de Bizerta. Después de entregar la flota a Franco, los marineros del barco recorrerán cuatrocientos kilómetros hasta el campo de internamiento de Meheri Zebbeus, cerca de Maknassy, todavía en Túnez. En algún momento, El Popeye será trasladado al campo de Boghari, en Argelia, donde llegará el 16 de mayo de 1939. Finalmente, el 8 de junio abandonará África para poner rumbo a Rusia[17].

Durante la Segunda Guerra Mundial servirá junto a otros españoles en la Escuela Operativa Superior de Operaciones Especiales, a cargo del coronel Ilya Grigorievich Starinov. Entre sus compañeros está Rafael Pelayo, que no guarda buen recuerdo de aquellos días:

> Los que ingresaron en el Ejército ruso como oficiales, lo mismo que los que trabajaban de maestros en las casas de niños emigrados españoles, que disfrutaban de muy buena paga, ayudaban siempre a sus paisanos, metiéndoles en el bolsillo un puñado de rublos para que durmieran su necesidad. Hombres que habían luchado tanto por el Partido, como Montero, «Popeye»; «Popeye el Aviador», «El Tendero», Avis, Ramos, jefe del Estado Mayor del 18.º Cuerpo de Ejército; Pintos, comisario de la 1.ª Brigada de tanques; Castillo, hermano del famoso teniente Castillo, jefe de la 60.ª División; Vascuñana, comandante de guerrilleros; Parra, comandante de guerrilleros, y otros, morían de hambre en la Unión Soviética, maldiciendo de todas las Dolores y «Pasionarias» del mundo[18].

Al terminar la guerra, El Popeye se instalará en Rostov del Don y se matriculará en el Instituto Médico de Rostov, donde conoce a su futura mujer, estudiante de tercer curso, una cosaca rubiales y de brillantes ojos grises. Se casarán, aunque los parientes de ella estén en contra, y un año más tarde la mujer dará a luz a dos gemelas.

El Popeye seguirá ejerciendo tareas para el Partido, entre ellas la vigilancia de algunos díscolos jóvenes españoles que resultan sospechosos por su indisciplina.

Cuidar de la familia impedirá que Montero termine la carrera de Medicina, y finalmente encontrará trabajo en la Universidad Estatal de Rostov impartiendo clases de latín y español. Aunque no habla ruso con mucha fluidez, conoce muy bien el francés y el italiano. Una de sus hijas recordará que era de naturaleza muy alegre, aficionado a las reuniones familiares. Fuma en pipa y pone a las niñas un poco de vino diluido en agua antes de que se acuesten. Un castizo.

Montero morirá inesperadamente a los cuarenta y tres años de una dolencia cerebral. Sus estudiantes llevarán a hombros el féretro desde el cruce de la calle Gorki con la avenida Voroshilov, donde se celebra el funeral, hasta el cementerio Bratsk, a una media hora a pie[19].

El Popeye ha sentido siempre la nostalgia de España y ha enseñado a sus estudiantes detalles de la cultura del país, les ha puesto discos, ha cantado canciones y ha avivado su fascinación con las historias de la Guerra Civil, historias que son mitos, porque, entre ellas, es seguro, no está la de los asesinatos que ha cometido a sangre fría junto a otros camaradas como Tomás, Ladislao Antón Sanz y Vicente Díaz, *El Piedra,* en San Bernardo; y Carmonilla, Domingo o El Viejo, en Antillón, cuando a las puertas de cumplir veinte años alzó el brazo y apretó el gatillo contra Justo Serena Enamorado y José Mariano Sánchez Gallego en uno de los primeros días de julio de 1936.

Antillón en guerra

¿Cómo denominar un centro que combina oficinas y matadero? El partido comunista lo tiene claro: «Centro Popular». Después del 18 de julio será para unos el Círculo Socialista del Puente de Segovia y para otros el Comité del Radio Oeste del partido comunista. Socialistas y comunistas unidos en su raíz juvenil, agrupados en un «centro popular» en cuyos pisos altos se organiza una secretaría de parados, se imparten conferencias sobre la paz y las olimpiadas populares de Barcelona, se ofrecen clases de corte y confección o se pueden recoger los vales para participar en un festival en beneficio de la Biblioteca de la Juventud. Mientras tanto, en el sótano los jóvenes bárbaros aprenden a hacer uso de las balas[1].

El laboratorio de Antillón exportará su fórmula a todos los centros políticos que dispongan en sus edificios de salas de interrogatorios o de torturas, paredones de ejecución o cárceles y celdas de las cuales se extraigan presos para asesinarlos en el exterior, independientemente del partido que los ponga en marcha e independientemente de las actividades que se lleven a cabo en el resto de las instalaciones, sean talleres de bordado de uniformes, comedores para las tropas o almacenes de víveres.

Es el más claro ejemplo del paradigma leninista, la disposición de una estructura legal y de una clandestina subyacente que no puede recibir otro nombre que el de «checa», ahora ya españolizado sin la letra *k*, un término popularizado en el bando nacional pero cuyo concepto reivindica la prensa comunista desde los primeros días. El concepto sí, pero no el nombre de sus cárceles, que disuelven en el eufemismo general de círculo, ateneo o comité, dependiendo del cariz político de los chequistas[2].

Entre el nombre que le dan las víctimas y el que propugnan los verdugos se impone el primero por dignidad elemental, pero también por precisión. Desterrar la palabra checa del vocabulario de la Guerra Civil marcaría la senda de la bajeza de diluirlas en las brumas del mito y de falsear la historia en provecho de la ideología[3].

Los anarquistas copian el prototipo y abren en el mismo barrio dos checas propias, una en el llamado castillo de Bofarull, donde la carretera de Extremadura enfila a Carabanchel, y otra en el cine San Isidro, al lado del puente. Los socialistas y los comunistas, por su parte, mejoran el original y abren sucursales del asilo de Antillón en la cercana iglesia de Santa Cristina, al otro lado de la Puerta del Ángel, y en el antiguo círculo católico del paseo del Marqués de Monistrol, además de unas oficinas ubicadas en el paseo de San Isidro, seguramente porque las antiguas secretarías de los partidos son ahora celdas y la burocracia necesita también su espacio[4].

Al comenzar la guerra, quien manda en la checa de la iglesia de Santa Cristina es Manuel Díez del Valle, *El Tendero*. Después de regresar de Barcelona, donde lo había empaquetado el Partido para mandarlo a Moscú, y de foguearse unos días en el frente, regresa a Madrid —recordemos, entre agosto de 1936 y finales de año—, requerido por la dirección del Partido como responsable de un «comité de investigación» y donde hará un curso junto a otros cuatro camaradas para trabajar en la retaguardia.

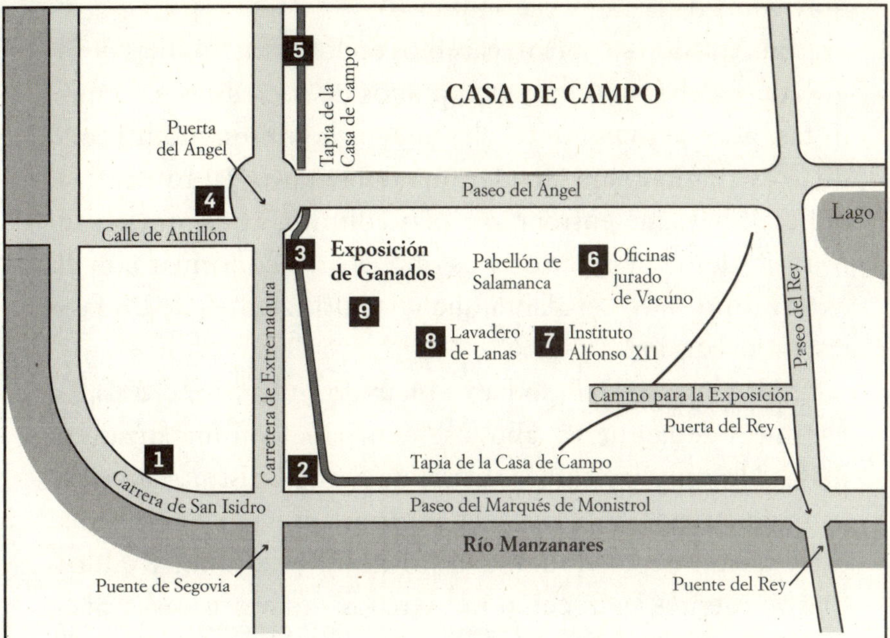

1. Checa del cine San Isidro, sita en la carrera de San Isidro 18
2. Checa de Monistrol, sita en el paseo del Marqués de Monistrol 1
3. Checa de la iglesia de Santa Cristina, sita en la Puerta del Ángel
4. Checa de Antillón, sita en Antillón 4
5. Checa de Bofarull, sita en la carretera de Extremadura 164
6. Supuesta fosa de 6 metros entre el pabellón de Salamanca y las oficinas de Vacuno
7. Supuesta fosa de 3 metros entre los pabellones del Lavadero de Lanas y el Instituto Alfonso XII
8. Supuesta fosa de 3 metros en la trasera del Lavadero de Lanas
9. Supuesta fosa de 6 metros en la trasera del Lavadero de Lanas en sentido vertical a la tapia de la Casa de Campo

Plano de las checas del Puente de Segovia y de la Casa de Campo.

A la checa de Santa Cristina la llamaban La Gota de Leche, que era el nombre de un programa de nutrición infantil, y probablemente la motejan así, qué gracia, por estar muy cerca de la vaquería municipal[5].

En Antillón se operan cambios en los primeros días de la guerra. La checa continúa en manos de socialistas y comunistas, pero se integran en ella nuevos hombres, modificando la estructura para atender una doble tarea, la militar y la policial: hay que enfrentarse a las columnas que amenazan Madrid desde el exterior y es obligatorio continuar con el exterminio —es la palabra que ellos utilizan[6]— de los fascistas del barrio.

Si la Casa de Campo había recibido su bautismo de sangre antes de la guerra, ahora se confirma con matanzas en masa. No muy lejos de la iglesia de Santa Cristina han sido fusilados varios militares y falangistas apresados en la toma del Cuartel de la Montaña el mismo 20 de julio, y en los días siguientes aparecerán numerosos cadáveres casi a diario, hasta que las protestas de los vecinos obliguen a recorrer distancias más largas para cometer los crímenes.

Mientras tanto, en la Casa del Guarda de la Casa de Campo se agrupan reclutados los milicianos del coronel Julio Mangada, en cuyo batallón Asturias se integran algunos chequistas de Antillón. Entre ellos, El Viejo, conocido de Rafael Pelayo y señalado por él en *Rusia al desnudo;* el dirigente de las JSU Trifón Medrano, o Juan Antonio Heredia, un miembro del comité provincial del partido comunista que se ha fogueado en el Cuartel de la Montaña fusilando a militares y falangistas, motivo por el cual ha sido felicitado por Pasionaria.

Los milicianos de Mangada participan en las expediciones que, en las primeras semanas, los llevarán a Navalperal de Pinares y a Navacerrada para enfrentarse a las tropas sublevadas que se acercan a Madrid. De tanto en tanto, alguno de los comunistas de la columna regresa a la capital llamado por el Partido para hacer trabajo político, como Carlos García Fermín, uno de los chequistas que han ejercido en Antillón desde antes de la guerra[7].

Entre los presos más ilustres de la iglesia de Santa Cristina se encuentra Pedro de Répide, el cronista de la capital, predispuesto siempre al deambular viatorio y escotero por Madrid. Es detenido en uno de estos paseos el 16 de agosto, cuando en busca de un tranvía ronda el Puente de Segovia. Describe al cabecilla de la checa como «un hombrecillo enteco, [de] rostro avinagrado y que a pesar de la costumbre del sinsombrerismo, iba, cosa rara en Madrid, tocado con un sombrero flexible». Sin interrogatorio ni explicaciones, para qué, se enfrenta al día siguiente a otros milicianos, pero resulta que estos le han leído, le tienen algún afecto y deciden dejarlo libre con cuidado de no dar parte a los socialistas, porque estos son comunistas, como uno de ellos subraya ufano, «de una manera que parecía que había que darle la enhorabuena»[8].

* * *

Las patrullas de Antillón comienzan a funcionar desde las primeras horas del día 19 de julio y conducen al antiguo asilo a numerosos detenidos. La inercia del terror que se ha puesto en marcha tiempo atrás impide comprender a los chequistas, que han de abreviar las torturas para dar prioridad al asesinato inmediato, el «tiro rápido» del que hablan los periódicos, la fórmula preconizada por el comandante jefe del 5.º Regimiento, Enrique Castro Delgado: «Matar

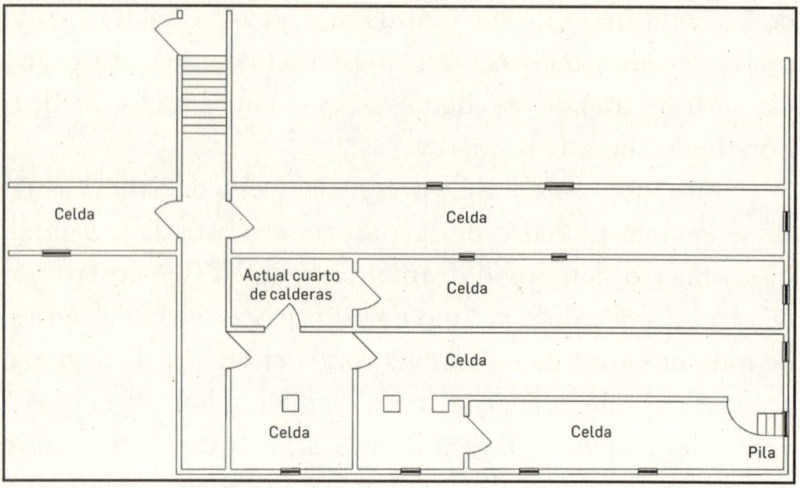

Plano de los sótanos de Antillón 4.

Celda de los sótanos.

Al fondo, la bañera.

hasta que una fatiga de días y días impida seguir matando. Después, construir el socialismo». Y por si no quedara suficientemente claro: «Camaradas, esta es una lucha a muerte. Vencerá el que más mate y quien antes mate»[9].

Los hombres de Antillón se distinguen por su uso de la tortura y del escarnio. Los verdugos surten de víctimas tanto al asilo como a la iglesia.

El periodista Fernando Castán, detenido varios días en la checa, aporta los detalles costumbristas de la vida cotidiana en Santa Cristina. La detención, las amenazas de muerte en el coche, la entrada en el edificio entre el escarnio, las burlas y los insultos de las mujeres que se agolpan en la entrada, el rótulo de una sala en el segundo piso, que reza «Sala de Justicia», las enormes celdas comunes para hombres y mujeres, las sacas de los presos, sus gritos, los paseos, la manera que tienen los milicianos de llamarse entre ellos por el alias y no por el apellido, los insultos de las milicianas y el sentido del humor de los chequistas, que simulan fusilamientos y se desmelenan con el fetichismo de las ropas. A uno le da por vestirse con las ropas de las víctimas para pasearse entre los detenidos en las celdas, y otros juegan con ellas para tapar la cabeza de los que han fusilado en Boadilla[10].

El mismo día 19 de julio de 1936 unos milicianos sacan de su casa del paseo de Extremadura al obrero metalúrgico de veintisiete años Santiago Cano Pérez, vecino del barrio de toda la vida[11]. Cano aparece fusilado más de una semana después en la Casa de Campo, a dos pasos de la checa y a la vista de todo el mundo. Esto también lo dijo Lenin[12]. Lo que le ha ocurrido al chico en esos días de encierro, entre la detención y el fusilamiento, es que lo han tallado a navajazos en su cuerpo: el método, abreviado, sufrido por Justo Serena dos semanas antes. Se repite la fórmula iniciada meses atrás, con unas milicias entrenadas y un camino perfectamente marcado[13].

El 26 de agosto detienen al joven de veinte años Enrique Martínez-Morata Venturini y lo llevan a Santa Cristina, donde le sacan un ojo y lo tiran por una ventana. Se parte la pierna en la caída, pero salva la vida. Por poco tiempo: unas horas más tarde termina fusilado a las afueras de Boadilla del Monte.

En la iglesia de Santa Cristina también se ha hecho fuerte un comité de carteros que hacen limpia entre los del oficio. A uno al que no dan el paseo, pero que ha recibido culatazos de fusiles entre otras sevicias, lo llevan preso a la Modelo, donde pierde el habla a causa de las palizas recibidas y muere allí el 13 de noviembre, hurtado a las zanjas de Paracuellos. A otros, como Pedro Rodríguez Gallardo y Ricardo Fauré Yusta, se los llevan a la checa de San Bernardo, última estación de sus vidas, en uno de los trasiegos y cambalaches que se hacen entre cárceles y carceleros. A uno lo matarán en la pradera de San Isidro; al otro, en la Ciudad Universitaria[14].

* * *

Los milicianos de Antillón surgen de las zahúrdas de la agrupación socialista del barrio y de las del Radio Oeste del partido comunista, de los comités y sindicatos de oficios varios. Entre sus dirigentes destacan Braulio Farelo Ortega, Salvador Marín y El Viejo.

Braulio Farelo es la cara visible del comité del Radio Oeste, su secretario de organización, y está relacionado con el Comité Provincial de Investigación Pública, más conocido como la checa de Bellas Artes o de Fomento, la checa oficial republicana y uno de los centros más siniestros de la retaguardia madrileña[15].

Salvador Marín, un chepas que había trabajado como botones en la Cámara del Libro, es uno de los evidentes ejemplos de chequista que describió Victor Serge: un hombre de carácter desconfiado y rencoroso, por su físico y su nivel social, que desemboca en el duro sádico. Si le ha quedado algo de su contacto subalterno con editores, autores y libreros, es la pose. El hombre nuevo merece un nombre nuevo, y cambia el Marín por el anagrama de Armín. Bajo pseudónimo publica un artículo en *Mundo Obrero* donde da cuenta de la incautación por parte de las milicias del Puente de Segovia de la finca del restaurante Sicilia-Molinero para convertirla en un hospital para niños con deficiencias mentales[16].

Marín, como tantos plumillas del periódico, alterna las armas y las letras y le da lo mismo a la tecla que al gatillo. Es uno de los asesinos de Mariano Bailly-Baillière, detenido en agosto de 1936 y llevado aparentemente a la checa de Bellas Artes, aunque termina en Boadilla conducido junto a otros dos detenidos por hombres de Antillón, entre ellos Marín, uno llamado El Chato y otro llamado Saturnino, *El Nino*[17].

Boadilla es el matadero particular de los hombres de Antillón dirigidos por El Viejo, que tejen el camino de la muerte con los coches que varias veces al día trasladan a los detenidos desde el Puente de Segovia hasta el monte, donde son asesinados y enterrados en una fosa que antecede a las que no tardarán en excavarse en Paracuellos.

El Viejo completa el rompecabezas

La persecución, el acoso. Si desde el primer día de la guerra Madrid es una ratonera, cómo será la vida en los pueblos, abortada la posibilidad de diluirse en el anonimato, de difuminarse en un dédalo de calles, de acogerse a una trama de vecindades, amistad, militancia, camaradería o simple misericordia. Pozuelo de Alarcón apenas supera los cuatro mil habitantes cuando estalla la guerra, pero pese a su discreto tamaño cuenta con dos comités de milicias, uno en el centro del pueblo y otro en el barrio de la Estación.

Los desmanes cometidos en las primeras horas del conflicto contra los religiosos de Pozuelo alcanzan también a varias familias. En esos instantes iniciales son detenidos Julio Fernández-Carvajal García y su hijo Jesús María, afiliados a Acción Popular, el partido de Gil Robles. Son liberados el día 25, pero menos de un mes después, la noche del 17 al 18 de agosto, unos milicianos regresan a la casa y sacan de la cama a toda la familia. Pasan varias horas ejecutando un registro antes de llevárselos a la checa de Antillón. Acompañan a Julio y a Jesús la madre, Gloria Bernabéu Pita, y la hija, María Carmela. El mismo día 18 aparece en Pozuelo la hija mayor, María Luisa, que vive casada en Madrid con un agente de policía. Hacer preguntas es peligroso y lo único que logra averiguar es que sus padres y sus hermanos han sido detenidos y que se desconoce su paradero. Tardará más de tres años en saber qué fue de ellos[1].

El padre, Julio, es de Madrid y tiene cincuenta y cuatro años. La madre, Gloria, es ferrolana, tres años menor e hija de un médico militar, cirujano dentista. Carmela, veintiún años; Jesús, dieciocho. Habían vivido en Madrid en la calle de San Leonardo, junto a un convento de monjas que ahora, en plena guerra, ha sido incautado por el Radio Oeste del partido comunista para convertirlo en checa[2].

Es imposible saber cuánto tiempo han permanecido encerrados en la checa de Antillón, o si han pasado de mano en mano por diversas cárceles del Partido, como ocurre a menudo. Antes de matar hay que jugar a la justicia, interrogar, condenar o demostrar la magnanimidad popular liberando a los presos, muñecos en manos de los nuevos magistrados; demostrar al fin y al cabo que es el pueblo el que lleva ahora las riendas de la historia para convencerse a sí mismos de que un metalúrgico o un picapedrero vale tanto como un juez. Para la familia Fernández-Carvajal Bernabéu la sentencia es de muerte, que se ejecutará en algún momento entre finales de agosto y primeros de septiembre.

Los chequistas necesitan entre siete y nueve hombres para conducir a la familia en dos coches de color negro hasta Boadilla del Monte, cuyos alrededores los milicianos de Antillón han convertido en matadero, porque la pradera de San Isidro y la Casa de Campo rebosan de cadáveres que molestan a los vecinos. Los automóviles paran en algún punto de la carretera de Madrid a Boadilla situado entre los kilómetros siete y ocho, en la zona llamada Prado del Espino. Se apean las víctimas y los verdugos. Se abrazan los padres, se abrazan los hijos. Carmela dice «adiós, padre» y los chequistas los matan a tiros.

Una de las dos parejas cae todavía abrazada. La otra ha quedado separada. Los milicianos arrastran los cuerpos unos diez metros, alejándolos de la carretera. Levantan la falda de una de las mujeres. ¿En qué momento quedó sin vestido la otra? ¿Había llegado ya medio desnuda? Los verdugos colocan los cadáveres de los hombres sobre las dos mujeres. Cara con cara, como si estuvieran manteniendo relaciones sexuales. ¿Es cierto que uno de los asesinos, el de la gorra de visera y los correajes, se ha metido en uno de los coches para no contemplar la escena? ¿No es el mismo que ha pateado los cadáveres y les ha tirado piedras? ¿Ha ocurrido algo más? ¿Hay que recordar las palabras de aquel chequista, Vicente Díaz, *El Piedra,* que habló de cómo asesinó a una familia —padre, madre, hijo e hija— y cómo «atropellaron» a la hija después de muerta?

Los milicianos de Antillón se fuman unos pitillos y regresan a Madrid. Eso es todo.

Nadie se da cuenta de que a unos ciento cincuenta metros hay un hombre que ha observado la escena desde el principio hasta el final. Está subido a una encina donde debe de pasar horas matando el rato, y lleva consigo un pan que cuelga de una cuerda para impedir que se lo coman los pájaros y las alimañas. Se oculta precisamente de los milicianos del comité del pueblo y del Puente de Segovia, que controlan Boadilla. Se llama Luis Nicolás Lago[3].

Los cadáveres han quedado en el Prado del Espino. Pasarán algunas horas hasta que los encuentre un vecino del pueblo, que observa cómo las liebres han mordisqueado las caras de los cadáveres y se fija en que la muchacha va descalza y solo viste una blusa y unas bragas. Aunque se marcha de inmediato a casa, no tardará en volver para separar los cuerpos de los hijos, que los chequistas han dejado entrelazados de forma que juzga indecorosa[4].

El sepulturero de Pozuelo de Alarcón, quizá el mismo que conduce la camioneta que patrulla los campos para recoger los cuerpos de los que casi a diario aparecen asesinados por los alrededores, es el encargado de llevárselos. Los ha visto por la mañana y decide regresar más tarde para enterrarlos en una tumba separada de la fosa común a la que están destinadas las otras víctimas. Después de la guerra, podrá contar a María Luisa, la hija superviviente, cuál fue el destino de su familia[5].

⋆ ⋆ ⋆

La pista sobre los asesinos la da Luis Nicolás Lago, el hombre que contempló el crimen subido a una encina. Luis se refugia en el monte tras haber huido de la checa de Antillón en una peripecia rocambolesca, como explica a los fiscales que le toman declaración: que el 19 de julio de 1936 el declarante residía en Madrid, que fue detenido en su casa por unos milicianos rojos, sabiendo que uno de estos formaba parte de una familia de cuatro o cinco individuos maleantes que vivían en la Colonia del Carmen y que tenían resentimientos contra él; que fue conducido a la checa de Antillón, en la que había ya bastante gente detenida, y que entraron con él otros cinco detenidos, conducidos violentamente a culatazos por unos milicianos; que aprovechando el dicente la aglomeración, mientras aguardaba a ser llamado a declarar, discurrió una estratagema para escaparse, y con esta finalidad empezó a gritar reclamando a unos milicianos que le acompañasen para practicar una imaginaria detención en la calle, a cuya invitación respondieron cincuenta o sesenta milicianos que, no dándose cuenta de que el testigo era un detenido, le tomaron por un delator que había acudido a la checa; que el declarante convenció a los milicianos de que bastaba con que le acompañasen dos o tres y, ya en la calle, pudo engañarlos y darse a la fuga, regresando a Boadilla del Monte, en cuyo campo estuvo escondido una larga temporada, hasta el 17 de octubre de 1936, en que se refugió en Madrid[6].

Desde las ramas de la encina, Luis identificó a uno de los asesinos, Manuel Moreno Pérez, alias El Guarnicionero. Manuel Moreno es el asesino de la gorra de visera y los correajes, el mismo que pateó y apedreó los cadáveres. Ha sido detenido el día 11 de mayo de 1942 en el bar La Casa del Gato, en la carretera de Aravaca. Al día siguiente, los fiscales Adolfo de Miguel Garcilópez y Francisco Corzo Machuca dirigen una comitiva en el Prado del Espino, el lugar del crimen.

¿Es cierto que Luis Nicolás pudo reconocer a Manuel Moreno a ciento cincuenta metros de distancia? Para asegurarse, han ideado una curiosa añagaza. Sitúan a Luis Nicolás y a un vecino junto a la encina y ordenan que acudan desde el pueblo otros cinco vecinos y que se una a ellos el preso Manuel Moreno, que va custodiado por dos guardias. Tanto Luis como el vecino que se encuentra a su lado son capaces de identificar a todos los hombres, uno por uno, de izquierda a derecha, sin un solo error.

Luis debe de estar amoscado por las suspicacias de las autoridades y les ofrece un último detalle: en una de las ramas de la encina continúa anudada la cuerda con la que amarraba la barra de pan que llevaba consigo. Tantos años después. El tiempo inmóvil, el recuerdo casi intacto, la historia aletargada y unos hombres empeñados en despertarla miran esa cuerda que todavía cuelga de la rama de una encina.

Manuel Moreno confiesa ante los fiscales. Sí, a veces acompañaba a los milicianos de las checas del paseo de Extremadura; que una vez fue obligado a dejar sus labores de guarnicionero para acudir a Boadilla, que subió a uno de los coches y que asesinaron a tres detenidos en el monte, pero que él no disparó. Que respecto al asesinato de las dos parejas, parece ser que eran familias que fueron sacadas de la checa de Antillón, cuyo comité las condenó a muerte. Que fueron sacadas de los coches a empujones sin que fuesen atendidas sus súplicas, creyendo el declarante que una de las mujeres dijo, dirigiéndose a uno de los hombres, «adiós, padre», y siendo fusilados por los chequistas Salvador Armín, Morán el Carnicero, Manolo el Viejo, otro alto, fuerte, chato, de unos veintinueve años de edad, desconociendo el declarante a los demás y fijándose en que los chóferes no dispararon, pues ni a estos ni al declarante les estaba permitido. Que consumados los asesinatos los cuerpos fueron arrastrados desde la cuneta al prado inmediato, siendo puestos juntos por pareja de hombre y mujer, creyendo el declarante que los hombres fueron puestos encima de las mujeres, retirándose el declarante al interior de uno de los coches para no presenciar la escena que se le ofrecía; que el día del asesinato de los dos hombres y las dos mujeres el declarante usaba correaje y funda de pistola, pero vacía; que no tenía pistola, que Salvador Armín le dio una y le dijo que si no disparaba, le matarían a él, por lo que el dicente no tuvo más remedio que empuñar la pistola y disparar apuntando al aire[7].

⋆ ⋆ ⋆

El Viejo ha sido detenido el mismo día que Manuel Moreno. Se lo ha puesto difícil a la policía. Ha escapado de su

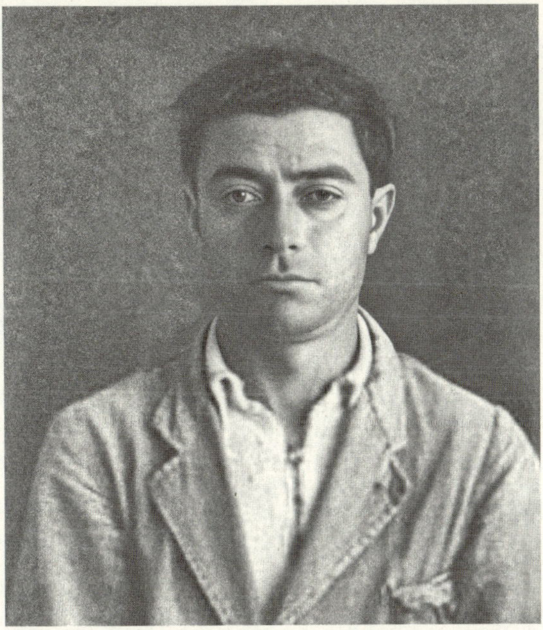

Manuel Moreno Pérez, *El Guarnicionero.* Fue detenido casi a la vez que uno de sus compinches, Manolo el Viejo. A los dos, en sendos bares.

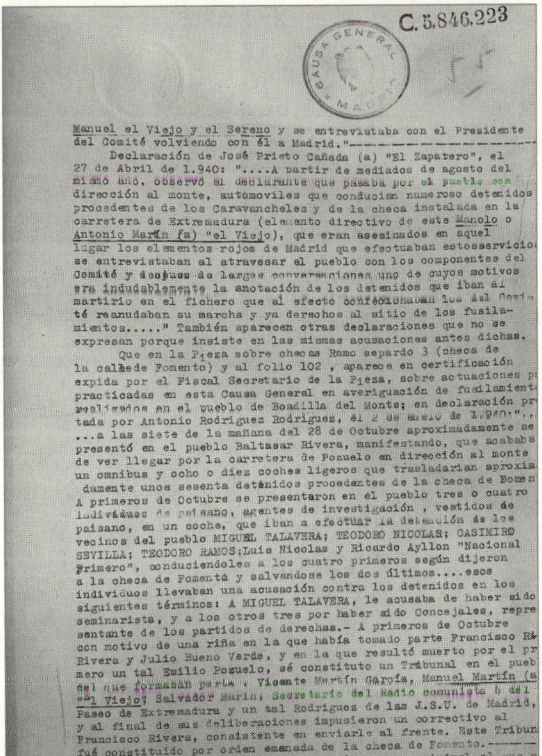

C. 5.846.223

CAUSA GENERAL MADRID

Manuel el Viejo y el Sereno y se entrevistaba con el Presidente
del Comité volviendo con él a Madrid."——————————————
Declaración de José Prieto Cañada (a) "El Zapatero", el
27 de Abril de 1.940: "....A partir de mediados de agosto del
mismo año, observó el declarante que pasaba por el pueblo con
dirección al monte, automoviles que conducian numeroso detenidos
procedentes de los Caravancheles y de la checa instalada en la
carretera de Extremadura (elemento directivo de este Manolo o
Antonio Marín (a) "el Viejo), que eran asesinados en aquel
lugar los elementos rojos de Madrid que efectuaban estosservicio
se entrevistaban al atravesar el pueblo con los componentes del
Comité y despues de largas conversaciones uno de cuyos motivos
era indudablemente la anotación de los detenidos que iban al
martirio en el fichero que al efecto confeccionaban los del Comi
té reanudaban su marcha y ya derechos al sitio de los fusila-
mientos....." También aparecen otras declaraciones que no se
expresan porque insiste en las mismas acusaciones antes dichas.
Que en la Pieza sobre checas Ramo separdo 3 (checa de
la callede Fomento) y al folio 102 , aparece en certificación
expida por el Fiscal Secretario de la Pieza, sobre actuaciones p
practicadas en esta Causa General en averiguación de fusilamient
realizados en el pueblo de Boadilla del Monte; en declaración pr
tada por Antonio Rodriguez Rodriguez, el 2 de enero de 1.940:"..
...a las siete de la mañana del 28 de Octubre aproximadamente se
presentó en el pueblo Baltasar Rivera, manifestando, que acababa
de ver llegar por la carretera de Pozuelo en dirección al monte
un omnibus y ocho o diez coches ligeros que trasladarian aproxim
damente unos sesenta detenidos procedentes de la checa de Fomen
A primeros de Octubre se presentaron en el pueblo tres o cuatro
individuos de paisano, agentes de investigación , vestidos de
paisano, en un coche, que iban a efectuar la detención de los
vecinos del pueblo MIGUEL TALAVERA; TEODORO NICOLAS; CASIMIRO
SEVILLA; TEODORO RAMOS;Luis Nicolas y Ricardo Ayllon "Nacional
Primero", conduciendoles a los cuatro primeros según dijeron
a la checa de Fomento y salvandose los dos últimos....esos
individuos llevaban una acusación contra los detenidos en los
siguientes términos: A MIGUEL TALAVERA, le acusaba de haber sido
seminarista, y a los otros tres por haber sido Concejales, repre
sentante de los partidos de derechas.- A primeros de Octubre
con motivo de una riña en la que había tomado parte Francisco Ri
Rivera y Julio Bueno Verde, y en la que resultó muerto por el pr
mero un tal Emilio Pozuelo, sé constituto un Tribunal en el pueb
del que formaban parte : Vicente Martín García, Manuel Martín (a
"El Viejo", Salvador Marin, Secretario del Radio comunista 6 del
Paseo de Extremadura y un tal Rodriguez de las J.S.U. de Madrid,
y al final de sus deliberaciones impusieron un correctivo al
Francisco Rivera, consistente en enviarle al frente. Este Tribun
fué constituido por orden emanada de la checa de Fomento.———
Lo relacionado e inserto concuerda con su original al que e
caso necesario me remito y para que conste expido el presente en

No hay foto alguna, hasta ahora, de Manolo el Viejo. Sin embargo, su detención generó un buen número de páginas con información valiosa para conocer los crímenes cometidos en Antillón y en Boadilla.

casa por una ventana, avisado de que entraba la policía, pero finalmente lo cogen en un bar.

Si volvemos al libro de Rafael Pelayo, encontraremos al Viejo en su nómina de milicianos de las MAOC. Lo nombra junto a «la flor y nata» de los radios comunistas de Madrid y lo acusa de ser uno de los asesinos de José Mariano Sánchez Gallego con El Popeye[8].

Se llama Manuel Martínez San José y ha sido un randa desde pequeño. Se mudó a Barcelona en 1926 y su historial parece sacado de cualquier libro de los estudiosos del hampa. La policía lo consideraba un «tomador» de baratillo, un «descuidero», y sufrió ocho detenciones, la mayoría por blasfemia y por robo, pero no tardó en dar el salto a mayores y en 1929 fue acusado de asesinar a un hombre en la calle donde él vivía, en el Arco del Teatro, junto a las Ramblas.

En 1934 decidió marchar a Madrid, se afilió al partido comunista y fue detenido por sabotaje durante la huelga de la construcción de ese año, por colocar piedras en los raíles del tranvía. Antes de la guerra fue nombrado secretario del Radio Oeste de las juventudes comunistas y se convirtió en instructor de las MAOC. Por Pelayo sabemos cómo se instruían los muchachos del antifascismo y, si graduamos las tareas de más a menos viles, apuntamos las torturas, los interrogatorios y las prácticas de tiro. Por si no bastara solamente un testimonio, traigamos también a Manuel Tagüeña, que describe minuciosamente cómo en mayo de 1936 las MAOC se hicieron con las calles, un «trabajo permanente en todo en pie de guerra», y cómo se repite la misma escena en varios sitios: «Un sótano, un grupo de jóvenes de dieciséis a dieciocho años» y un instructor que les enseña el manejo del fusil[9].

El camino que lleva del descuidero al matón pasa por el «guapo», un guapo que en rigor resulta ser feo, pero cuya altanería denota «una voluntad de cuyas veleidades pende la vida»[10]. El guapo es el valiente, el *echao p'alante,* y Manuel el Viejo lo era, porque de no serlo no habría salido mal parado de una pelea en el cabaret Cubas en 1938, donde con otros camaradas anduvo a palos con unos anarquistas. Se curó en el Palace, nada menos, y de allí partió a Valencia, donde permaneció hasta que el final de la guerra lo sorprendió en Alicante esperando un barco que nunca llegó. Al contrario de lo que sucedió con tantos otros, tuvo la suerte de sufrir solamente prisión preventiva cuando lo capturaron las tropas franquistas, porque los cargos se limitaban a haber sido cabo del Ejército, y regresó a Madrid, donde vivió con su novia, Natividad Rello Magallón, quien durante la guerra había andado también con correajes y pistola, en el número 47 de la calle de Doña Berenguela, a dos pasos del edificio que fue el cortijo de Manuel Martínez, la checa de la calle de Antillón.

Han guardado todo este tiempo su botín de guerra, mantas, ropas, billetes y monedas de oro, que ha ido cambiando de extranjis a través de una amiga, a quien la policía no ha tardado en capturar. Manuel y Natividad no tardan en caer. La policía carea al Viejo con El Guarnicionero y compone poco a poco lo ocurrido en los alrededores de Boadilla.

Los muertos, a Boadilla

Los fiscales tienen trabajo esos días. Además de interrogar al Viejo y al Guarnicionero, acuden al monte para certificar la exhumación de varias fosas. Los trabajos comienzan el lunes 20 de abril de 1942, en los alrededores del llamado Puente de Piedra, que hoy todavía existe junto a la carretera que une Boadilla del Monte con Pozuelo de Alarcón. La mañana sale fría en Madrid y el día no superara los catorce grados. Romualdo Hernández Serrano, fiscal inspector del Tribunal Supremo, el fiscal secretario Francisco Corzo Machuca, dos médicos forenses y un equipo del servicio de desinfección del Laboratorio Municipal de Madrid han llegado a Boadilla del Monte a primera hora. Allí les esperan los cuatro jornaleros que van a tirar de pico y pala, y unos sacerdotes a quienes han concedido un permiso especial para asistir a las exhumaciones.

Las fosas comunes están a las afueras del pueblo, en la confluencia de dos arroyos, el de Valdelargo y el de la Fresneda, en un paraje conocido como Charco Cabrera. Tierra húmeda, fácil de excavar, pero poco apropiada para la conservación de la carne. La pestilencia será insoportable, y las lluvias de los días posteriores harán que el trabajo sea más penoso.

Este primer día sacan diez cuerpos, ocho hombres y dos mujeres. El primero, un hombre de unos treinta años; el segundo, un joven de catorce a dieciséis años de edad que guarda un tebeo en uno de los bolsillos de su chaqueta; el tercer cadáver, el de una mujer de no más de veinticinco años...

No están todos los que fueron asesinados en la guerra. Los cadáveres de las primeras semanas fueron llevados al cementerio de Pozuelo en una furgoneta que recorría a diario la rinconada para limpiarla de muertos. En total, y hasta el final de los trabajos, que se extenderán hasta el 20 de mayo con algunas interrupciones por las lluvias y la escasez de gasolina en el parque del ministerio, con un desenterramiento posterior, del día 28, se exhumarán ciento sesenta y seis cadáveres, ciento cuarenta y siete hombres y diecinueve mujeres.

El 18 de junio se reclaman doce cadáveres (cuatro de ellos desenterrados entre el 23 y el 24 de abril, y el resto, el 20 de mayo), correspondientes a sacerdotes de la Orden Hospitalaria de San Juan de Dios que habían sido detenidos el 1 de septiembre de 1936. Procedían de un centro para niños epilépticos, el Instituto-Asilo San José, de Carabanchel Alto. Posteriormente se identificarán ocho cuerpos más, pero las familias solo reclaman tres de ellos. Los otros cinco identificados se unen al resto de cadáveres anónimos. Los ciento cincuenta y un cuerpos no reclamados se llevarán al cementerio de los mártires de Paracuellos, donde quedan sepultados en diferentes puntos de la llamada Zanja de Torrejón[1].

Entre los cuerpos recuperados hay unos sesenta que pertenecen a la primera saca que tuvo lugar en otoño de 1936, anticipando así las que terminaron en Paracuellos.

Las matanzas de Paracuellos fueron responsabilidad del Gobierno republicano[2] y no habrían tenido lugar sin las órdenes del ministro socialista Ángel Galarza, rehabilitado y reivindicado por el PSOE en 2008. El 24 de octubre de 1936, el embajador soviético informó a Moscú de que Galarza le había comunicado en una reunión que ya se habían «creado tribunales que, en caso necesario, podrían acelerar la tramitación de los casos de un gran número de presos». Los tribunales funcionaban desde hacía varios días. La primera saca tuvo lugar el 3 de octubre desde la Cárcel de Ventas (quince presos, con destino desconocido, seleccionados por el Comité Provincial de Investigación Pública) y la segunda, el 31 de octubre desde las cárceles del propio CPIP, la temida checa de Fomento, con cerca de sesenta presos que terminaron fusilados en Boadilla del Monte[3].

La logística de la saca de Fomento sigue exactamente los procedimientos que se repetirán más tarde en Paracuellos. Una selección de presos, previamente autorizada, los autobuses preparados para conducir a los reclusos al destino final, la excavación previa de la zanja donde serán enterrados y la elección de los fusileros que los custodien y lleven a cabo el asesinato.

Solo se conoce la identidad de uno de los cerca de sesenta prisioneros fusilados en Boadilla. Se trata del joven de veinte años Antonio Morales Antuñano, detenido el día 28 de octubre en las oficinas de la Sociedad Hidráulica del Guadarrama, donde trabajaba. Después de ser conducido a Fomento, fue uno de los presos seleccionados que subieron a los dos autobuses preparados por los miembros del CPIP[4].

* * *

31 de octubre de 1936. Son las nueve de la mañana. Cuando los dos autobuses llegan a Aravaca, se encuentran con los muertos del día anterior, que todavía no ha dado

tiempo a enterrar. Son unos treinta cadáveres de presos procedentes de la Cárcel de Ventas, y entre ellos está el escritor Ramiro de Maeztu. Pese a lo que cuenta la historia oficial, otro Ramiro, Ledesma Ramos, no está junto a Maeztu, ni tampoco ha sido el hombre asesinado antes de subir al camión que los había de llevar a Aravaca. Ramiro Ledesma ha sido reconocido por unos milicianos, que lo conducen por su cuenta a una checa para ser interrogado. Su final es trágico.

Ledesma Ramos, «no han asesinado a un hombre, han matado un entendimiento», sentenció José Ortega y Gasset, es el primero en traducir a Heidegger al español y el primero en interpretar el fascismo en clave hispana hasta encontrar la diferencia: «Más cerca de las camisas rojas de Garibaldi que de las camisas negras de Mussolini», en su propia conclusión. Llevó a la política y a sus comportamientos un carácter radical que se significó en el último momento, muy otro al que la propaganda del régimen anterior aceptó; no estaba demasiado interesado el franquismo en la exaltación de su figura. Se dio por buena la versión que le incluía en la cuerda de la Cárcel de Ventas, conducida al paredón del cementerio de Aravaca junto a Maeztu y a los hermanos Borbón. También se aseguró que había intentado levantarle el arma al miliciano que ordenaba la fila al grito de «me mataréis donde yo quiera y no donde vosotros queráis». Ni una muerte ni la otra.

El único fiador de la presencia de Ramiro Ledesma entre los fusilados de Aravaca es el enterrador, Manuel Ceace, que solo ese día asegura haber dado sepultura precipitada a más de un centenar de cadáveres, treinta en esa misma expedición. Como para recordar los rasgos no especialmente singulares de uno de ellos. El que empieza a aclararlo es alguien que sí ha tenido relación con Ramiro, Mariano de

Los hermanos Ledesma Ramos. Abajo, Miguel, miliciano anarquista del cine Europa y miembro del grupo Ballesteros, de los que participaron en el asalto a la Cárcel Modelo. La verdadera historia del asesinato de su hermano Ramiro (arriba) permaneció oculta por el franquismo, que hace reposar en Aravaca a un muerto abandonado en el arroyo Abroñigal.

Cabo, responsable del operativo chequista y antiguo militante de las JONS. De Cabo es terminante y su declaración nos lleva hasta el Ateneo de la Fundación Caldeiro.

Semanas después de lo de Aravaca, Ramiro Ledesma y otros tres reclusos de Ventas son trasladados una noche hasta el cuartel que había en el antiguo Asilo Caldeiro, algunas de cuyas estancias están reservadas para el comité de La Elipa. El jefe de la Cárcel de Ventas, Hipólito Ruiz, *Polo,* les ha reservado una pieza importante: es Ramiro Ledesma. Esa misma noche convocan a los militantes del barrio para hacer un juicio público. Sacan de la prisión a Ledesma y a tres más. Los conducen a una sala de la fundación. El local de la avenida Julián Marín está lleno, al fondo espera el jurado popular.

Empieza por Ramiro. Desiderio Recio, secretario del Ateneo, preside el tribunal e inicia el interrogatorio. No dura mucho: en el debate político que se suscita, Ramiro salta al cuello de Desiderio y se acabó. La descripción general es coincidente: le apartan de Desiderio Recio a navajazos y, como faltan navajas, las van compartiendo hasta desventrarlo «para poder contemplar la maldad que debe llevar por dentro». A los otros tres, los fusilan. Sus nombres se desconocen; el único que aparece tiempo después y que podría tener relación es el de un hermano del general Cabanellas que figura junto al de Ramiro en un documento de esas fechas que le despistan a uno de los jefes del Ateneo, Eufronio Aguado.

El cuerpo descuartizado de Ramiro Ledesma Ramos es envuelto en una sábana y arrojado por el Puente de Ventas al arroyo Abroñigal. No hay total precisión en la fecha. La que más se repite en el recuerdo de los declarantes es la del 20 de noviembre de 1936.

A otra cárcel, la de Alcalá, va a ir al final de la guerra Miguel Ledesma Ramos, miliciano anarquista con cuartel en el

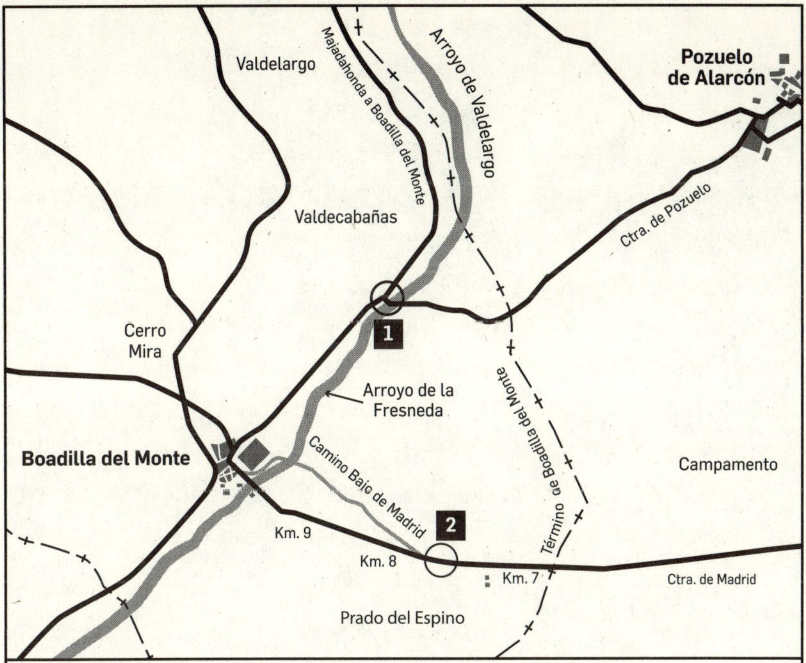

1. Puente del Rey, lugar donde se localizan las fosas de Boadilla.
2. Entre los kilómetros 7 y 8 asesinaron a la familia Fernández-Carvajal Bernabéu (lugar aproximado).

cine Europa, chófer del grupo Ballesteros, que participa en la matanza de la Cárcel Modelo. Andrés Ballesteros Castro, su jefe y vecino en el barrio de Tetuán, marmolista y comandante de la V División, es asaltado, robado y asesinado por unos cuantos brigadistas internacionales un año después. Miguel Ledesma solo está un rato en prisión, sale a los dos meses gracias a la declaración muy favorable de un par de camaradas de su hermano Ramiro, Emilio Martín Tapia y Luis Ciudad[5].

Que no esté el cuerpo de Ramiro Ledesma entre los cadáveres que se amontonan en el cementerio de Aravaca no es significativo para el balance; un muerto más, un muerto menos... El problema es que tantos muertos no van a caber en el pequeño camposanto. Hay que buscar otro.

Excavaciones de las fosas de Boadilla del Monte.

Algunos de los cuerpos recuperados.

Los fiscales de la Causa General permitieron que varios sacerdotes acudieran a la exhumación de los cuerpos.

Sobre la marcha se improvisa. Entre los chequistas del CPIP debe de haber alguno que conozca las fosas de Boadilla donde ya han sido enterradas varias personas, entre ellas los doce religiosos del asilo San José de Carabanchel, asesinados el 1 de septiembre. No hay duda: a Boadilla. El matadero de la checa de Antillón es el sitio adecuado. Arrancan los autobuses. Han estado parados muy poco, el tiempo suficiente como para que un paseante reconozca a un amigo en uno de los autobuses. Antonio Morales saluda y le comenta que los llevan al frente a trabajar en las fortificaciones.

Ni trabajo ni fortificaciones.

Los casi sesenta presos de Fomento son asesinados junto al Puente de Piedra, anticipando el método que una semana más tarde comenzará en Paracuellos, cuando las tropas sublevadas tomen la zona oeste de Madrid y sea imposible continuar allí los fusilamientos.

Un día después de la matanza en el Puente de Piedra, dos empleados de la Sociedad Hidráulica del Guadarrama acuden al pueblo para investigar el paradero de Antonio Morales. Llegan demasiado tarde. Comprueban que la zanja ya se ha llenado de tierra y observan los disparos de bala en un árbol cercano.

El 30 de junio de 1942, Antonio Morales López, casado y aún no cumplidos los cincuenta años, acude a Boadilla para examinar los restos de los cadáveres exhumados[6]. Por las ropas y los objetos personales reconoce a su hijo en los restos del cuerpo número 73. Fue el último cadáver extraído el 7 de mayo. Vestía boina y jersey de lana, pantalón y americana de color marrón de la casa Maroto, en la calle del Barquillo. Por deseo expreso del padre, Antonio Morales Antuñano, será enterrado en el cementerio de los mártires de Paracuellos.

Agradecimientos

Al personal de las bibliotecas y los archivos que nos han atendido. A Fernando Palmero y Maite Rico. A Maribel Barros, Fernando García Alonso y Carlos García-Alix, como siempre. A Amparo Garrudo y Paula Portas. A Laura Lara y Daniel Aroz Palacios. A toda la gente de Espasa, especialmente a David, Lola, Javier y Elena.

A Mónica Lacasa, la categoría. A Pilar Fernández, la generosidad. A Antonio Ródenas.

Anexos

1. Cómo se organizan las Milicias Antifascistas Obreras y Campesinas[1]

ESTRATEGIA Y TÁCTICA

La Milicia Antifascista Obrera y Campesina tiene su estrategia: la guerra sin cuartel contra el fascismo, hasta su total destrucción. Fuerza de choque: las juventudes obreras y campesinas. Composición general: obreros, campesinos, trabajadores manuales e intelectuales, estudiantes, hombres y mujeres sin distinción de tendencias ideológicas. La masa antifascista unida en un interés común: la lucha a muerte contra el fascismo.

La táctica: estará supeditada en todo momento a los fines estratégicos de las MAOC y determinará que en cada ataque se vea un triunfo, por pequeño que sea la táctica determinará cuando una Escuadra debe emprender un ataque contra el fascismo y la reacción, comprendido y sentido por la masa antifascista, que sirva para elevar el espíritu de la reserva y enrole nuevos combatientes a las Milicias.

Por ejemplo: pegar o matar a un obrero fascista, por el hecho de serlo, estando en actitud pacífica, es contraproducente; asaltar a un obrero fascista cuando reparte propaganda o realiza otra acción análoga, es justo y necesario. La táctica se encargará de señalar el ataque, la abstención o la retirada, según convenga a los fines estratégicos de la Milicia.

[1] AHPCE, Microfilm IX (118-127).

Las MAOC tienen también la misión de organizar excursiones de exploración y de fortalecimiento físico de los milicianos, y, a la vez, sobre hechos vivos del movimiento fascista y antifascista, educar ideológicamente a los obreros revolucionarios.

2. El Frente Antifascista y las MAOC[1]

En el Pleno Mundial del movimiento de Amsterdam-Pleyel, celebrado en París el mes pasado, para nada se refirieron los delegados de otros países a las MAOC. Solo se habló de la autodefensa de la masa.

El delegado español al informar sobre el trabajo en orden al movimiento de las MAOC, pudo apreciar ciertas contracciones en los rostros de algunos miembros responsables, lo que determinó que cortase su informe sobre esta cuestión, planteándolo en la reunión de fracción.

[…]

Pronto se logró el sentar un principio de un valor efectivo: las MAOC no deben estar dirigidas por elementos no controlados por el PC y su organización pertenece exclusivamente al partido del proletariado […].

Más tarde coincidieron los miembros de la Fracción en la necesidad de que nuestro movimiento de Amsterdam-Pleyel señale a las masas el peligro de las bandas terroristas y la necesidad de combatirlas sin cuartel. Para esto se hacía indispensable el despertar del sentimiento de necesidad de la autodefensa de masa. Es decir: la defensa de la masa por la masa misma.

Despertado este sentimiento en las masas, la iniciativa revolucionaria brota bajo formas de organización diversas. Una gran parte de los que adquieran tal convicción buscarán las MAOC.

---

[1] AHPCE, Microfilm IX (128-138).

Nuestro trabajo debe ser: de entrenamiento político, de lucha ideológica contra el fascismo, y de entrenamiento práctico, de acción de masas contra toda manifestación fascista. En la medida en que el Frente Antifascista comprenda que su misión no es crear milicias y sí entrenar a las masas hasta lograr su unificación, el frente único organizado bajo la hegemonía del proletariado, dirigido por su partido: el PC y sus MAOC, agrupando a los elementos más combativos del proletariado, en esta misma medida lograremos batir al fascismo.

El Frente Antifascista debe hablar de autodefensa de masas sin concretar esta en unas Milicias del Frente Antifascista. [...]

Francisco Galán, *El Frente Antifascista y las MAOC,*
25 de agosto de 1934

3. Careo entre María Madrueño y Andrés Asiaín (1941)[1]

Diligencia de careo entre Da. María Madrueño de Lizárraga y Andrés Asiaín Martín.

En Madrid a 24 de julio de 1941, constituida la Fiscalía Instructora en la Cárcel de Porlier en el despacho habilitado al efecto, comparecen la Sra. Da. María Madrueño López de Lizárraga y Andrés Asiaín Martín, detenido en dicha cárcel y leídas que le han sido sus respectivas declaraciones prestadas en el día de hoy, en las que se afirman y ratifican; por S. S. se le señalan las contradicciones existentes entre las mismas, insistiendo la Sra. de Lizárraga que el Asiaín se jactó de ser el asesino de D. Justo Serena Enamorado, así como de que fue elegido jefe responsable de los milicianos que se habían incautado de la Casa-Palacio de los marqueses de Peñafuerte, y de que también iba en el coche a participar en los registros. El Andrés Asiaín reconoce ser cierto que por votación de sus compañero[s] milicianos fue elegido «responsable», por haber dejado de ser el Emilio Goyanes, que tuvo que ausentarse al ser nombrado policía, pero que estuvo de responsable pocos días. También reconoce ser cierto que fue con los demás compañeros en el automóvil, negando fuera para tomar parte en los registros y sí para ir a por la comida. Igualmente reconoce ser cierto que formaba parte en unión de los demás milicianos de un destacamento del Batallón núm[.] 9 del partido Sindicalista.

[1] Expediente sobre la persecución y asesinato de afiliados de Falange por parte del Frente Popular. AHN. FC-CAUSA_GENERAL, 1500, exp. 11, pág. 10.

En cuanto a los asesinatos de D. Justo Serena Enamorado y D. Demetrio Madrueño López, insiste la Sra[.] de Lizárraga en sus anteriores manifestaciones, o sea que el Andrés Asiaín Martín comentó con sus compañeros su intervención en el asesinato del Sr. Serena con los detalles ya indicados de que le colgaron como un cerdo encima del baño, cosiéndole a puñaladas, y que también formó parte en la muerte de Demetrio. El Andrés Asiaín niega haber hablado nunca de su intervención en el asesinato del Sr. Serena y el haber intervenido en dicho hecho ni en la muerte de D. Demetrio Madrueño.

Instados nuevamente por S. S. los careados a que se pongan de acuerdo, insiste la Sra. de Lizárraga en lo ya dicho; manifestando el Andrés Asiaín que puede ser cierto que dicha señora oyera lo[s] detalles que cuenta sobre la muerte del Sr. Serena, pero negando que pudiera oír al careado.

Por S. S. se hace constar la actitud enérgica y llena de sinceridad de la Sra[.] de Lizárraga, por el contrario la de Andrés Asiaín es de recelo y tímida defensa ante las acusaciones terminantes de Da. María.

Leída que les ha sido la presente diligencia firman con S. S. después de prestar su conformidad de que doy fe.

[Firmas del fiscal Antonio Reol Suárez, Andrés Asiaín y María Madrueño].

4. Declaraciones de María Madrueño López (1940)[1]

En Madrid, a 8 de enero de 1940. Estado, soltera. Profesión, oficinista. Con domicilio en plaza de San Andrés, 2.

Que los rojos le han asesinado a un hermano, la han llevado dos veces en un coche para darla «el paseo» e hicieron en su casa (que es un palacio del Marqués de Peñafuerte) un cuartel de Milicias. Que estuvo escondida los ocho primeros días volviendo al cabo de ellos porque su tía se había quedado en el palacio, permaneciendo en él durante toda la guerra, teniendo que sufrir a todos, quienes se mofaban de ella y la hacían barrer y fregar, estando en concepto de criada de ellos. Que la hicieron ponerse un mono y salir a la calle cuando llegaban los aviones para que le matasen los suyos.

Preguntada sobre si ha tenido relaciones con el procesado Andrés Asiaín Martín, manifiesta que el citado no la dejaba ni a sol ni a sombra persiguiéndola constantemente y proponiéndola incluso que salvaría es decir que diría dónde estaba su hermano si se entregaba a él.

Preguntada sobre quiénes pueden acreditar el que los procesados manifestasen sus deseos de asesinar a su hermano en la taberna que hace esquina a las plazas del Humilladero y San Andrés, dice que un tal Juan González, que vive en la plaza de san Andrés núm. 4 que se encontraba en la mencionada taberna cuando los inculpados lo dijeron. Que la esposa del Andrés Asiaín ha ido repetidas veces a la casa de la declarante a pedirla que retirase la denuncia

---

[1] AGHD. Tribunal Militar Territorial 1, serie: sumarísimos, Madrid, 1939, sumario 117728, caja 759, orden 9.

que tenía puesta contra su marido, pues este es muy hablador pero incapaz de hacer mal a nadie. Que la declarante ha oído decir a Andrés Asiaín que mató en compañía de un tal Antonio Carmona a un falangista llamado Enamorado que apareció un poco antes del Movimiento apuñalado en el Camino de San Isidro. Que dijo que le había metido dentro de un baño y que allí le desangraron como a un cerdo. Que esto se puede saber porque la madre del asesinado es quien se presentará en este Juzgado a declarar.

Dice que se ratifica en todo lo demás que expone en la denuncia que presentó en el distrito de la Latina, Juzgado Militar el día 27 de mayo de 1939. Que no tiene más que añadir.

[...]

En Madrid, a 8 de enero de 1940. Estado, soltera. Profesión, oficinista. Con domicilio en plaza de San Andrés, 2.

Preguntad[a] para que amplíe su declaración que tiene prestada en este juzgado Andrés Asiaín y sobre el asesinato del falangista, manifiesta que fue lo siguiente: «¿Sabes lo que hicimos nosotros una vez?». Co[g]imos a dos fascistas, los llevamos al cuartel (ellos llamaban cuartel a una especie de checa que tenían por el camino de San Isidro) y allí los colgamos encima de un baño, les abofeteamos, escupimos y cortamos los dedos de los pies y por último los rajamos y después que escurrieron toda la sangre los envolvieron en unas sábanas y los dejamos por ahí, y fíjate el hijo de... tiró, y no sabe la declarante si dijo que a él o a otro le había rasgado la camisa, fíjate si era valiente, cómo se notaba que había sido del Tercio.

Que el procesado cuando lo estuvo contando mentó el apellido Rexas [i.e. Rexach], por lo que estima la declarante que el que citaba del Tercio era el falangista Enamorado, pues desaparecieron los dos al mismo tiempo.

Dice la dicente que el procesado Emilio Goyanes obraba con mucha malicia puesto que a ella le preguntaba por su hermano diciéndole que había que esconderlo bien y que le dijese dónde estaba.

[...]

Que no tiene más que añadir.

5. Declaración de Piedad Enamorado de la Cueva (1940)[1]

En Madrid, a 15 de enero de 1940. Dijo llamarse como queda dicho, de sesenta y siete años, de profesión sus labores, con domicilio en Mancebos, núm. 14.

Preguntad[a] convenientemente manifiesta que es viuda del comandante de Infantería don Joaquín Serena, que durante la pasada dominación marxista le fueron asesinados dos hijos llamados D. Joaquín Serena y D. Justo que eran capitán de la Guardia Civil y teniente de complemento de Infantería, respectivamente.

Preguntada sobre quiénes fueron los autores de los asesinatos de sus hijos, manifiesta:

Que el día cinco de julio del año treinta y seis apareció su hijo Justo muerto en el Camino de San Isidro, haciendo las gestiones para averiguar cómo, y quién le había asesinado su hermano Joaquín llegando a la conclusión de que fue el mismo coche que llevó a un tal Rexas [i. e. Rexach] hijo del empresario del Circo Price, el que condujo a su hermano Justo al dicho Camino de San Isidro en donde recibió de manos de sus [v]erdu[g]os setenta y tantas puñaladas, muriendo en el acto según pudo comprobar un pariente de la dicente, Médico de San Carlos. D. Julio Toledo Manzano que habita en L[u]chana núm. 6.

Que este hijo asesinado era primer jefe de las escuadras de choque de F. que como enseguida comenzó e[l] Movimiento su

---

[1] AGHD. Tribunal Militar Territorial 1, serie: sumarísimos, Madrid, 1939, sumario 117728, caja 759, orden 9.

hermano Joaquín no pudo llegar a averiguar quiénes fueron los que tomaron parte en el asesinato de su hermano Justo.

Añade la Dicente que su otro hijo Joaquín, capitán de la Guardia Civil, también fue asesinado en Carta[g]ena el día catorce de agosto del año treinta y seis, que este hijo se puso del lad[o] del G. M. N. teniendo que refugiarse en el Arsenal, es decir, se hizo fuerte en Hellín, teniendo que ir bastantes fuerzas rojas para someterlos, conduciéndole a Alicante y más tarde a Carta[g]ena, en donde [fue] asesinado en [e]l Arsenal. Que ignora quiénes hayan podido ser los autores del asesinato de este hijo, como también del anterior.

Que no tiene más que añadir.

[...]

6. Qué fue de los verdugos

Troika dirigente de las MAOC

Pedro Fernández-Checa Izquierdo. Albalat de la Ribera, 9 de marzo de 1910-México, 6 de agosto de 1942. Secretario de organización del PCE y dirigente máximo de las MAOC. Tuvo mala muerte en México por tuberculosis. Nada más pisar el país le dejó su novia por impotente. Ligado a la policía secreta soviética, esta le aisló en Cuernavaca con tres médicos a su servicio —Domerio Mas y Joaquín D'Harcourt fueron dos de ellos—, que no pudieron hacer nada. Murió con treinta y dos años.

Agustín de la Fuente Arias. Madrid, 19 de agosto de 1907-Eupatoria, 14 de febrero de 1962. Tras la guerra marchó a la URSS y estuvo en dos de las ciudades donde la emigración comunista española pasó más hambre y miserias: Kramatorsk y Kokand. En Rusia se casó con Inés Martínez Jiménez. Murió con cincuenta y cuatro años.

Juan Fernández. Juanito Fernández, de Jerez. Poco se sabe de su vida, pese a que lo lloraron Modesto y Pasionaria en sus memorias. Su novia, Josefa Zornoza, venía del anarquismo. Juan murió en Somosierra el 22 de julio de 1936.

Troika del Radio Oeste

Manuel Díez del Valle Blanco, *El Tendero*. Salamanca, 25 de julio de 1915-Varsovia, 25 de septiembre de 1964. Su padre murió a finales de 1939 en España. A finales de 1936, su hermano Luis murió a causa de la explosión de un obús cuando tenía trece años. Le quedaron dos hermanos en España y nunca supo qué fue de ellos. Su hermana Filomena trabajó en la Hacienda franquista. En España tuvo una hija con su novia. Ella murió y nunca supo qué fue de la niña. Tras enrolarse en los guerrilleros en la Segunda Guerra Mundial, el Partido lo envió a Polonia, donde trabajó de tornero en una fábrica de coches. Se casó con Wiesława Dybowska, una joven polaca. En algún momento, por causas desconocidas todavía, se cambió los apellidos a Arana Iturri. Murió con cuarenta y nueve años.

Manuel Escontrela Ruimonte, *El Rácano.* Vaciamadrid, 14 de mayo de 1914-Moscú, 7 de julio de 1968. Litógrafo de profesión. Tras su paso por guerrilleros, trabajó en Kokand, de infausta memoria para los exiliados comunistas españoles en la URSS. Casado con Juana Bautista de la Torre, profesora de español. Regresó a Moscú y trabajó en varias fábricas. Su mujer se repatrió en abril de 1977. El Rácano murió con cincuenta y cuatro años.

José García Granda, *El Garcia* o *El Perifollo.* Madrid, 2 de septiembre de 1915-Madrid, 1986. Llegó a la URSS para hacer un curso de piloto. Se casó con Aurora del Valle Acebedo, que también pasó por Kokand. Se repatriaron ambos a España. Vallecas le dedica una calle. Murió con setenta y un años, el único de los seis máximos dirigentes de las MAOC que pasó de los cincuenta y cinco años.

Los Vallecanos

Félix Barriga García. 1914-Praga, 1972. Antes de la guerra, un criminal; en la guerra, comisario de batallón; después de la guerra, chófer en Rostov, guerrillero (dos medallas). Un informe de la CIA afina un poco más: «Un viejo comunista, pistolero de las MAOC antes de la guerra y con buena puntería durante la contienda». Abandonó la URSS en 1946 y marchó a México, quizá bajo el nombre de Antonio Castejón, el alias que usaba en la URSS. En México conoció a Teresa Pàmies y con ella y su hijo marcharon a Checoslovaquia, donde la emigración española se dividía en buenos y malos. Los comunistas obedientes, a Praga; los incómodos, a las fábricas de Ústí nad Labem, una pequeña ciudad del norte de Bohemia. En su exilio en Praga, Barriga escribió un libro, *A boj pokračuje* («Y la lucha continúa»), Mladá fronta, 1953, que trata de la típica historia del campesino extremeño que se enfrenta al fascismo. Más o menos.

Manuel Fernández Cortina. Lugo, 1905-Dniepropetrovsk, 1978. Campesino, encarcelado varias veces. Refugiado en Rusia antes de la guerra, protegido por el Partido. Nada más estallar la contienda, dirigió la matanza de los trenes de Jaén. Chequista, comandante, teniente coronel, guerrillero en Rusia (tres medallas). Casado con Carmen Gómez, una costurera de Gijón que había llegado a Rusia acompañando una expedición de niños españoles.

Jerónimo Casado Botija. Siles, Guadalajara, 1912-Cuba, 1967. Vaquero, pistolero, atracador. Militar en la guerra, alumno de la academia Frunze en la URSS, guerrillero y casado con Eulalia Machado Monedero, sobrina de Antonio Machado. Exiliado en Checoslovaquia, donde tuvo un hijo. Murió de cáncer en Cuba.

Otros miembros de las MAOC

Emilio Pérez Gómez, *El Manías*. Madrid, 10 de agosto de 1915-20 de julio de 1936. Gurú de Juana Doña en su decisión de militar en el comunismo. Detenido por el asesinato de Juan Cuéllar Campos y miembro de una célula del Partido que tomó la decisión de asesinar a unos cuántos falangistas. El PCE lo elevó a los altares tras su muerte en el asalto al Cuartel de la Montaña.

Rafael Pelayo Aunión, *El Mierda*. Madrid, 6 de febrero de 1898-1 de enero de 1993. Pasó por el hospicio y colegio de los Desamparados de la calle de Fuencarral[1]. Pionero. Miliciano. Militar. Uno de los elegidos para vivir su exilio en la URSS. Excesi-

---

[1] Ayuntamiento de Madrid. Padrón de diciembre de 1915, f. 16110.

vamente rebelde, el Partido lo condenó al Gulag, donde penó diez años. Dejó un testimonio detalladísimo e imprescindible de su paso por las prisiones soviéticas, uno de los primeros publicados en Europa. Lo tituló *Rusia al desnudo* y se ayudó para escribirlo de un compañero de escuela que encontró a su regreso a España. No fue el único encuentro. Un día, bebiendo en la terraza de un bar de la glorieta de Bilbao se pasó de fanfarrón al hablar de sí mismo. Casualidad: a su lado se encontraba un familiar de José Mariano Sánchez Gallego, el hijo del director del Circo Price, asesinado pocas semanas antes de la guerra. Pelayo fue detenido en su momento como sospechoso de haber cometido el crimen, aunque no se pudo demostrar su autoría. Su libro da las claves fundamentales para entender el modo en que se condujo la violencia comunista desde 1933. Murió de peritonitis en un hospital madrileño.

Juan Antonio Montero Gutiérrez, *El Popeye*. Córdoba, 16 de agosto de 1916-Rostov, 1959. De niño le atropelló un coche, le rompió varios huesos y sufrió un golpe en el frontal del cráneo. Fue uno de los mayores asesinos del PCE, tanto en Antillón antes de la guerra como luego en San Bernardo. Era educado, hijo de un burgués adinerado que dilapidó la fortuna familiar. Guerrillero en Rusia, casado y con dos hijas. Echaba de menos España. Murió de una dolencia cerebral. Pelayo lo acusa del asesinato de Justo Serena y José Mariano Sánchez Gallego, cometido junto al Viejo.

Manuel Martínez San José, *El Viejo*. Valladolid, 12 de septiembre de 1906-Ocaña, 20 de enero de 1945. Un randa desde pequeño; siguió la línea, no siempre recta, que lleva del descuidero al asesino. Instructor de las MAOC, pistolero de Antillón, asiduo en los fusilamientos de Boadilla junto a Salvador Marín y Antonio Rodríguez López, *El Chato*. Tras la guerra se quedó en el barrio, fue detenido y fusilado en el penal de Ocaña. Pelayo lo acusa del asesinato de Justo Serena y José Mariano Sánchez Gallego, cometido junto al Popeye.

Constantino Jesús María Rojo Alarcón, *El Rojo*. Madrid, 12 de abril de 1915-Batalla del Ebro, 1938. Al ser detenido junto al Manías y Diego Abellán por el asesinato de Juan Cuéllar, se les supone de la misma troika. En febrero de 1935 lo detienen junto a Bonifacio Prieto Calé y Remigio Herranz Dafauce como sospechosos de haber participado en un atraco frustrado el día anterior, en el que Diego Joaquín Abellán Cerezo había secuestrado un taxi. Constantino es el asesino del policía José López Pelegrín. Según Comín Colomer, el Partido trató de sacarlo de España a través del puerto de Valencia, metido en un cajón de naranjas con destino a Marsella, aunque parece que esta aventura le ocurrió, en realidad, a Luis Espinosa Casado. Rojo pertenecía a una familia de militares carlistas. Su padre era capitán y su hermano Fernando, sargento de la guardia de Asalto, había estado en la URSS antes de la guerra y también pertenecía a las MAOC. Constantino Jesús murió de mala manera, aplastado por un tanque en la batalla del Ebro[2].

Diego Joaquín Abellán Cerezo. Jumilla, 1915. Electricista. Era hijo de Diego Abellán Guardiola, Tello, alcalde de Jumilla y gobernador civil de Ciudad Real. Fusilado al acabar la guerra. En algún momento, después de los crímenes cometidos en Madrid, debió de trasladarse a Ansoáin. El 1 de noviembre de 1936 formaba parte del grupo de veintiún presos del fuerte de San Cristóbal que fueron fusilados en el cementerio de Berriozar[3].

Bonifacio Prieto Calé. El segundo apellido varía en algunos periódicos: Oslo, Horto. Metalúrgico, nacido en torno a 1917. Detenido junto a Constantino Rojo como sospechoso de

---

[2] Eduardo Comín Colomer, «España, objetivo permanente del Kremlin», en *El Español,* 27/4/1963, pág. 5; Pablo Rojo, *Caminos sobre la mar,* pág. 98. Ayuntamiento de Madrid. Padrón de diciembre de 1920, hoja de empadronamiento [168389].

[3] Ficha de Diego Abellán Cerezo. CDMH. DNSD-SECRETARÍA, FICHERO, 1, A0005010. Ministerio de la Presidencia. Memoria Democrática. Localización de personas desaparecidas. Fosa 2939/2022 NAVA. Asociación Memoria Histórica de Cartagena. Facebook, 5/1/2024. Https://www.facebook.com/MemoriaHistoricadeCartagena/posts/763082605862474.

un atraco. También fue detenido junto a Luis Espinosa Casado muy cerca de la Gran Vía, donde dieron por muerto al falangista Rafael León López. Nada se sabe de su destino, aunque hay un Bonifacio Prieto indultado a mitad de los años cincuenta.

Luis Espinosa Casado. Escañuela (Jaén), 1916. Metalúrgico. Durante la guerra, mano derecha de Pedro Checa en el aparato militar. Detenido junto a Bonifacio Prieto. Gregorio Morán dice que se quemó la mano para que la familia cobrara la pensión. De esta manera, él se podía dedicar a la revolución. Ya sabemos cómo. Fue detenido al final de la guerra en el campo de Albatera, donde coincidió con su padre, Luis Espinosa Sabalete. Quedaron libres y se dedicaron a la reorganización del Partido en Madrid[4].

Remigio Herranz Dafauce. Madrid, 1916-Seseña, 1936? Albañil, hijo de Manuel y Virgilia. Enrolado en el 5.º Regimiento como miembro de la CNT y muerto en el frente de Seseña. Poco más se sabe de este atracador, compañero de Constantino Rojo y Bonifacio Prieto[5].

Julio Fernández González. Participó en un atraco en el que murió asesinado el taxista Agustín Manuel Plaza en agosto de 1935, y, según Rafael Pelayo, asesinó a un guardia civil en Vallecas. Murió con el rango de teniente de milicias en el frente de Navalperal en noviembre de 1936[6].

---

[4] Carlos Fernández, *La reorganización y la oposición del PCE al franquismo,* Universidad Complutense, Madrid, 2017, pág. 299. Ficha de Luis Espinosa Casado. CDMH. DNSD-SECRETARÍA, FICHERO, 17. Gregoria Morán, *Miseria y grandeza del Partido Comunista de España,* Planeta, Barcelona, 1986, pág. 60.

[5] Ficha de Remigio Herranz Dafauce. CDMH. DNSD-SECRETARÍA, FICHERO, 31, H0026224, H0026246.

[6] «Lista de héroes sacrificados: uno más», en *Mundo Obrero,* 3/11/1936, pág. 2. Había en Madrid otro Julio Fernández González, nacido más o menos por las mismas fechas y residente en el paseo de Extremadura. Quizá es a este a quien buscaba la policía por el asalto a la sede de Acción Popular del Puente de Segovia. Este otro Julio Fernández, encuadernador, murió en Mauthausen. Arolsen Archives. Akte von Fernández González, Julio. Signatur 01012603 051.098.

7. Víctimas de la violencia política en Madrid

Las víctimas de la violencia política que tuvo lugar durante el periodo republicano anterior a la guerra suman centenares. En este listado se incluyen solamente las de Madrid, sin tener en cuenta las producidas por las fuerzas del orden público. Es decir, que constan solamente las muertes que tuvieron lugar en los enfrentamientos o atentados de grupos de uno y otro bando. Están excluidas las víctimas del golpe de Estado de Sanjurjo y del golpe de Estado socialista de 1934[1].

Hay que agradecer explícitamente el trabajo que hace unos años llevó a cabo el profesor Eduardo González Calleja para escribir su libro *Cifras cruentas,* una de las fuentes aquí utilizadas. Se

[1] Según González Calleja, las víctimas de octubre de 1934 —un capítulo que merece un libro aparte— ascienden a cuarenta y tres en Madrid (veinte golpistas, seis miembros de las fuerzas del orden público y diecisiete ciudadanos o desconocidos, entre los que había varios niños). Respecto a la sanjurjada, González Calleja: «10-VIII-1932: durante el intento de golpe de Estado en Madrid mueren Justo San Miguel Martínez Campos (hijo de los marqueses de Cayo del Rey), alférez del Cuerpo Jurídico Militar; el teniente de Caballería Manuel González y Fernández Muñiz, el picador militar Alfonso de Oro, el cabo Florentino Sánchez Martín y los soldados del Depósito Pedro Fernández, Manuel Mora, José Castillo, José Espartero Muñoz y Juan Navarro, además del estudiante carlista José María Triana Arroyo. Total: diez muertos y dieciocho heridos, junto a cinco heridos del Cuerpo de Asalto, un sereno y un doctor». Eduardo González Calleja, *Cifras cruentas: las víctimas mortales de la violencia sociopolítica en la Segunda República española (1931-1936)*, Comares, Granada, 2015, pág. 335.

trata del trabajo más minucioso que se ha llevado a cabo hasta el momento para cuantificar las víctimas de la violencia sociopolítica en España durante esos años. En lo que respecta al ámbito de este libro, centrado en la capital, hemos añadido algunos nombres que no aparecen en la cronología de González Calleja, hemos suprimido aquellos sucesos que no tuvieron lugar y hemos corregido numerosos errores, muchos de los cuales llevan a confusión a la hora de hacer balance estadístico, especialmente en lo relativo a la filiación de víctimas o asesinos[2].

---

[2] Los errores de González Calleja son demasiados para poder listarlos todos. Entre los más relevantes, contabilizar dos veces los mismos sucesos, por error en sus fuentes; otros, porque da como fallecidos a quienes solamente habían quedado heridos (es el caso del falangista Antonio Luna Espiñeira [o Espiñeiro]), el 31/3/1936. En otros casos, da como muertos a manos de falangistas a socialistas o comunistas que habían sufrido accidentes con sus propias armas (el caso, por ejemplo, de Víctor Carnicer). En su empeño por buscar al «currito» de Falange asesinado por sus camaradas por traidor, sostiene falsamente que es Arturo Castillo Fuentes, que se suicidó. Eleuterio López López, conquense de Almodóvar del Pinar, treinta y tres años y dos hijos, Manuel y Faustina, que tiene con su esposa Serafina Álvarez, trabaja como jornalero, es decir, a jornal y donde pilla, como tantos de sus vecinos en el barrio de Tetuán; él, de la calle de la Legua 8. Aquella tarde había estado barriendo el local del Partido, y quizá le hayan caído unas perrillas por el laboreo, que vienen muy bien a la escueta economía de su casa. Son los días posteriores al golpe revolucionario que ha tenido en Asturias el foco principal; la Falange ha ganado protagonismo esos días. El 7 de octubre parten doscientos cincuenta manifestantes de la calle del Marqués de Riscal y son veinticinco mil al llegar a la Puerta del Sol tras una pancarta que grita «Viva la Unidad de España» y una bandera, roja, amarilla y morada, que ondea el catalán Roberto Bassas. La derrota de los golpistas y el crecimiento propagandístico de los falangistas tienen respuesta un par de días más tarde, justo cuando Eleuterio sale de la sede. Le acribillan y queda tirado en la calle. Sus camaradas lo llevan al hospital y la sangre que va perdiendo por los tiros se detiene del todo diez días después, el 19 de octubre a la una del mediodía. Un veterano policía madrileño, Pedro Rodríguez Velázquez, está al lado de la cama. Eleuterio López, falangista y jornalero, muere sin testar. Claro.

Las primeras víctimas de la violencia política en Madrid desde abril de 1931 fueron producto de la represión que las fuerzas del orden llevaron a cabo en manifestaciones ciudadanas y obreras. En marzo de 1932 se produce el primer asesinato cometido por un miembro de una organización política. En verano de ese año, las fuerzas del orden republicano reprimieron el golpe de Estado del general Sanjurjo, y no es hasta 1933 cuando se suceden las primeras muertes en las revueltas producidas durante las numerosas huelgas que se convocaron en ese tiempo. El primer atentado directo contra un patrono ocurre a finales de año, cuando un grupo asesina al patrón del gremio de vaqueros Tomás Mínguez de Pedro.

1932

21 de marzo. El anarquista Pedro Pascual Burgos asesina de un disparo al ugetista Manuel Jáimez Fernández en la calle del Cardenal Cisneros.

29 de mayo. Revueltas revolucionarias en toda España. El militar Enrique Mateos recibe un balazo en la cabeza cuando paseaba de paisano con su hijo pequeño por la calle de la Magdalena. Los disparos salieron de unos manifestantes, al parecer comunistas, que se habían congregado en la plaza del Congreso[3].

18 de junio. Aparece muerto en la carretera de Pozuelo José Arce. La policía achaca el asesinato a motivos políticos, porque Arce fue quien denunció a la policía la existencia de unos explosivos en la calle de Hernani unas semanas atrás[4].

---

[3] González Calleja dice que la manifestación era de la CNT. Numerosos periódicos dicen que los manifestantes eran comunistas. *Luz*, 30/5/1932, pág. 9; *La Libertad*, 31/5/1932, pág. 5.

[4] El asesinato de Arce no aparece en *Cifras cruentas*. *La Voz de Aragón*, 19/6/1932, pág. 6; *La Libertad*, 18/6/1932, pág. 3.

1933[5]

12 de febrero. *Mundo Obrero* hace un llamamiento para organizar unas milicias obreras.

20 de marzo. Presentación de las MAOC en el Frontón Central. *Mundo Obrero* llama a la militancia.

9 de mayo. Nuevas jornadas revolucionarias. El policía Francisco Juarros Martín muere por la explosión de una bomba. Al perseguir a los extremistas, la policía hirió al anarquista Valentín Soria Mozo, que murió horas después. Al ir a operarlo, los médicos le encontraron dos bombas ocultas en su chaqueta[6].

17 de agosto. *El Liberal* informa de la creación de las MAOC en una asamblea celebrada en el local de la Asociación General de Dependientes de Comercio y Empleados de Oficinas con el siguiente comité ejecutivo: «Presidente, Antonio Hierro Muriel; secretario, Luis Mangada; tesorero, Robles; vocales: Luis Relaños, Pulido y Alejandro Jiménez».

24 de septiembre. Dionisio Lázaro Cifuentes es atacado por una escuadra comunista de cinco hombres. Esta vez logra escapar. El 30 de agosto de 1936 saldrá de su casa y no se volverá a saber más de él.

25 de septiembre. Con motivo de la huelga de construcción se enfrentan varios cenetistas y ugetistas. Mueren los obreros José Carbona Muñoz, Juan Jiménez Martínez y José Folguera Valerón.

---

[5] González Calleja habla de un comunista muerto en las celebraciones del 1 de mayo en la Casa de Campo. Ese día acudieron al lugar numerosas personas, hubo una tempestad y murió una señora al caerse de un columpio. Parece que hubo enfrentamientos en los que salieron heridas varias personas, pero en la prensa no consta ningún comunista muerto.

[6] González Calleja sostiene la fantasía de que la bomba fue lanzada desde un coche de policía. La prensa dice que la llevaba una mujer en una cesta y que la dejó caer cuando comenzó el tiroteo entre policías y extremistas. *El Heraldo de Madrid,* 9/5/1933, págs. 1-2; *La Nación,* 9/5/1933, pág. 3; *La Voz,* 9/5/1933, págs. 1-2; *Ahora,* 11/5/1933, pág. 6.

12 de noviembre. Atentado contra José Antonio Primo de Rivera en Cádiz. *Diario de Cádiz:* «... en el Teatro de las Cortes, de San Fernando, donde iban a intervenir en un mitin electoral José Llauradó, José Antonio Primo de Rivera y José María Pemán. Presidían el acto, Miguel Martínez de Pinillos y Ramón de Carranza. Cuando iba a hablar el primero de los oradores, unos pistoleros penetraron en la sala y comenzaron a disparar indiscriminadamente. Uno de los espectadores, Segismundo García Mantilla, falleció en el acto. Otra espectadora, Mercedes Larios, esposa de Estanislao Domecq, recibió un tiro en un ojo y se encuentra en grave estado. Otros asistentes al acto están heridos de diversa consideración».

17 de noviembre. El cenetista José Bielma mata a su compañero de sindicato Manuel Gálvez.

18 de noviembre. Wenceslao Fernández Flórez, en *ABC:* «Pues bien, un criminal dispara su cargador sobre los espectadores. Y se marcha impune y tranquilamente, mientras el candoroso líder pide que conste su protesta verbal. Si el fascismo paga dos cadáveres con unas protestas verbales, no es fascismo: es franciscanismo. Y hay que felicitarse de que sea así. Pero no creemos que el espíritu laico de la España actual permita desenvolverse y afirmarse una orden religiosa más».

3 de diciembre. Unos pistoleros asesinan en Vallecas al presidente del gremio de vaquerías de Madrid, Tomás Mínguez de Pedro. La policía detiene más tarde como sospechoso a Ramón Fernández Cortina[7].

6 de diciembre. El presidente de la Casa del Pueblo de Parla salió de una taberna y la emprendió a tiros contra Higinio Martín, de Acción Popular. Su hermana Josefa acudió en su auxilio y murió de un disparo.

[7] Este atentado no consta en el listado de González Calleja. *La Nación,* 4/12/1933, pág. 8; *ABC,* 5/12/1933, pág. 33; *Ahora,* 5/12/1933, pág. 23; *El Sol,* 7/12/1933, pág. 4.

1934

11 de enero. Tras salir a la venta el número 2 de *FE,* el estudiante Francisco de Paula Sampol muere de un disparo, al parecer cuando estaba leyendo el periódico. Felipe Gómez Rey fue condenado por el asesinato de Sampol[8].

13 de enero. La explosión de una bomba en el bar Carbajo de Puente de Vallecas mata al obrero Gaspar Zorita Navia. Se sospecha que él puso el artefacto en los baños del bar[9].

22 de enero. Muere asesinado en la calle del Clavel Vicente Pérez Rodríguez, capataz de ventas del periódico *FE.*

Febrero. Informe de Juan Guerra, o Juan Batalla, donde se explica claramente la legitimidad del asesinato político.

9 de febrero. El socialista Francisco Tello Tortajada asesina al estudiante y militante falangista Matías Montero Rodríguez de Trujillo. La diputada Margarita Nelken se encargó de que no faltaran a Tello visitas y atención en la cárcel. Le pidió a su amiga, la escritora Carmen Conde, que fuera a visitarlo. Esta lo hizo junto a su marido, el poeta Antonio Oliver, y enterada Nelken de ello, se lo agradeció en una carta, inédita hasta hoy:

> Ya toca a su fin esa grotesca incomunicación y verán que se trata de un hombre nada vulgar: poco cultivado, pero artista, con un lirismo que ha vertido a lo largo de una existencia románticamente rebelde. Merece ser conocido y estimado. Y Vds. merecen se les encarguen estas cosas que precisan amor y comprensión.
>
> Procuraré ayudar, a mi vez, al oficial recomendado: no es fácil. ¡Vaya gentecita, en la Dirección y en el Ministerio!

---

[8] El gusto de González Calleja por algunos detalles irrelevantes quizá explique el sesgo de sus errores: «... muere el estudiante de veintidós años Francisco de Paula Sampol Cortés cuando compraba el semanario *FE* en Madrid, tras un grave incidente protagonizado por José Antonio Primo de Rivera en la Puerta del Sol».

[9] González Calleja yerra al situar este suceso el 4 de enero. *La Rioja,* 14/1/1934, pág. 2.

Pero ya falta menos, mucho menos, para que se vuelva la tortilla. Y esta vez, sin «revuelta» posible. A los dos, mis dos manos, Margarita[10].

14 de febrero. Pelea en el café Negresco entre el pintor Luis Quintanilla y Eduardo Ródenas.

8 de marzo. En un enfrentamiento entre vendedores de periódicos, murió asesinado el obrero falangista Ángel Montesinos Carbonell.

12 de marzo. Durante una huelga de artes gráficas, murió asesinado por ugetistas el trabajador de *ABC* José Herranz Abad.

23 de marzo. En un enfrentamiento con unos anarquistas, murió asesinado el obrero jonsista de quince años Jesús Hernández Rodríguez.

20 de abril. Como protesta por la concentración de las juventudes de Acción Popular en El Escorial, jóvenes socialistas y comunistas tirotearon el edificio de *El Debate* y la sede de AP dejando varios heridos y un muerto, el estudiante Rafael Roca Ortega[11].

10 de mayo. En un enfrentamiento entre estudiantes en el instituto Lope de Vega, muere el joven Luis Arroyo Rodríguez, de trece años. González Calleja da por hecho que Arroyo era socialista y que fue asesinado por derechistas, pero de otras fuentes se desprende todo lo contrario. Los detenidos, y condenados, son socialistas[12]. Luis Arroyo era falangista, lo ratifica años después José Luis Gómez Tello, falangista de primera hora, en un artículo titulado «Escuadristas». Los asesinos dispararon contra él y su ca-

---

[10] Carta de Margarita Nelken a Carmen Conde, 18/7/1934; Carta de Margarita Nelken a Carmen Conde, 16/8/1934. Colección privada.

[11] González Calleja habla de un muerto comunista frente a la sede de AP al día siguiente. Es un error que toma de su fuente de información, que se refiere al asesinato de Roca Ortega.

[12] Cristóbal Córdoba, *De cada cuatro cayeron tres. Persecución y muerte de la Falange fundacional,* Barbarroja, Madrid, 2011, págs. 89-94. Con profusión de noticias de prensa.

marada, también falangista, José Escobar Valtierra, y cayeron juntos. La muerte de Arroyo era inasumible para la organización: tenía trece años. *El Debate* habla con la familia mientras agoniza y esta niega que Luis sea de la FUE, el carnet era de un equipo deportivo de esa Federación. En el juicio queda clarísimo: el asesino, Luis Cernuda, persigue al niño que huye de él y le pega un tiro que le entra por la nuca y le sale por la frente. Quien le socorre es su camarada José Escobar, que también es tiroteado.

José Escobar Valtierra era hijo del general Escobar, fusilado en Barcelona por Franco. José, aspa roja de la Falange, murió como teniente nacional en Belchite. Su hermano Antonio, oficial republicano, estaba en la trinchera de enfrente. Años después, Antonio solicitó reunir los restos de padre y hermano en el Valle de los Caídos. Franco, el inclemente general, solo autorizó el traslado de José. El gesto definía bien lo que pensaba el dictador de la reconciliación y de los que pudieran entender el Valle como una metáfora de ella. El general Escobar sigue enterrado en Montjuic.

14 de mayo. El obrero Ildefonso Canales muere en un atentado cometido en las puertas del centro socialista de la calle de Goiri.

22 de mayo. Un atentado comunista acaba con la muerte del encargado de la platería Espuñes, Juan Gris Sánchez. El atentado fue ordenado por Enrique Castro Delgado[13].

10 de junio. Asesinato de Juan Cuéllar Campos[14]. Como represalia, un grupo de falangistas asesina a la socialista Juanita Rico.

6 de julio. Asesinato de Agustín Moya Ortega. Los miembros de los «servicios especiales» de Falange, comandados por Juan Antonio Ansaldo, recibían el nombre de «curritos». Esta jerga

[13] Enrique Castro Delgado, *Hombres made in Moscú*, Espuela de Plata, Sevilla, 2023, págs. 13, 21 y 189. González Calleja no dice nada de la autoría, que seguramente achacará en sus estadísticas a «autores desconocidos».

[14] Es llamativo cómo González Calleja adopta ciertos tonos y puntos de vista. En este caso, lo ocurrido según él es que «un grupo de falangistas colisionó con jóvenes comunistas».

desapareció de las milicias falangistas con el propio Ansaldo. Jamás se definieron a sí mismos de ese modo. Entre ellos había alguno que jugaba a dos bandas. Ansaldo confiesa: «Ante las pruebas decisivas de culpabilidad aplastante para uno de los más distinguidos "curritos", conocedor de interioridades secretas, fue preciso llegar a la acción más ingrata y repugnante pero necesaria en casos semejantes. Castigo al traidor y ejemplaridad para posibles candidatos a este oficio». Agustín Moya fue acuchillado y disparado por la espalda en la carretera de Chamartín. Llegó herido al hospital y se negó a responder las preguntas de la policía sobre sus agresores. Moya, de veinticinco años, había pertenecido anteriormente a las juventudes del Partido Radical Socialista. La policía detuvo a Gabriel y Cipriano Eroles Roda, de treinta y veintiún años respectivamente, como autores del crimen. El juez no tardó en liberar al menor de ellos. Cipriano se verá involucrado en 1936 en un atentado frustrado contra Manuel Azaña y tendrá mala muerte. Comenzada la guerra, se verá obligado a esconderse. La inacción, insoportable para un hombre de su carácter, le llevará a la obsesión por el suicidio. Cumplirá con su deseo cuando unos milicianos registren su casa el 18 de mayo de 1938[15].

---

[15] La muerte de Agustín Moya Ortega no consta en *Cifras cruentas*. Fuentes: *El Liberal*, 7/7/1934, pág. 2; 8/8/1934, pág. 8, y 14/8/1934, pág. 8; *La Libertad*, 7/7/1934, pág. 5, y 13/7/1934, pág. 7; *La Voz*, 13/7/1934, pág. 9; Rollo núm. 48/1936 del sumario 167/1936 incoado por el Juzgado de Instrucción núm. 6 de Madrid por depósito de armas y tentativa de asesinato de Manuel Azaña Díaz contra Eduardo Pardo Reina y seis más. AHN. FC-AUDIENCIA_T_MADRID_CRIMINAL, 76, exp. 17; Declaración de Gabriel Eroles Roda. Madrid, 20/5/1939. Declaraciones de testigos de la pieza principal o primera de Madrid. AHN. FC-CAUSA_GENERAL, 1504, exp. 2, pág. 281. Juan Antonio Ansaldo, *¿Para qué? (De Alfonso XIII a Juan III)*, Ekin, Buenos Aires, 1951, págs. 77-78. El juez era Antonio Royo Villanova Fernández-Cavada. Murió con treinta y seis años el 12 de agosto de 1936. Autoridades PARES y Declaración de Emilia-Moreno-Carfacciolo Uriarte. Madrid, 26/7/1941. Declaraciones de testigos de la pieza principal o primera de Madrid. AHN. FC-CAUSA_GENERAL, 1506, exp. 6, pág. 233.

17 de agosto. Asesinato de Francisco Domínguez Sánchez en Chamartín. Se sospecha que murió asesinado por sus compañeros de célula por ser confidente de la policía. La Guardia Civil detuvo a sus compañeros, acusados del crimen[16].

25 de agosto [1933 o ¿1934?]. Francisco Galán escribe el informe sobre el desarrollo del congreso Amsterdam-Pleyel, donde habla de las tareas de las MAOC y del rechazo que produjo en los congresistas.

29 de agosto. Muerte de Joaquín de Grado Escalona.

11 de septiembre. Reunión del Comité Central. El PCE entra en las alianzas obreras y se une al PSOE.

19 de septiembre. Manuel Díez del Valle y otros camaradas apalean a un policía. Serán detenidos cuatro días más tarde, todos ellos armados.

20 de septiembre. *Mundo Obrero* informa de una serie de reportajes que se iniciarán en los números siguientes con el señalamiento de los pistoleros de Falange. Los titula «El fascismo por dentro», redactados por el Servicio de Información Antifascista.

22 de septiembre. «El fascismo por dentro (I)». Sobre el asesinato de Juanita Rico.

24 de septiembre. «El fascismo por dentro (II)». Biografía y especialidad de los jefes de Falange. Nombres y direcciones de gran parte de ellos. Denuncia de Aníbal Calero y Manuel Mateo.

25 de septiembre. «El fascismo por dentro (III)». Recluta de pistoleros y práctica del espionaje.

26 de septiembre. «El fascismo por dentro (IV)». Los pistoleros fascistas mataron al joven del paseo de Perales. *Mundo Obrero* denuncia amenazas.

---

[16] González Calleja lo llama Francisco López Sánchez. *Mundo Obrero* achacó la muerte a elementos falangistas. *El Liberal,* 8/2/1935, pág. 10; *La Libertad,* 8/2/1935, págs. 4-5; *La Voz de Navarra,* 10/2/1935, pág. 4.

27 de septiembre. «El fascismo por dentro (V)». Cómo y cuántos pistoleros asaltaron la exposición proletaria del Ateneo. Se señala el domicilio de Primo de Rivera y nombres y domicilios de numerosos falangistas. El Servicio de Información Antifascista informa de intentos de secuestro y del asalto a la redacción.

28 de septiembre. «El fascismo por dentro (VI)». El inolvidable luchador De Grado fue asesinado a indicaciones de un jefe de Falange que le conocía. Foto de José Marañón Medrano. De nuevo, acusación contra Manuel Mateo. Tarjeta de Marcial Villaverde Lasanta, «electricista cavernícola». Se informa de la muerte del obrero comunista del Puente de Segovia José de la Cruz a manos de la Guardia Civil.

29 de septiembre. «El fascismo por dentro (VII)». El intento de asesinato de Manuel Cordero. Fotografías de Cordero y de quien intentó asesinarle, José María Fernández.

Octubre. Golpe de Estado contra la República. La célula del Radio Oeste es la encargada del asalto al Cuartel del Conde Duque. El día 19 muere Eleuterio López (ver pág. 246, nota).

1 de octubre. «El fascismo por dentro (VIII)». Varios asesinatos frustrados y otros en preparación. Enrique Puente y Francisco Galán. Carmen Meana. Ródenas y María Marcos Bustamante. El «negro», guardaespaldas de Ruiz de Alda. Dos traidores en el partido: Santiago Sánchez Duperay y Nicasio Alameda.

2 de octubre. «El fascismo por dentro (IX)». Los fascistas dirigen una banda de atracadores. Ficciones sobre Manuel Mateo.

3 de octubre. «El fascismo por dentro (X)». Quién subvenciona a Falange.

4 de octubre. «El fascismo por dentro (XI)». El socorro blanco. Ricardo Sandoval Gaspari, Fidel Lacuerda, etc. «Los señoritos trabajan», con foto que parece ser de falangistas. Intento de asesinato de Galán. Foto y detalles de Miguel Borrego Espejo. Fin de los reportajes y también de *Mundo Obrero,* prohibido tras el golpe de Estado.

1935

6 de enero. Asesinato del guardia Benito Rodríguez Fernández durante un atraco que sigue el mismo procedimiento empleado por miembros de las MAOC.

7 de febrero. Diego Abellán Cerezo y un compinche secuestran un taxi, pero el conductor estrella el coche contra un árbol.

8 de febrero. La policía detiene a Constantino Rojo Alarcón, Bonifacio Prieto Calé y Remigio Herranz Dafauce como implicados en el atraco del día anterior.

26 de marzo. Los Vallecanos de las MAOC asesinan a los guardias de prisiones Francisco Tenacio Pompa y José Álvarez Álvarez.

2 de abril. Unos socialistas asesinan de cinco tiros al panadero de la CONS José García Vara en el número 4 de la calle de Arrieta. Esa misma tarde, en el Ventorro del Pico del Pañuelo, en la glorieta de la Beata Mariana de Jesús, varios desconocidos disparan contra unos parroquianos comunistas y asesinan al dueño, Lucio San Juan Sanz, y a José de la Torre[17].

30 de abril. Constantino Rojo asesina en Cuatro Caminos al guardia que le había dado el alto, José López Pelegrín Pastor[18].

26 de mayo. Muere asesinado por miembros de las MAOC del barrio el portero del edificio de la sede de Acción Popular en el paseo de Extremadura, Marcelino Sainz Fernández.

26 de agosto. Muere en un atentado cometido con pistolas ametralladoras el vigilante de tranvías Felipe de Pablos, que recibió tres tiros por la espalda en la calle de Fernando el Católico, esquina Magallanes. Quedó herido el jefe de la compañía de tranvías Carlos Gutiérrez, a quien ya habían intentado asesinar ante-

---

[17] González Calleja añade otro muerto, sin que haya constancia de que así fuera. Se trata de Francisco Agramón López.

[18] Para González Calleja, el asesino fue «un comunista apellidado Rojo».

riormente. Los asesinos huyeron en un taxi, la práctica habitual. Por este crimen fueron condenados Claudio Martínez González, de las JSU, y Pedro Agüero Guerrero. También, por responsabilidades en el crimen, el conductor del taxi, Andrés Navarro Marina, y el dueño del coche, Rafael García García. Este mismo día, los comunistas Eugenio Tejedor, León García Palacios y Julio Fernández González asesinan al taxista Agustín Manuel Plaza en el atraco frustrado contra Vicente Tarodo López[19].

1 de septiembre. El obrero Mariano Granados Martín salía de la fábrica Standard, donde trabajaba, y murió a causa de una bala perdida en un tiroteo que mantenía la policía contra unos repartidores de propaganda comunista. En el tiroteo murió también el repartidor comunista José Canal Pérez[20].

30 de noviembre. En el atraco al furgón que cargaba el dinero de las nóminas del Ayuntamiento de Madrid muere el empleado del ayuntamiento Álvaro Fernández Canelo.

1936

3 de enero. Titular de *Mundo Obrero* en primera plana: «¡Disolución de las Cortes y vigilancia popular!».

10 de enero. El ugetista Agapito Martín Fernández muere a manos de un anarquista que lo acusaba de esquirol, en una obra de la calle de Modesto Lafuente.

18 de enero. Muere asesinado el obrero Laureano Montero Serrano, también trabajador de las obras de la calle de Modesto Lafuente. No consta ni la filiación de la víctima ni la de los asesinos.

---

[19] Ni Agustín Manuel Plaza ni Felipe de Pablos aparecen en el listado de víctimas de *Cifras cruentas*. Sobre la muerte de Felipe de Pablos: *El Adelantado,* 26/8/1935, pág. 3; *La Voz,* 26/8/1935, pág. 9; *El Adelanto,* 1/9/1935, pág. 4; *El Adelantado,* 4/4/1935, pág. 3; *El Debate,* 28/8/1935, pág. 2; *La Voz de Aragón,* 28/8/1935, pág. 5.

[20] Tampoco estas muertes aparecen en *Cifras cruentas. El Liberal,* 1/9/1935, pág. 10; *La Rioja,* 1/9/1935, pág. 1.

20 de enero. El socialista Antonio Eulogio Hernández muere asesinado en el Puente de Vallecas a manos de un falangista en un enfrentamiento debido al reparto de propaganda electoral.

21 de enero. El obrero de la CONS José Alcázar Herreros (o Terrero) muere asesinado en Vallecas por obreros izquierdistas.

15 de febrero. Justo Serena Enamorado y Rafael León López, heridos en un enfrentamiento entre falangistas y comunistas.

16 de febrero. Los días 16 de febrero y 1 de marzo de 1936 se celebraron en España las terceras elecciones generales, y últimas, de la Segunda República española.

17 de febrero. Manuel Pistoni y José Comina, de Acción Popular, matan a Vicente Marcel (o Marcet) Miguel, ugetista o cenetista según las fuentes. Al parecer, varios individuos atacaron a Pistoni y Comina, el primero disparó al aire y el segundo acuchilló a Marcel cuando se abalanzó sobre él[21].

27 de febrero. Muere en un atentado en Vallecas el obrero falangista José Rodríguez Santana, tiroteado cuando caminaba por la calle.

6 de marzo. Mueren asesinados José Urra Goñi y Ramón Faisal. Los heridos Manuel Choperena y Rafael Lacambra serán asesinados por El Popeye durante la guerra.

7 de marzo. Ladislao Torres Sánchez y Sotero Feito Valenciano vendían el periódico *Renovación* por la calle de Fuencarral cuando fueron increpados por un transeúnte, Ramón Orozco. Torres y Feito le agredieron, Orozco sacó una pistola y en el forcejeo Feito mató a su camarada Ladislao.

10 de marzo. La policía detiene en su casa a Antonio Gozálvez Pereira, chófer de Ruiz de Alda, y se incauta del fichero de Falange Española. El baúl con las fichas lo bajan dos vecinos, uno de ellos el futuro humorista Miguel Gila.

10 de marzo. Asesinato de Juan José Olano de Orive y Enrique Bellsobell Castiñeira.

---

[21] *El Diluvio,* 7/3/1936, pág. 19; *El Debate,* 6/3/1936, pág. 2.

12 de marzo. En el atentado de falangistas contra Luis Jiménez de Asúa muere asesinado su escolta, Jesús Gisbert Urreta.

13 de marzo. Dos hombres le pegan un tiro a Rafael León López (ver 15 de febrero de 1936) cuando caminaba por la Gran Vía. No muere. Tras el atentado a Jiménez de Asúa se producen graves altercados en Madrid: incendios, asalto a las fuerzas del orden... En uno de los enfrentamientos muere el guardia José de la Cal Hernández por unos pistoleros que practicaban la autodefensa de un grupo de incendiarios.

13 de abril. Miembros de Falange asesinan al magistrado que instruía el caso contra el atentado de Jiménez de Asúa, Manuel Pedregal Luege.

14 de abril. Durante los altercados producidos en las conmemoraciones por el aniversario de la República, mueren el guardia civil Anastasio de los Reyes y, al día siguiente, el joven Benedicto Montes Miranda, de una bala que le entró por la espalda. Según Pelayo, quien lanza la traca que hace que la gente huya despavorida es un tal Ojeda, y quienes dispararon fueron Juanito Fernández y Agustín de la Fuente.

16 de abril. Cinco muertos en los altercados durante el entierro de Anastasio de los Reyes: Andrés Sáenz de Heredia Arteta, Manuel Rodríguez Jimeno, Luis Rodríguez Vargas, Julio Mir Costa, José Ramón (o Rangel) Yáñez. Los dos primeros, al menos, falangistas.

17 de abril. Mueren asesinados en Canillas los hermanos falangistas Antonio y Eloy Gómez Fernández.

25 de abril. Muere asesinado de tres disparos el panadero de Acción Popular Gabriel Carballo Leira cuando cerraba la tahona donde trabajaba, en la calle de la Ilustración 4. Se había negado varias veces a cambiar a un sindicato de izquierdas[22]. Una bomba colocada en el Ayuntamiento de Arganda deja un muerto[23].

---

[22] González Calleja no cita este caso. *El Adelanto,* 26/4/1936, pág. 6; *El Castellano,* 27/4/1936, pág. 1.

[23] *El Castellano,* 27/4/1936, pág. 1.

28 de abril. Salió anunciado en la prensa: el comité del círculo socialista del Puente de Segovia de Madrid se incautó del convento de la calle de Antillón 4, con el fin de crear unas escuelas. Unos días después, un breve comunicaba a los desempleados del barrio que podían pasar por la Secretaría de Parados del nuevo local. Lo que no se hizo público es que en el sótano se instaló un centro de detención y tortura. Antillón 4 es la primera checa de la que se tiene noticia, y cumplía con su siniestro cometido antes de que estallara la Guerra Civil.

28 de abril. Muere asesinado el confitero Florencio Pinilla Otero, afiliado a UGT hasta unos días antes, por no haber secundado la última huelga de CNT.

7 de mayo. Asesinado el militar socialista Carlos Faraudo de Micheo a manos de seis presuntos falangistas.

9 de mayo. Altercados y nuevos incendios en Cuatro Caminos a causa del bulo de los caramelos envenenados. Mueren los socialistas Juan Palacios (o Palacio) López y Bruno Ponte (o Ponce). Palacios muere por quemaduras y posterior caída de una ventana cuando él mismo estaba quemando las escuelas católicas de Nuestra Señora del Pilar[24] y Ponte, de un balazo por la espalda, sin que se sepa quién disparó.

12 de mayo. Muere de un disparo en el pecho el obrero comunista Francisco Díaz Muñoz en Tetuán de las Victorias. Nadie escuchó disparo alguno, y los compañeros que lo llevaron a la casa de socorro dijeron que estaban con él y que de repente se encontró mal. Todo apunta a un accidente con una pistola[25].

23 de mayo. Asesinato de Pascual López Gil[26].

---

[24] *El Liberal,* 5/5/1936, pág. 13; *El Castellano,* 7/5/1936, pág. 4. González Calleja habla del asesinato de ambos socialistas. No es cierto.

[25] González Calleja no explicita lo sucedido y solo habla de la muerte de un comunista cuando caminaba por la calle. Entre otros periódicos, *El Adelanto,* 13/5/1936, pág. 6.

[26] Como se ha señalado en el capítulo correspondiente, González Calleja yerra al contabilizar cuatro muertos comunistas como represalia por este

5 de junio. Atentado contra Luis López Ortego (o José Luis López Ortega), en la calle del Tutor. La víctima, vecino de Olano y Bellsobell, era falangista y de las juventudes de Acción Católica. Los izquierdistas lo tenían entre ceja y ceja. Ya había sobrevivido a un atentado anterior[27].

2 de julio. Miembros de las JSU disparan desde un coche contra el bar Roig de la calle de Torrijos en una reunión de varios falangistas destinada a integrar a nuevos miembros procedentes de las JAP. Mueren tres falangistas: Jacobo Galán Suira, Miguel Arriola y Aquilino (o Agustín) Fuster Iglesias[28]. Este último no murió por los disparos, sino de un ataque al corazón fulminante.

3 de julio. Muere asesinado en Vallecas el ugetista Valeriano Oliva.

4 de julio. Represalia por el atentado del bar Roig. Mueren asesinados en la calle de Gravina Antonio Trigueros Joaquín y Luis Fernández López, afiliados a la UGT.

5 de julio. Asesinato de José Mariano Sánchez Gallego y de Justo Serena Enamorado[29].

6 de julio. El cenetista Benito Serrano López es asesinado en la colonia Rubio por esquirol.

12 de julio. Asesinato del teniente de asalto José del Castillo.

13 de julio. Asesinato de José Calvo Sotelo.

14 de julio. Muere un obrero en un enfrentamiento entre ugetistas y cenetistas durante la huelga de la construcción[30].

---

asesinato. Por el momento, no hay prueba alguna de que se llevara a cabo el atentado.

[27] *El Cantábrico,* 6/6/1936, pág. 3.

[28] Cristóbal Córdoba, *De cada cuatro cayeron tres,* ob. cit., págs. 296-299.

[29] González Calleja sostiene de manera infundada, recogiendo un rumor, que los dos crímenes podrían deberse a represalias de los propios falangistas, que habrían considerado traidores a ambas víctimas. No aclara González Calleja cómo ha contabilizado finalmente ambos crímenes en sus estadísticas.

[30] González Calleja habla de dos cenetistas muertos. *El Día de Palencia,* 14/7/1936, pág. 4.

15 de julio. Muere asesinado a tiros en la calle de Villaamil el obrero socialista Ángel Moreno Mora.

* * *

No es fácil contar muertos. Ni siquiera es posible dar por completo este listado de víctimas debidas a crímenes políticos cometidos en Madrid durante la República hasta el 17 de julio de 1936. El batiburrillo de siglas, partidos y banderías de las víctimas y los verdugos hace también imposible concretar sus filiaciones. No obstante, del estudio de los sesenta y cinco atentados que aquí se listan y de sus setenta y nueve víctimas, se pueden sacar algunas conclusiones:

—De los enfrentamientos entre grupos de izquierdas, debidos a cuestiones sindicales, hubo siete víctimas.

—De los enfrentamientos y atentados llevados a cabo por elementos de derechas, incluido el asesinato del confidente Agustín Moya, dieciséis víctimas en catorce sucesos.

—De los enfrentamientos y atentados realizados por elementos de izquierdas, incluido el asesinato del confidente Francisco Domínguez Sánchez, cuarenta y nueve víctimas en treinta y ocho sucesos.

Quedan ocho víctimas asesinadas en siete sucesos cuya autoría no se pudo esclarecer.

Glosario

BEOR: Bloque Escolar de Oposición Revolucionaria, corriente de la FUE *(vid.)* orientada por los comunistas. Su órgano de prensa era *Frente Universitario.*

Casa del Pueblo: Local socialista. El de Madrid era un edificio imponente ubicado en la calle de Piamonte 2.

Célula: La célula es la base de organización del partido comunista, por encima de los individuos. Las células se forman con la agrupación de trabajadores de una fábrica, empresa, cortijo, etc. También existen las células de barriada, que, evidentemente, agrupa a los comunistas de un mismo barrio.

Centuria: Las milicias de uno u otro signo político se dividían en grupos de un número determinado de hombres, a la manera militar (batallón, cuerpo, regimiento, etc.). La unidad más importante era la centuria. La denominación dejó de usarse en las milicias marxistas, pero se mantuvo en Falange Española.

Cheka: Policía política soviética creada por Felix Djerzinski. Es el acrónimo ruso de la Comisión Extraordinaria Panrrusa para Combatir el Sabotaje y la Contrarrevolución. Con el tiempo, la palabra sirvió para denominar las prisiones donde los chekistas encerraban, torturaban y asesinaban a los disidentes. Durante la Guerra Civil española, la palabra «checa» se utilizó en el bando de los sublevados para denominar las sedes y comités de los diversos partidos, agrupaciones políticas u organismos gubernamentales, aunque en ellas no se cometieran crímenes. La más conocida y la más letal fue la checa de Fomento, también conocida como checa de Bellas Artes, la sede del Comité Provincial de Investigación Pública (CPIP), organismo represivo republicano que aglutinaba a todos los partidos políticos.

Círculo: Los militantes socialistas se agrupaban en círculos, formados en los pueblos o en los barrios de las ciudades. El local del Círculo Socialista del Puente de Segovia se inauguró el 1 de octubre de 1920. El periódico *El Socialista,* que dio la noticia, olvidó dar la dirección.

Comité: Palabra de uso corriente durante la guerra. Cada círculo *(vid.)* socialista, ateneo libertario o radio *(vid.)* comunista formaba un comité. Más: cada organismo, por pequeño o grande que fuera, tomó el nombre de comité. Cada comité tenía un local, la mayoría de ellos requisado.

FUE: Federación Universitaria Escolar. Organización estudiantil de izquierdas fundada en la Universidad Central de Madrid (España) en 1926 por Antonio María Sbert, entre otros. Sus integrantes se enfrentaron con fiereza contra la monarquía. Gonzalo Torrente Ballester dijo de Sbert que era «un mal tipo: alto, moreno, mostachudo, mal encarado, absolutamente tonto». No obstante, su organización alcanzó una gran relevancia durante la República como trampolín para sus socios, que aterrizaron en los diferentes partidos políticos extremistas con una buena base contestataria.

JSU: Juventudes Socialistas Unificadas. Organización marxista creada en marzo de 1936 y que unía a las juventudes socialistas y a las comunistas.

MAOC: Milicias Antifascistas Obreras y Campesinas. Nacidas en marzo de 1933 y creadas como policía y Ejército del PCE. Aunque estaban abiertas al ingreso de hombres y mujeres de cualquier tendencia ideológica, su dirección sería siempre comunista.

PCE: Partido Comunista de España. El Partido.

Primera Línea: División orgánica de Falange integrada por los hombres de acción del partido, los que se enfrentaban en las calles a los grupos de choque socialistas y comunistas.

Radio: División geográfica de una agrupación comunista. La ciudad de Madrid se dividía en cuatro radios: Norte, Sur, Este y Oeste. Su órgano dirigente era el Comité *(vid.)* de Radio.

Salud y Cultura: Entidad excursionista marxista, de carácter infantil, en la que se enrolaban los *pioneros,* niños captados por los partidos para ser moldeados en su ideología.

SEU: Sindicato Español Universitario. Organización de estudiantes vinculada a Falange. Se creó durante la República.

Troika: Grupo dirigente de cualquier unidad comunista, formada por tres miembros.

Notas

Amarga introducción al caos

[1] El superviviente en primera instancia fue Luis Villate Vaillant. Declaración de Consuelo Castillejo Wall, Madrid, 25/5/1939; Declaraciones de testigos y listas de reclusos, AHN. FC-CAUSA_GENERAL, 1511, exp. 4, págs. 191-193. Como esto no es una novela, nos ha sido imposible poner nombre al faísta que tuvo la misericordia de ayudar al herido. Tampoco podemos asegurar el nombre del amigo de Villate. Hay datos para hacer pensar que se trate de Raimundo Redondo Moreno. Declaración de Amparo Redondo Moreno, Madrid, 10/5/1939; Declaraciones de testigos de la pieza principal o primera de Madrid, AHN. FC-CAUSA_GENERAL, 1503, exp. 5, pág. 86.

[2] Checa del Asilo de la Paloma, AHN. FC-CAUSA_GENERAL, 1535, exp. 120; Checa del Colegio e Iglesia de la Paloma, AHN. FC-CAUSA_GENERAL, 1532, exp. 37; Checa del Cuartel de la Montaña, AHN. FC-CAUSA_GENERAL, 1534, exp. 61, Milicias de Vigilancia de Retaguardia (M V.R.), AHN. FC-CAUSA_GENERAL, 1531, exp. 19, págs. 27, 71, 102, 152, 220 y 240; Luis Quintanilla, *Pasatiempo. La vida de un pintor,* Ediciones do Castro, A Coruña, 2004, págs. 313 y sigs., 338-345, 356 y sigs.; The National Archives in Washington, DC, *Passenger and Crew Lists of Vessels Arriving at New York, New York, 1897-1957;* Microfilm Serial or NAID: *T715;* RG: *85.* Entre las víctimas del «golpe de hacha» de Luis Chapado se encuentran algunos seminaristas de la Iglesia de la Paloma y el falangista mexicano Ramón Lázaro Díaz, cuyo cadáver se encontró en septiembre de 1936 en la Ciudad Universitaria. Véase Checa del Colegio e Iglesia de la Paloma y la declaración de Rafael Montes Guzmán, Madrid, 19/6/1939. Declaraciones de testigos de la pieza principal o primera de Madrid, AHN. FC-CAUSA_GENERAL, 1505, exp. 1, pág. 151; Declaración de Filomena Díaz Rodríguez, Barcelona, 23/2/1942. Declaraciones de testigos de la pieza principal o primera de Madrid, AHN. FC-CAUSA_GENERAL, 1507, exp. 2, págs. 99-100.

[3] *Ahora,* 11/2/1932, portada; *Crónica,* 22/11/1931, págs. 12-13; *Guía de Madrid,* Rápido, 1930, plano de tranvías.

[4] «Mire, yo la guerra civil la hice de veras. Los tres años que duró. Disparando, matando. También hice la guerrilla, cuando creía en ella. Durante nueve años. Y no sé si soy un buen tirador; pero sé que apuntaba con cuidado: para matar. Y he matado. Y no estoy seguro de que eso me guste, por mucho que no me arrepienta de haberlo hecho». Entrevista de Oriana Fallaci a Santiago Carrillo en Oriana Fallaci, *Entrevista con la Historia,* Noguer, Madrid, 1978, pág. 521.

[5] *Luz,* 15/2/1932, págs. 2 y 6; *El Heraldo de Madrid,* 10/2/1932, pág. 2, y 12/2/1932, pág. 7; *La Libertad,* 10/2/1932, pág. 7.

[6] Joseph Roth, *Die Flucht ohne Ende,* Diogenes, Zúrich, 2010, traducción propia.

[7] Oriana Fallaci, *Entrevista con la Historia,* ob. cit., pág. 521.

El Manías

[1] La campeona, evidentemente, es Dolores Ibárruri. Entre los detenidos se encuentran Leonor Estévez Varela, exiliada más tarde en la URSS; Mariano Carmona Tarifa, futuro policía en la guerra y sospechoso de, al menos, la detención de Pedro Mantilla Marín, presidente de la Diputación de Oviedo, asesinado en San Bernardo; Esteban García de la Casa, futuro miembro de Investigaciones Especiales en la policía de Valencia. Otros formarán parte de la burocracia del PCE o se enrolarán en el Ejército republicano, y sin embargo habrá quienes desaparecerán sin dejar rastro documental, seguramente apartados de la vida política, como es el caso de María García Bravo.

Sobre la reunión en la Casa de Campo y sus integrantes: AHN, sumario 303/1935 incoado por el Juzgado de Instrucción núm. 7 de Madrid por reunión ilegal contra Juan Cancela de Pedro y treinta y seis más, AHN. FC-AUDIENCIA_T_MADRID_CRIMINAL, 75, exp. 34. También, *El Liberal,* 3/9/1935, pág. 14; Leonor Estévez, *La vida es lucha,* A-Z, Madrid, 1993, págs. 72-90; Juana Doña, *Querido Eugenio,* Lumen, Barcelona, 2003, págs. 100-105. Que el domingo era caluroso, más de treinta grados: Boletín meteorológico diario, AEMET, 22 de julio de 1935. Sobre Juana Doña: Benjamín Prado, «Gente de abajo», en *El País,* 30/12/2010. Sobre Mariano Carmona Tarifa: Declaraciones de testigos de la pieza principal o primera de Madrid, AHN. FC-CAUSA_GENERAL, 1503, exp. 5, pág. 121. Sobre Esteban García de la Casa: Ficha de Esteban García de Lacasa, CDMH, DNSD-SECRETARÍA, FICHERO, 24, G0090509.

[2] Entre muchos otros capítulos de sus obras dedicados al terror, sobre los atentados individuales: V. I. Lenin, «La autocracia y el proletariado», en *Obras completas,* Akal, Madrid, 1976, vol. VIII, págs. 9-19; «Proyectos de resoluciones para el II Congreso del POSDR. 6, Proyecto de resolución sobre el terrorismo», en *Obras completas,* ob. cit., vol. VI, pág. 510; «Aventurerismo revolucionario», en *Obras completas,* ob. cit., vol. VI, págs. 218-228.

[3] Sobre El Manías: Ayuntamiento de Madrid. Padrón de diciembre de 1915, f. 85864; AHN, sumario 303/1935 incoado por el Juzgado de Instrucción núm. 7 de Madrid por reunión ilegal contra Juan Cancela de Pedro y treinta y seis más, FC-AUDIENCIA_T_MADRID_CRIMINAL, 75, exp. 34; *Mundo Obrero,* 28/7/1936, pág. 2; María Teresa León, «El barco», en *El Mono Azul,* 1936 (seguramente, núm. 1), págs. 2-3; Leonor Estévez, *La vida es lucha,* ob. cit., págs. 72-90; Juana Doña, *Querido Eugenio,* ob. cit.; Juana Doña, *La República en el recuerdo,* Biblioteca Virtual Miguel de Cervantes, 2017 (pdf); Jesús Hernández, *Yo fui un ministro de Stalin,* G. del Toro, Madrid, 1974; *El Día Gráfico,* 5/1/1935, pág. 17; Luis Romero, *Tres días de julio,* Ariel, Barcelona, 1967, pág. 490.

[4] Karl Marx y Friedrich Engels, *Manifest der Kommunistischen Partei,* Hirschfeld, Londres, 1848, traducción propia.

La guerra empezó aquella mañana

[1] José Antonio Primo de Rivera, «La muerte es un acto de servicio», en *FE,* núm. 5, 1/2/1934.

[2] «Para que todo sea incongruente, aquí le hacen tragar ricino al fascismo. La principal figura del mitin del Teatro de las Cortes, de San Fernando, era el joven organizador del fascio español. Hay que suponer que habría allí fascistas. Y es sabido que los fascistas, en Italia y en Alemania, no era precisamente con razones con lo que reducían la irascibilidad de sus enemigos. Pues bien, un criminal dispara su cargador sobre los espectadores. Y se marcha impune y tranquilamente, mientras el candoroso líder pide que conste su protesta verbal. Si el fascismo paga dos cadáveres con unas protestas verbales, no es fascismo: es franciscanismo. Y hay que felicitarse de que sea así. Pero no creemos que el espíritu laico de la España actual permita desenvolverse y afirmarse una Orden religiosa más», en Wenceslao Fernández Flórez, «Al servicio del "vóteme Usted"», en *ABC,* 18/11/1933, pág. 3. La polémica sobre la falta de respuesta violenta a los atentados contra Falange se amplió en los meses siguientes. Véase, Álvaro Alcalá Galiano, «República de "oportu-

nistas"», en *ABC,* 10/2/1934, pág. 3 («... sin milicias dispuestas a la defensiva y sin violencia, el fascismo renuncia a los métodos que en otros países le dieron el triunfo»); Álvaro Alcalá Galiano, «Martirologio fascista», en *ABC,* 13/2/1934, pág. 3 (respondiendo a esta frase de José Antonio Primo de Rivera en el entierro de Matías Montero: «Otros, cómodamente, nos aconsejarán desde sus casas ser más animosos, más combativos, más duros en las represalias. Es muy fácil aconsejar»). Ese número de *ABC* fue denunciado por incitación a la violencia y Falange envió una nota al periódico: «Falange Española aceptará y presentará siempre combate en el terreno en que le convenga, no en el terreno que convenga a los adversarios. Entre los adversarios hay que incluir a los que, fingiendo acucioso afecto, la apremian para que tome las iniciativas que a ellos les parecen mejores. Por otra parte, Falange Española no se parece en nada a una organización de delincuentes, ni piensa copiar los métodos de tales organizaciones, por muchos estímulos oficiosos que reciba» («El número de *ABC* de ayer, denunciado» y «El fascismo y la violencia», en *ABC,* 14/2/1934, pág. 17).

[3] Juan Antonio Ansaldo, *¿Para qué? (De Alfonso XIII a Juan III),* Ekin, Buenos Aires, 1951. Son las memorias de un caniche que, como Ansaldo, se había vuelto antifranquista. La editorial es del hermano de Irujo, el ministro del PNV.

Correspondencia de Indalecio Prieto con Anthony Eden, ministro de Asuntos Exteriores de Inglaterra, en carta enviada desde México el 3 de septiembre de 1944: «He dado referencias detalladas de mis múltiples entrevistas con el fogoso joven —víctima inenarrable y cuyo sacrificio yo condené y condeno— José Antonio Primo de Rivera... cuantos me reprochan las defensas de ese joven impetuoso y bien intencionado, conocen mi respuesta. Es que también le debía la vida, porque él y su gente me custodiaron hasta mi casa una noche en la que algunos que se decían correligionarios míos habían decidido "abolirme", ya conoce V. E. por escrito el episodio».

[4] Recurso núm. 62/1936, causa contra Horacio Echevarrieta Mauri y setenta y cuatro más sobre tenencia de armas, AHN. FC-TRIBUNAL_SUPREMO_RECURSOS, 128, exp. 62; Rollo núm. 1487/1934 del sumario 1/1934 incoado por el Juzgado Especial (Tribunal de Urgencia) de Madrid por ocupación de armas y conspiración para la rebelión contra Francisco Ordóñez Peña y otros, AHN. FC-AUDIENCIA_T_MADRID_CRIMINAL, 104, exp. 1; *El Diario Palentino,* 7/6/1934, pág. 4.

[5] Sitio y arroyo perdieron el nombre porque en todas las crónicas de aquel infortunado domingo aparece con una vocal añadida al final, Valdemarina, como si el primer relator, el que manda la noticia por vía oficial

desde la comisaría, hubiera impuesto su gazapo a todos los demás. El lugar es exactamente el mismo sobre el que se levantó luego el Parque Sindical.

[6] Testimonio de Rogelio Latorre Silva, 17/7/2012 (https://seleccion-diaria.blogspot.com/2012/7/valioso-testimonio.html).

[7] Teodoro Cuesta, *La dominación roja en España: causa general,* Ministerio Fiscal, 1961, pág. 219.

[8] Sobre el doctor Mediavilla: «En algunos casos la información que facilita es incompleta en datos relevantes. En el caso del "Doctor Mediavilla", cuya calle está en el hoy barrio de El Pardo, solo se cita "que se declaró a favor de la sublevación". Se omite la parte fundamental por el que se le otorgó la calle, su asesinato en una cuneta por elementos incontrolados del Frente Popular el 29-09-1936. Era el médico titular del pueblo, de los empleados del Patrimonio de la República (hoy Patrimonio Nacional) y de los niños y trabajadores del Orfanato Nacional de El Pardo. El 21-07-36 con motivo de la marcha del Regimiento de Transmisiones de El Pardo (que se pasó de madrugada al bando sublevado), el citado doctor abandonó el pueblo para trasladarse a Madrid y ocultarse en el domicilio de unos parientes, al ser al parecer militante de Falange Española, y existir en esos momentos una "caza" incontrolada y fuera de la ley de militantes de partidos de derechas (que acabaron en gran medida asesinados con el único delito de ser enemigos políticos). El doctor Mediavilla fue reconocido paseando por Madrid por un obrero del pueblo. Se le detuvo y se le trasladó a El Pardo, donde fue ejecutado en la cuneta de una carretera», *El Correo de Pozuelo,* comentario de Josua, 20/12/2015 (https://elcorreodepozuelo.com/2015/12/29/quien-es-quien-en-las-161-calles-de-madrid-que-el-gobierno-de-manuela-carmena-quiere-cambiar-de-nombre/#comment-2867). Sobre el hallazgo de su cadáver: Partido Judicial de San Lorenzo de El Escorial (Madrid), AHN. FC-CAUSA_GENERAL, 1510, exp. 1, pág. 127.

[9] «La pasión política desatada», en *La Libertad,* 12/3/1934, págs. 3-4. Toda la información conocida fue compilada en un esclarecedor estudio por Ricardo Fernández Coll (https://laverdadnitemeniofende.home.blog/2021/4/26/el-asesinato-de-juanita-rico/). En los últimos tiempos se añadió un inédito de Pío Baroja, *Miserias de la guerra* (Caro Raggio, Madrid, 2006), que no aclara nada salvo la facilidad que como objetivo presentaban los hermanos tiroteados: «Entre estos jefes se distinguían dos hermanos y una hermana, llamada Juanita Rico. Al cruzar por las calles donde había gran circulación de vehículos, sacaban un silbato y paraban coches y tranvías, dando lugar a que la gente hiciera comentarios, poco favorables a tales órdenes un poco vejatorias».

Que los hermanos Rico no habían participado en el asesinato masivo de Cuéllar estaba claro para la Fiscalía, que en el juicio de urgencia celebrado en enero de 1935 se atenía a las declaraciones que aportó la Guardia Civil, varias y coincidentes. No había duda respecto a los autores y los principales protagonistas, entre ellos Pérez, Abellán y Rojo, con el voluntarioso Aliques, que se incorporó a la matanza. El grupo iba de rojo, era comunista y estaba a kilómetros del puente de la vía de El Pardo, donde, junto a la fuente del Tuno, almorzaban a esa hora los hermanos Rico y sus compañeros socialistas vestidos de azul claro. El fiscal no tuvo las suficientes pruebas formales como para implicar a los asesinos y ninguna Ansaldo para identificarlos con Juanita Rico y sus hermanos. Este capítulo inicial que es semilla de la Guerra Civil está explicado por el último de los cronistas de aquellos momentos, Rogelio Latorre, camarada de escuadra de Juan Cuéllar, que ya anciano cuestiona el relato conocido partiendo de los imposibles horarios en los que se narra aquella jornada.

La violencia y la falta de conciencia

[1] Josep Pla, *Historia de la Segunda República, IV,* Destino, Barcelona, 1940, pág. 318.

[2] AGHD, Rafael Pelayo, TMT1, Madrid, Sumario 1725, Legajo 3408.

[3] V. I. Lenin, «¿Qué hacer?», en *Obras completas,* ob. cit., vol. V, págs. 375 y sigs.; León Trotsky, *Terrorismo y comunismo,* Akal, Madrid, 2009, pág. 152; George Leggett, *The Cheka: Lenin's Political Police,* Oxford University Press, Oxford, 1986, pág. 114.

[4] Acerca de la represión en la retaguardia republicana: «¿Ha sido un tema tabú?». «Un poco. No voy a decir su nombre pero un pope de la historiografía le dijo a un especialista en la guerra que no convenía estudiar eso (risas) [sic]», entrevista de David Barreira a Fernando del Rey, *El Español,* 8/11/2020 (https://www.elespanol.com/cultura/historia/20201108/fernando-rey-historiador-honesto-represion-republicana-tema/534196818_0.html).

[5] Jesús Gutiérrez Torres, «Un caso de violencia política en Daimiel: contexto y suceso del asesinato de José Ruiz de la Hermosa», págs. 197-213.

[6] «Pedro José Ruiz de la Hermosa Gigante, afiliado a la Agrupación Socialista de Daimiel (Ciudad Real) [1913-1914] - 26/4/1941. Jornalero. Miembro de la UGT y afiliado a la [Agrupación Socialista] de Daimiel. Conocido como El Marsellés. Fue condenado a veintiún años y seis meses de prisión acusado de estar implicado en la muerte de José Ruiz de la Hermosa Fernández-Espartero durante la celebración de un mitin socialista el 2 de noviem-

bre de 1933 en el teatro Ayala de Daimiel. Salió en libertad en febrero de 1936 por la amnistía después del triunfo electoral del Frente Popular. Finalizada la Guerra Civil fue detenido y condenado a muerte en consejo de guerra celebrado en dicha localidad. Fue trasladado a Ciudad Real, donde fue fusilado el 26 de abril de 1941 a los veintisiete». R. Carranza Gómez-Carpintero. «Pedro José Ruiz de la Hermosa Gigante» (https://fpabloiglesias.es/entrada-db/ruiz-de-la-hermosa-gigante-pedro-jose/).

[7] Julián Zugazagoitia, *Guerra y vicisitudes de los españoles,* Crítica, Barcelona, 1977, pág. 23.

Milicias Antifascistas Obreras y Campesinas

[1] «Tras el triunfo del Frente Popular, el PCE pide que el Gobierno arme las milicias: "El Gobierno —se afirma en *Mundo Obrero* el 24 de marzo— debe procurar que el pueblo mismo sea quien corte las provocaciones y los crímenes de los reaccionarios y sus aliados. Para ello no hay más que un camino: armar al pueblo"», en Juan Andrés Blanco Rodríguez, «Las MAOC y la tesis insurreccional del PCE», en *Historia Contemporánea,* núm. 11, 1994, págs. 141-142.

[2] Los detenidos relacionados con el secuestro de Aurelio Martín Ruiz son Miguel Bravo Domínguez, Matías Álvarez Lisardo, Mariano Ruiz Antón e Inocencio Rodríguez Rodríguez, *La Rioja,* 11/7/1936, pág. 3. Mariano Ruiz Antón sobrevivió a la guerra y de sus vicisitudes habla Andrés Trapiello en *Madrid, 1945,* Destino, Barcelona, 2022. Miguel Bravo fue policía durante la guerra, domiciliado en Barcelona: Ficha de Miguel Bravo Domínguez, CDMH. DNSD-SECRETARÍA, FICHERO, 8, B0102155. Matías Álvarez, quizá Sardo de segundo y no Lisardo, se enroló en el 5.º Regimiento durante la guerra: Ficha de Matías Álvarez Sardo, CDMH. DNSD-SECRETARÍA, FICHERO, 3, A0094931.

[3] Con Matías Montero formaban como dirigentes en Medicina José Miguel Guitarte y Enrique Quesada (David Jato, *La rebelión de los estudiantes,* Imprenta Romero-Requejo, Madrid, 1975, pág. 216), que habían representado a la Juventud Comunista en la liga contra el fascismo y la guerra, junto a Paco Galán. Sobre Tello y el asesinato de Montero, Manuel Tagüeña, *Testimonio de dos guerras,* Oasis, México, 1973, págs. 54-55.

[4] Sobre la muerte de Reinerio García Pérez: Declaración de Antonia Pérez Torroba, Madrid, 9/5/1940. Declaraciones de testigos de la pieza principal o primera de Madrid, AHN. FC-CAUSA_GENERAL, 1506, exp. 2,

págs. 160-161. *Historia de la cruzada española,* IV, Ediciones Españolas, 1941, *El Adelanto,* 27/2/1936, pág. 6.

[5] Ministerio de la Presidencia. Localización de fosas desaparecidas. Fosa: 2005/2010 MADR (https://www.mpr.gob.es/memoriademocratica/mapa-de-fosas/Paginas/visorvictimas.aspx?vid=87112).

«Con esto basta, dale»

[1] Jesús de Miguel y Antonio Sánchez, *Historia Ilustrada de la Guerra Civil española,* LIBSA, Madrid, 2006, págs. 189-221.

[2] Amelia Azarola Echevarría, esposa de Julio Ruiz de Alda. Hija del alcalde de un pueblo navarro, Santesteban, y sobrina del almirante y ministro de Marina Antonio Azarola, fusilado por los franquistas al comienzo de la rebelión, Amelia era una de las discípulas predilectas de Juan Negrín, presidente republicano en la guerra, catedrático de Fisiología, con el que Ruiz de Alda mantenía periódicas reuniones. De esas conversaciones y la aflicción que le produjo al político canario el asesinato del falangista da cuenta Mariano Ansó en su libro de memorias *Yo fui ministro de Negrín.*

[3] Diarios de Eduardo Ródenas. Colección privada.

[4] David Jato, *¿A dónde vamos?,* SEU, Frente de Juventudes Artes Gráficas Grijelmo, Bilbao, 1944, pág. 10, y *La rebelión de los estudiantes,* ob. cit., pág. 302.

[5] Cuaderno privado de José Antonio Primo de Rivera. Colección particular.

[6] Carta de Josefina Veglisón, CDMH. ARMERO, 4, 1, 9.

[7] Paul Preston, *Las tres Españas del 36,* Plaza & Janés, Barcelona, 1998, pág. 127.

[8] José Francisco Guijarro, *Persecución religiosa y Guerra Civil. La Iglesia en Madrid,* La Esfera de los Libros, Madrid, 2006, pág. 274.

[9] Fusilado en Paracuellos.

[10] Declaración de Alfonso Ródenas Arregui, Madrid, 10/5/[1939?]. Declaraciones de testigos de la pieza principal o primera de Madrid, AHN. FC-CAUSA_GENERAL, 1503, exp. 5, pág. 70.

Los tiros, a la cabeza

[1] «Dos heridos en un café de la calle de Alcalá», en *ABC,* 14/2/1936, págs. 27-28.

[2] *El Telegrama del Rif,* 20/7/1927.

[3] *Boletín Oficial de la Provincia de Madrid,* 2/6/1980.

[4] *Ahora,* 13/3/1936. «Un obrero agredido», en *La Rioja,* 13/3/1936, pág. 4.

[5] Ficha de Luis Espinosa Casado, CDMH. DNSD-SECRETARÍA, FICHERO, 17, E0037577, E0037578. Gregorio Morán, *Miseria y grandeza del Partido Comunista de España, 1939-1985,* Planeta, Barcelona, 1986, pág. 41. «Antes de la guerra se quemó la mano, dejándosela medio inútil solo para obtener la cuota de invalidez, que entregaba a su familia, mientras él seguía dedicado a la actividad revolucionaria; no estaba entonces bien considerado lo de cobrar del partido. Cuando le detengan en 1943 no reconocerá ante la policía ni a su propio padre», en Gregorio Morán, *Miseria y grandeza del Partido Comunista de España,* ob. cit., pág. 60.

[6] Walid Khalid Abdul-Hamid y Jamie Hacker Hughes. «Nothing new under the sun: post-traumatic stress disorders in the ancient world», en *Early Sci Med,* núm. 19 (6), 2014, págs. 549-557.

[7] Trabajaba como sirvienta en la casa del abogado Pascual Ruiz-Salinas Plaza, Ayuntamiento de Madrid. Censo de diciembre de 1915, h. 41830.

Los clandestinos de la Primera Línea

[1] Juan Antonio Ríos Carratalá achaca al periodista José Luis Salado la creación del mito Torón, ocultando la parte de su personalidad quizá más auténtica y que le llevó a ser falangista. Lo cierto es que Salado ayudó mucho a salvar la vida de Torón, que fue descubierto muy pronto como emboscado en el Ejército republicano, lo que le significaron cinco condenas a muerte. Fueron conmutadas por su incorporación formal a las tropas y allí combatió con arrojo hasta el día de su muerte, que le llega con el grado de capitán en un cerro de Pozuelo. Alguno de los zapadores que le acompañaban declaró que pisó una mina cuando caminaba por delante de ellos cerca de las líneas contrarias; que se quedaron clavando una estaca; que Torón siguió avanzando en la noche cerrada y que desde atrás vieron cómo su cuerpo se desmembraba por el estallido. Una mina... o una granada, según la nieta de Saturio Torón. Mina o granada no debió de ser tanto el despiece, o agruparon muy bien sus restos, porque el cuerpo de Saturio Torón Goyanes fue enterrado el 22 de diciembre, y cuenta el fiscal del Tribunal Supremo republicano, José Luis Galbe, que al tafallés le encontraron entre las ropas unas notas en las que clamaba indignado contra los moros que profanaban las tumbas de los ce-

menterios durmiendo en su interior. El papel estaba intacto, Juan Antonio Ríos Carratalá, *Hojas volanderas: periodistas y escritores en tiempos de la República,* Renacimiento, Sevilla, 2011, pág. 323; José Luis Galbe, *La justicia de la República: memorias de un fiscal del Tribunal Supremo en 1936,* Marcial Pons, Madrid, 2011, págs. 280-281. *¿Quién mató a Saturio Torón?* Carta de la nieta Bettina. Toreo en red hondo, http://toreoenredhondo.blogspot.com (20 de marzo de 2020).

[2] El segundo de Ansaldo era el médico Manuel Groizard Montero, que tras el octavo asesinato acordó con aquel organizar una vindicta por su cuenta. Idearon volar la Casa del Pueblo con Largo Caballero dentro, nada menos. Lo que querían hacer en la calle de Piamonte lo cuenta el escritor Maximiano García Venero: «Imaginé colocar una carga poderosa de dinamita en las alcantarillas de la Casa del Pueblo de la UGT. Varios camaradas dirigidos por mí hicieron los trabajos necesarios, y fue colocado el explosivo. Entonces le informé a José Antonio, quien rehusó dar la orden para prender aquella dinamita, y me ordenó que la hiciese desaparecer. No le obedecí en este punto, pero la explosión no se produjo». Groizard se sorprendió de que José Antonio lo echara fulminantemente al enterarse de que su orden no valía para detener la matanza; en Maximiano García Venero, *Historia de la Unificación (Falange y Requeté en 1937),* Egesa, Barcelona, 1970, pág. 32.

[3] Dionisio Ridruejo, *Casi unas memorias,* Planeta, Barcelona, 1976, págs. 86-87. La semblanza que hace Ridruejo de Torón merece ser transcrita: «Era Saturio Torón, aragonés, de extracción popular y, naturalmente, autodidacta. Tenía un amor propio exacerbado y una sencillez de paloma con fondo tierno y cáscara espinosa. Era un gigantón de uno ochenta y tantos, con las espaldas como un muro, la nariz rota y unos puños descomunales. Bueno como el pan e intuitivo aunque rudo. Un toro le había "echado de los ruedos" con un gran cornalón que le estropeó la pierna y ahora quería entrar en el periodismo, como otrora en la tauromaquia, si era preciso a puñetazos. Sentía inclinación irresistible hacia el sindicalismo anarquista de su tierra, pero no sé por qué se había hecho de las JONS y aún seguía en Falange, si bien se pasaba el día gruñendo porque esta le parecía estar —y no se equivocaba tanto— llena de "señoritos". Tenía de la política una idea muy guerrera y creía en la lucha de calle ante todo y sobre todo. "Aquí —decía— hace falta un bigote cuadrado". Y se refería a la mano dura. No era ese mi parecer y discutíamos, pero pronto me fue amigo incondicional. Escribía, de vez en cuando, artículos panfletarios, secos como trallazos, pero vivos de lenguaje. En la escuela sufría porque se encontraba, entre universitarios, en condiciones de inferioridad. Un día se echó a llorar en la clase de González Ruiz

porque este le humilló con una ironía. Dicho sea en honor de don Nicolás, la reacción le impresionó tanto que tomó a Torón bajo el ala y le protegió en adelante con una amistad cuidadosa emotivamente correspondida».

[4] Ramiro Ledesma Ramos, *¿Fascismo en España? La patria libre. Nuestra revolución. Escritos políticos, 1935-1936,* Herederos de Ramiro Ledesma Ramos, Madrid, 1988, pág. 119; Francisco Bravo, *Historia de la Falange Española de las JONS,* Ediciones Fe, Madrid, 1943, pág. 15.

[5] Camilo Olcina era secretario de la Confederación Nacional del Trabajo en el sector de telegrafía de la Marina Mercante y delegado de la Federación Internacional cuando decidió unirse a la Falange y su Central Obrera. Era uno más, aunque destacado, de la lista de anarcosindicalistas que se incorpora a partir de 1934. El primero fue el secretario de la CNT de Madrid, Nicasio Álvarez de Sotomayor, disidente de vocación que moriría atrapado por los franquistas en los combates de Extremadura, su tierra.

[6] Libertades condicionales, *BOE,* 16/8/1943, pág. 7978; Ficha de Purificación Cruz Salido, Censo de represaliados de la UGT (https://censorepresaliadosugt.es/s/public/item/50683); «Detención de un anarquista peligroso», en *La Libertad,* 27/9/1931, pág. 7; Ficha de Ramón Cobeta Moreno, CDMH. DNSD-SECRETARÍA, FICHERO, 12, C0152916.

[7] *Ejército y Armada,* 14/11/1925, pág. 5; *El Telegrama del Rif,* 23/10/1930, pág. 3; *La Libertad,* 8/8/1931, pág. 7; *La Libertad,* 16/4/1936, pág. 9; *La Libertad,* 17/6/1936, pág. 7; *El Heraldo de Zamora,* 16/6/1936, pág. 4.

[8] *El Felanitxer,* 11/7/1936, pág. 1. Fernando Cobián, militar y abogado, participa en la Sanjurjada, es condenado y trasladado al penal de Cartagena, donde coincide con Barzuco. En diciembre de 1935 se querella con el diario *La Libertad* en defensa de Alfonso XIII. Eduardo Ortega y Gasset era uno de los más destacados promotores de ese periódico, habitual colaborador del mismo y editorialista. En junio de 1936 es encarcelado en la Modelo, por su relación con el atentado a Ortega. A la postre significaría su muerte, pues solo saldría de la prisión camino de Paracuellos, donde sería asesinado en la masiva matanza de noviembre de 1936.

[9] Diligencia y testimonio del fiscal secretario de la pieza segunda relativo al Sumario núm. 351/1936 del Juzgado de Instrucción núm. 5 de Madrid por el hallazgo de seis cadáveres, entre ellos los de los generales Villegas y Capaz, AHN. FC-CAUSA_GENERAL, 1513, exp. 12; Sumarios instruidos por el Juzgado de Instrucción núm. 5 de Madrid: Sumario núm. 351 instruido por la muerte de José Ignacio Fanjul, Santiago Martín Báguenas y otros, y sumario núm. 359 instruido por la muerte de Rico Abello y veintiuno más, AHN. FC-CAUSA_GENERAL, 1533, exp. 43.

[10] José Antonio Primo de Rivera, *Discursos y escritos (1922-1936),* Instituto de Estudios Políticos, Madrid, 1976, pág. 1065.

[11] *La Libertad,* 18/1/1936, pág. 9; *La Rioja,* 7/3/1936, pág. 2. Alfonso Camín (Gijón, 1890-Porceyo, 1982) es el autor de *Macorina,* luego célebre canción de Chabuca Granda.

Tus pies dejaban la estera
y se escapaba tu saya
buscando la verde raya
que al ver tu talle tan fino
las cañas azucareras
se echaban por el camino
para que tú las molieras
como si fueses molino.

[12] Vicente Gaceo del Pino (1914-1941), condenado a muerte por Franco tras los sucesos de Salamanca, vio conmutada la pena, pero buscó el final en Rusia desencantado por la derrota política en la que vivía. Le dijo a Julio Fuertes, director de *Arriba,* que se iba a la División Azul a que le mataran. Informe reservado relativo a ciertas actividades llevadas a cabo por falangistas disidentes, AHN. DIVERSOS-JOSE_GIRAL, 7, núm. 35; Rafael García Serrano, *Concierto para máquina de escribir y cinco toques de corneta,* 7 de Octubre, Madrid, 1984, págs. 27 y 37. «En 1936, cuando la huelga de la CNT en la construcción, un grupo de obreros falangistas, que trabajaban en la demolición de la vieja plaza de toros, fue asesinado a la salida del trabajo. Ante aquel hecho, el dirigente sindicalista que me habla, planteó a José Antonio que si quería un movimiento obrero era necesario que los falangistas no apareciesen nunca enfrentados a los demás sindicatos en aquellos movimientos huelguísticos estrictamente, orientados a la consecuencia de mejoras de salarios, de mejoras laborales y aquel lo era. El contratista de la demolición de la plaza de toros era el buen amigo de José Antonio que después fue ministro de la Vivienda con Franco, José Luis de Arrese, arquitecto de profesión. Se enfrentaban así, en José Antonio, los intereses particulares y opiniones de un buen amigo, José Luis de Arrese, que necesitaba terminar las obras en el plazo previsto en contrato, y por el otro los sindicalistas de la Falange. José Antonio, sin pensarlo un minuto, le dio la razón al dirigente de la CONS, Camilo Olcina, y se dio orden de apoyar la orden de huelga de la CNT», Ceferino Maestú, *La Falange y los sindicatos obreros,* 1963, pág. 26.

[13] Adrián Irusta Auzmendi y Manuel Choperena salen de Guizpúzcoa ante el acoso del periódico comunista *Euskadi Roja,* que los señala como pistoleros de vida crapulosa, la misma estrategia que por lo visto le funcionaba a *Mundo Obrero* en Madrid, aunque lo burdo del relato pueda parecer más asombroso que el delirante relato. Son detenidos y puestos en libertad de inmediato en relación con el asesinato de Manuel Andrés Casaux. Tras pasar unos meses en Cáseda, Navarra, en la empresa que dirigía el falangista Lamberto de los Santos —luego condenado a muerte por Franco—, donde coinciden con Urra, la organización decide darles nuevo destino. Choperena se queda con Urra en Madrid e Irusta es enviado a Sevilla para reforzar al sindicato obrero, que con ochocientos afiliados es minoritario en una ciudad, Sevilla, con una potentísima organización estudiantil que domina la Universidad desde el SEU. Va junto a un histórico luchador sevillano al que llaman El Niño de la Sole, en su día cabeza de lista electoral por el PCE en la ciudad hispalense, Juan Orellana.

Al frente de los grupos de choque, el vasco participa en los sucesos de Aznalcóllar, que dejan dos muertos. En el origen del enfrentamiento, Irusta fue herido grave por una puñalada en el costado. Su vida es la de un sobreviviente feroz; entra y sale de la cárcel y la guerra lo encuentra en Barcelona, donde halla acomodo con la actividad profesional que tenía abandonada: vuelve a su trabajo como pelotari, pues en la Ciudad Condal hay unos cuantos frontones abiertos, Novedades, Principal Palace y Txiki-Alai. Un día lo detienen por insultar a la República, le meten cuatro meses de cárcel, pero nadie le relaciona con el pistolero de San Sebastián que retrataba con tono de folletín romántico el periódico comunista de su tierra. Increíble sabiendo que en Barcelona, por esas fechas, había ciento cincuenta mil vascos exiliados de su derrota. En 1950, Adrián Irusta aparecía rozagante en la prensa barcelonesa. Fue el único sobreviviente de todos los que formaron el grupo vasco y quizá, si conociéramos el fin de Cobeta, del que nunca más se supo, también de todos los que tras los pasos de Sinforiano Moldes compusieron el grupo radical obrero de la Primera Línea.

[14] Sobre Choperena: *La Voz de Navarra,* 12/7/1935, pág. 8; *La Voz de Guipúzcoa,* 12/7/1935, pág. 6. Sobre Urra: *La Voz de Aragón,* 20/10/1931, pág. 8, y 21/10/1931, pág. 5; *La Voz de Guipúzcoa,* 21/10/1931, pág. 14; 23/10/1931, pág. 2; 24/10/1931, pág. 5; 25/10/1931, pág. 3; 27/10/1931, pág. 6; 28/10/1931, pág. 7; 29/10/1931, pág. 4; 30/10/1931, pág. 6; 30/10/1931, pág. 4; 3/11/1931, pág. 6; 28/12/1931, pág. 7; 23/9/1932, pág. 1; 24/9/1932, pág. 3; 25/9/1934, pág. 4; 28/9/1932, pág. 6; *Ahora,* 18/11/1931, pág. 17; *La Voz de Navarra,* 10/4/1934, pág. 2.

[15] Rafael Pelayo: «La Fuente y Juanito Fernández, acompañados de dos tipos más, se dirigieron velozmente, en un taxi, camino de Ventas. Al llegar a la plaza se acercaron a los falangistas y, antes de que pudieran prevenirse, una boca negra arrojó una granizada de balas, que se incrustaron en sus cuerpos llenos de vida, mientras una pistola completaba la trágica obra», en *La Tierra,* 7/3/1936, pág. 4; *La Voz de Navarra,* 7/3/1936, pág. 3; *La Rioja,* 8/3/1936, pág. 3; Ramón Moreno Hernández, *Rusia al desnudo,* Ediciones de Actualidad Mundial, Madrid, 1956, pág. 56.

[16] *La Vanguardia,* 10/1/1942, pág. 4, y 27/3/1942, pág. 4.

[17] Agenda privada de José Antonio Primo de Rivera. Colección particular.

[18] *Revista del Ateneo Obrero de León,* núm. 11, 10/1935, pág. 18. Perico y su amigo el poeta Victoriano Crémer siguen agitando el libertario Ateneo Obrero de León en debates y conferencias durante ese otoño.

[19] Autorizaciones de investigación para efectuar registros domiciliarios, CDMH. PS-MADRID, 391, 4, Declaración de María Galindo Cano. Madrid, 29/4/193[9], en Declaraciones de testigos de la pieza principal o primera de Madrid, AHN. FC-CAUSA_GENERAL, 1503, exp. 2, pág. 130; Declaración de Antonio Gila Orta y de Julia Jiménez Ruiz, en Declaraciones juradas de los porteros y de los vecinos de los inmuebles del distrito de Chamberí de Madrid, AHN. FC-CAUSA_GENERAL, 1357, exp. 3, págs. 848-851; Miguel Gila, *Y entonces nací yo,* Temas de Hoy, Madrid, 1995, págs. 28 y 311.

[20] Cuenta Victoriano Crémer, el poeta leonés encarcelado con él en San Marcos, que aquel tipo «pequeño y fuerte como un legionario romano» cayó con la camisa azul en la que su hermana Rosa había bordado el yugo y las flechas; detalla la peripecia vital de Marciano Pedro, su sobrino y doctor de Químicas en Heidelberg, Manuel Durruti Cubría, tras localizar el expediente de la causa 405/37, que acabó en la muerte. Por anarcofalangista, concluyó el poeta Crémer. José Antonio Martín Otín, «José Antonio Primo de Rivera (Azaña, Prieto, Durruti)», en *El Mundo,* 20/11/2021.

Pepe Price y Justo Serena, víctimas del método

[1] El capitán de la Guardia Civil Julio Serena Enamorado fue fusilado en el puerto de Cartagena en agosto de 1936. Fue uno de los oficiales que se alzaron en la provincia de Albacete, donde fueron derrotados. Encarcelado en Alicante, pidió el mismo destino que correspondiera a los guardias que había

sublevado en Hellín. Todos fueron condenados a muerte. El tercer hermano de los Serena Enamorado, Francisco, hizo la guerra como capitán de un batallón de voluntarios. En el otro bando. La Guerra Civil.

[2] *El Adelantado,* 11/7/1936, pág. 2; *El Liberal,* 11/7/1936, pág. 1; http://testigosdelaredencion.blogspot.com/2012/11/jose-sanchez-gallego.html

[3] «La checa que se adelantó a la guerra», en *La Lectura,* 12/5/2023, págs. 4-9.

[4] http://testigosdelaredencion.blogspot.com/2012/11/jose-sanchez-gallego.html

[5] De ese coche le van a pedir explicaciones a Pelayo una tarde veinte años después, cuando se instaló en España con el permiso concedido si hacía público su cambio de bando. Lo de después está en los documentos del Archivo Histórico. También es mala suerte emborracharse y soltar la lengua al lado de un familiar de José Mariano, el esposo de la madre, que lo denuncia. Tiene que actuar el Servicio de Inteligencia para sacarle del lío. En el trabajo nunca tuvo problemas, convivió más de tres lustros, mesa con mesa, con un rotundo divisionario del Semíramis en el Instituto Nacional de Previsión de la madrileña calle de Sagasta.

[6] Ramón Moreno Hernández, *Rusia al desnudo,* ob. cit., págs. 56-58.

[7] Esquela en *La Hoja del Lunes,* 6/7/1936, pág. 9.

[8] Pedro de Répide, *Memorias de un aparecido,* Vassallo de Mumbert, Madrid, 1977, pág. 19.

[9] Ver anexo correspondiente.

[10] Discurso de Juan Antonio Gamazo (Renovación Española) en el Parlamento hablando de la censura de prensa a la difusión de asesinatos políticos a instancias del padre de José Mariano. «La censura deja contar las cosas en unos sitios y en otros, no».

[11] Aparece entrecomillado en la declaración ante el juez de María Madrueño: «A su» radio comunista.

[12] El médico Iñaki Barriola, uno de los encausados, relataba este hecho: «La otra satisfacción (la que en el momento de contárnosla llenó por única vez en la noche sus ojos de lágrimas) fue la conversión, por así decirlo, de un muchacho comunista (anarquista, según otros), que quiso pasar la noche con él, a quien hizo recordar olvidadas oraciones, le ayudó en su magnífico examen de conciencia y le orientó y consoló cuanto pudo. Juntos comulgaron y juntos salieron, satisfecho el muchacho de poder morir con don Luis». El mismo Barriola relató un encuentro la víspera de su ejecución «de rodillas sobre el cemento de la celda, frente a una tosca cruz y con un devocionario en las manos. ¡Si vierais con qué fe rezaba, con qué

ojos miraba la cruz nuestro don Luis! Su conversación elevada por encima de las cosas de aquí abajo ¡parecía iluminado con una luz especial que a nosotros mismos nos costaba recoger!», Francisco Góngora en *El Correo,* 22/3/2016.

Un idioma paramilitar

[1] Pío Baroja, *Vitrina pintoresca,* Espasa-Calpe, Madrid 1935, pág. 184. José Moreno Villa, «Yo los mataba a todos», en *El Sol,* 26/1/1935. Recogido también en sus libros *Pobretería y locura* y *Vida en claro.* José Moreno Villa, *Vida en claro: autobiografía,* Fondo de Cultura Económica, México, 1976, págs. 224-225.

[2] «De dictaduras ya sabemos bastante», en *La Voz de Asturias,* 24/3/1933, pág. 8.

[3] «Una asamblea-mitin antifascista», en *El Liberal,* 11/4/1933, pág. 2. El manifiesto, «Carta abierta a los trabajadores», en *Mundo Obrero,* 16/3/1933, pág. 1; «Hace su presentación la Milicia Antifascista Obrera de Madrid», en *Mundo Obrero,* págs. 1 y 4.

[4] Juan Andrés Blanco Rodríguez, «Las MAOC y la tesis insurreccional del PCE», en *Historia Contemporánea,* núm. 11 (1994), pág. 131.

[5] La realidad comunista que se oculta tras la autodefensa había quedado plasmada en un informe anterior, de febrero de 1934, firmado por un tal Juan Gerra [sic], o Juan Batalla, cuando fue publicado en la prensa comunista, titulado «Cómo se organizan las Milicias Antifascistas Obreras y Campesinas» (AHPCE y *Euskadi Roja,* 17/3/1934). AHPC. Informe de Francisco Galán, *El Frente Antifascista y las MAOC,* 25 de agosto de 1934. Otro de los miembros de la delegación que acude a París es Norberto Velázquez Ortega, militar como Galán, expulsado del Ejército y quizá con conocimientos de francés. Aunque el informe está fechado en agosto y dice que el congreso tuvo lugar el mes anterior, no parece que hubiera ninguno en el mes de julio. El último se había organizado en mayo. Es posible que el año esté equivocado y se trate de 1933, cuando sí hubo congreso «pacifista». Jocelyn Carré-Prézeau, *Amsterdam-Pleyel (1932-1939): histoire d'un mouvement de masse* [tesis], Université Paris Cité, París, 1993.

[6] Alain Besançon, *Breve tratado de sovietología,* Rialp, Madrid 1977, págs. 198-199.

[7] Fernando Hernández Sánchez, *Guerra o revolución,* Crítica, Barcelona, 2010, pág. 113.

[8] Juan Modesto, *Soy del Quinto Regimiento,* 2.ª ed., Librairie du Globe, París, 1974, págs. 14-15; Enrique Líster, *Memorias de un luchador,* G. del Toro, Madrid, 1977, págs. 66-67.

[9] AHPCE. Juan Guerra (pseudónimo), «Cómo se organizan las Milicias Antifascistas Obreras y Campesinas». El miembro de las JSU Ramón Barros habla, entre otras muchas cosas, del asesinato del comerciante Félix Moraleda, de sus primeras misiones en Toledo, cuando sus armas no eran más que vergajos proporcionados por un camarada, hijo de un matarife; pero pronto, sobre todo en la preparación del golpe de Estado de octubre, dispusieron de varias pistolas y crearon sus propios explosivos; en Ramón Barros, *Apuntes sobre una vida, 2. La juventud y la política,* cap. «La revolución», ed. de Maribel Barros, 2014. «Dos hermanos propietarios de bares…», en *El Liberal,* 24/8/1934, pág. 6.

Pedro Checa al frente del terror

[1] También Cheká o Vecheká, VChK, siglas de Всероссийская чрезвычайная комиссия по борьбе с контрреволюцией и саботажем (Vserossiyskaya chrezvychaynaya komissiya po bor'be s kontrrevolyutsiyey i sabotazhem). Sobre la Cheka, José M. Faraldo, *Las redes del terror,* Galaxia Gutenberg, Barcelona, 2018, págs. 26-69; Lennard D. Gerson, *The Secret Police in Lenin's Russia,* Temple University Press, Filadelfia, 1976, págs. 21-22.

[2] Victor Serge, *Memorias de un revolucionario,* traducción de Tomás Segovia, Traficantes de Sueños, Madrid, 2019, pág. 124.

[3] Gregorio Morán, *Miseria y grandeza del Partido Comunista de España,* ob. cit., pág. 22. Dolores Pla, *Entrevista a José Duque,* Instituto Nacional de Antropología e Historia, México, 1979, págs. 134 y 176-177.

[4] Emilia Bolinches, *Pilar Soler, rebelde con causas,* Universitat de València, Valencia, 2013, pág. 138.

[5] Marisol Alonso, *Entrevista al doctor Ángel Palerm Vich,* Instituto Nacional de Antropología e Historia, México, 1979, pág. 276.

[6] Enrique Castro Delgado, *Hombres made in Moscú,* Espuela de Plata, Sevilla, 2023, págs. 160-161.

[7] De madre soltera, su padre era el conocido republicano gaditano y amigo íntimo de Blasco Ibáñez, Félix Azzati, que estaba casado con otra mujer con la que tuvo ocho hijos legítimos, con los que Angelita mantenía buenas relaciones.

[8] Emilia Bolinches, *Pilar Soler, rebelde con causas,* ob. cit., págs. 138-139. Carlos Llorens, *La guerra en Valencia y en el frente de Teruel,* autoedición, 1978, pág. 59.

[9] Arturo García Igual, *Entre aquella España nuestra... y la peregrina,* Universitat de València, Valencia, 2012, pág. 122. Tres años después, Angelita se casará con un hijo de uno de los secretarios de Manuel Azaña, Felipe Fernández Valdemoro, pero este morirá a las dos semanas de la boda en un accidente de tráfico. Emilia Bolinches, *Pilar Soler, rebelde con causas,* ob. cit., pág. 140. Angelita llegó a México el 25 de enero de 1940. La boda tuvo lugar el 4 de febrero de 1943. Movimientos Migratorios Iberoamericanos. Ficha de Ángeles Soler Miguel, AGA, RIEM, 253, 068, México, Distrito Federal, Registro Civil, 1832-2005, entrada por Felipe Fernández Valdemoro. Angelita volverá a casarse en 1947, esta vez con Florencio Sánchez Córdoba, mexicano, burgués y perteneciente a una familia muy religiosa. Con él vivirá treinta años y tendrá cuatro hijos, y conseguirán que la madre de Angelita, que vivía sola en Madrid, se traslade a México. Angelita morirá el 14 de abril de 1978, con cincuenta y nueve años, y su madre un año después, con noventa y uno. Emilia Bolinches, *Pilar Soler, rebelde con causas,* ob. cit.; México, Distrito Federal, Registro Civil, 1832-2005, Cuauhtémoc. Defunciones, mayo-junio de 1979; Cuauhtémoc, Matrimonios 1947. «Index (pág. web)».

[10] Enrique Castro Delgado, *Hombres made in Moscú,* ob. cit., págs. 160-161. Pedro Checa, *Qué es y cómo funciona el Partido Comunista,* Ediciones Europa-América, Madrid, 1937.

[11] Dolores Pla, *Entrevista a José Duque,* ob. cit., pág. 171.

[12] No se trata del actual diario *Le Monde,* que comenzó a publicarse en 1944. Sumario 125/1931 instruido por el Juzgado de Instrucción del distrito del Congreso de Madrid contra Antonio Navarro Ballesteros, Suitberto de la Hera Rodríguez, José de la Fuente Martín, Pedro Fernández-Checa Izquierdo y Juan Antonio Areste Amiñoso por conspiración a la sedición, AHN. FC-AUDIENCIA_T_MADRID_CRIMINAL, 46, exp. 2, f. 23-26; *Prensa obrera en Madrid,* 1855-1936. Comunidad de Madrid, 1987, pág. 744.

[13] Rubén Pérez Trujillano, *Creación de Constitución, destrucción de Estado,* Dykinson, Madrid, 2018, pág. 256. Ayuntamiento de Madrid. Padrón de diciembre de 1915; *Diario oficial de comunicaciones,* 1925, año 1, tomo 1, pág. 1955; Gregorio Morán, *Miseria y grandeza del Partido Comunista de España,* ob. cit., pág. 22; RGASPI 495/220/1076.

[14] Sobre Victor Serge, Jon Juaristi, *Los árboles portátiles,* Taurus, Madrid, 2017, especialmente las págs. 35-44. Victor Serge, *Memorias de un revolucionario,* ob. cit., págs. 124-125.

LA FINANCIACIÓN DEL CRIMEN

[1] Modesto; Ibárruri; Leonor Varela; *Mundo Obrero,* 24/7/1936, págs. 1 y 6. Juana Doña, *Querido Eugenio,* ob. cit., págs. 117, 154-155. «Otros actos comunistas», *El Heraldo de Madrid,* 1/1/1936, págs. 2-3. Ayuntamiento de Madrid. Padrón de diciembre de 1920, f. 11000.

[2] Enrique Castro Delgado, *Hombres made in Moscú,* ob. cit., pág. 162. Ayuntamiento de Madrid. Censo de diciembre de 1920, h. 134929. Agustín de la Fuente Fernández, *MAOC (Milicias Antifascistas Obreras y Campesinas) en Madrid (1939-1936): origen, desarrollo y germen del 5.º Regimiento,* 2018 (http://www.sbhac.net/Republica/Externos/GCE_[AgustinDeLaFuente]_MAOC.pdf). «Alboroto en un baile», en *La Libertad,* 2/5/1934, pág. 4.

[3] Rafael Pelayo habla de los tres primeros, pero el cuarto, según él, fue un tal Antonio. Pelayo, págs. 50-51: «Ha sido detenido uno de los autores del atentado contra tres guardianes de Prisiones», en *La Época,* 3/6/1935, pág. 5.

[4] Gregorio Morán, *Miseria y grandeza del Partido Comunista de España,* ob. cit., pág. 187.

[5] Luis Galán, *Después de todo,* Anthropos, Barcelona, 1988, pág. 81. Jesús F. Salgado, *Amor Nuño y la CNT,* Fundación Anselmo Lorenzo, Madrid, 2014, págs. 73-109. Declaraciones de testigos de la pieza principal o primera de Madrid, AHN. FC-CAUSA_GENERAL, 1506, exp. 3, pág. 51; Declaraciones de testigos de la pieza principal o primera de Madrid, AHN. FC-CAUSA_GENERAL, 1503, exp. 5, pág. 230; Checa del Ateneo Libertario del Puente de Vallecas y documentación relativa al Grupo de «Los Cinco Diablos» y al Tren de Jaén, AHN. FC-CAUSA_GENERAL, 1530, exp. 7, págs. 33-34.

[6] Gráficas Reunidas, la imprenta donde trabajaba Dionisio Lázaro, tiene un equipo de fútbol compuesto por sus obreros antes de la guerra. Francisco de Luis Martín, *Historia del deporte obrero en España,* Universidad de Salamanca, 2019, pág. 151. De las imprentas de Gráficas Reunidas saldrá durante la guerra el folleto *Qué es y cómo funcionan las J.S.U.* Sobre el ataque a Dionisio y su muerte: «Un joven es agredido por un grupo, que huye», en *El Liberal,* 24/9/1933, pág. 5; «Agresión a un obrero», en *El Día Gráfico,* 24/9/1933, pág. 16; Declaraciones de testigos y listas de reclusos, AHN. FC-CAUSA_GENERAL, 1511, exp. 1, pág. 168.

[7] En su caída, Álvarez ha arrollado a un ciego, que quizá por eso ha salvado la vida. Un transeúnte también recibe un disparo en un pie, pero su estado no reviste gravedad. El ciego es José Argilés; el transeúnte, Martín Moreno Gómez, de cincuenta y cinco años. El chófer del taxi, Carlos Cam-

pos Galán, de cuarenta años. El acusado que no participó en el crimen es Carmelo Iglesias Muñoz, anarquista. Será condenado junto a Jerónimo Casado y ambos saldrán de la cárcel cuando estalle la guerra. Iglesias será el jefe de la checa del número 16 de la calle de Ferraz. *El Ideal Gallego,* 27/3/1935, pág. 1; *El Debate,* 26/3/1935, pág. 5; *El Castellano,* 25/3/1935, pág. 4; *El Pensamiento Alavés,* 25/3/1935, pág. 1; *La Voz,* 25/3/1935, pág. 12; *Vida Penitenciaria,* 30/3/1935; *Ahora,* 7/9/1935, pág. 25; *La Nación,* 6/9/1935, pág. 7; *El Heraldo de Madrid,* 6/9/1935, pág. 10.

[8] *La Voz de Aragón,* 6/1/1935, pág. 8; *El Adelanto,* 6/1/1935, pág. 5. El taxi tenía matrícula de Madrid, 50689. Otro suceso en el que los atracadores pagaron al taxista (veinte pesetas para una carrera de 6,90): *La Libertad,* 9/12/1934, pág. 6. Sobre la influencia de las películas de *gangsters* en el terrorismo de esos años, véase Julius Ruiz, *El terror rojo,* Espasa, Madrid, 2012, págs. 21 y 147-165. Los casos de atracos cometidos tras el secuestro de un taxi son numerosos en los años treinta y se incrementan especialmente entre 1934 y 1935.

[9] «El fracaso de dos atracadores», en *La Libertad,* 7/2/1935, pág. 4. Seguir la pista a los escurridizos y olvidados hombres de las MAOC no siempre es fácil. El periódico *El Debate* de 2 de mayo de 1935 señala que Rojo era hijo de un capitán de la Brigada Obrera y Topográfica del Ministerio de la Guerra. Para dar con el padre, pues, hay que consultar el *Anuario militar.* El de 1927, por ejemplo, muestra al único Rojo de la brigada como jefe de taller de segunda. Su nombre, Pablo Rojo Maroto. Las extrañas filásticas de la historia, que diría Eugenio Noel, permiten desentrañar la genealogía militar del miliciano Rojo gracias a las memorias escritas por uno de sus sobrinos, que explica cómo murió en la guerra. Pablo Rojo Barreno, *Caminos sobre la mar,* autoedición, 2020, págs. 97-100.

[10] La policía sospechaba que Julio Fernández González había participado en el incendio de la sede de Acción Popular en mayo de 1935 (ver pág. 176). Rafael Pelayo sostiene que asesinó a un guardia civil en Vallecas. Un sobrino de Vicente Tarodo, el maestro de veintiséis años Fernando Tarodo Conrad, será asesinado el 6 de noviembre de 1936 después de ser llevado a la checa de Barriga y Fernández Cortina, en el convento del Ave María. *La Libertad,* 29/8/1935, pág. 4, y 21/9/1935, pág. 4; *Ahora,* 21/9/1935, pág. 7. Sobre Julio Fernández González y el asesinato del guardia civil, Rafael Moreno Hernández, *Rusia al desnudo,* ob. cit., pág. 43. Sobre *Mundo Obrero:* «Los atracadores de la plaza de la Villa», en *Mundo Obrero,* 14/1/1936, pág. 3. Sobre el asesinato del sobrino de Vicente Tarodo, Fernando Tarodo Conrad: Declaración de Ramón Tarodo López, Madrid, 24/4/1939; Declaraciones de

testigos de la pieza principal o primera de Madrid, AHN. FC-CAUSA_GENERAL, 1502, exp. 4, pág. 128.

[11] Enrique Matorras, *El comunismo en España,* Ediciones Fax, Madrid, 1935, págs. 72-73. Enrique Castro Delgado, «Mi "traición" y la vuestra (continuación)», en *El Español,* México, núm. 4, noviembre de 1952, pág. 22.

[12] Los detalles sobre el atraco y el juicio posterior aparecen en numerosos periódicos de la época. Se encuentra un buen resumen de los hechos en Sergi Rosés Cordovilla, *Els gapos de Madrid,* Serhistorico.net, 28/12/2021 (https://serhistorico.net/2021/12/28/els-gapos-de-madrid-latracament-a-la-plaza-de-la-villa-del-1935-sergi-roses/).

[13] Ramón Moreno Hernández, *Rusia al desnudo,* ob. cit., págs. 50-54. *Mundo Obrero* desvinculó al Partido de las declaraciones de los acusados, que sostenían que el atraco se había cometido para comprar armas para el PCE. «Los atracadores de la plaza de la Villa», en *Mundo Obrero,* 14/1/1936, pág. 3.

[14] La banda que ha perpetrado el crimen es desconocida para la policía. Los nombres de tres de ellos aparecen en un lugar inesperado, los diarios de Mijail Koltsov. Mijail Koltsov, *Diario de la guerra de España*, Planeta, Barcelona, 2009, entrada del 21/1/1937. El periodista soviético achaca la filiación al POUM de Florencio López, Mariano Salas y Fernando Salvadores, lo que ha llevado a algunos investigadores a creer que en Madrid se han creado «grupos de acción» trotskistas, los Gapos. Fernando Salvadores, al menos hasta el inicio de la guerra, era un taxista conocido como El Lenin, e indudablemente era miembro reconocido del PCE: «Ya en Madrid, no eran los camaradas conocidos solo, sino multitud de nueva savia. No eran solo los González del Sur, Heredia, los Barón, Benito y Alfonso, Nieto y Datas, los diez taxistas del P. con el camarada que llamaban "Lenin" del punto de Atocha a la cabeza, ni el imposible-de-no-encontrársele-por-todas-partes, del Manías, nuestro joven vendedor de *Mundo Obrero…»,* AHPCE. Informe de Luis Delage sobre la situación en Madrid de mayo a noviembre de 1936, Sofía, abril de 1963, caja 31, carpeta 3. El policía Vicente Reguengo sostiene que el PCE quiso desvincularse del atraco, de ahí las acusaciones de trotskismo. Vicente Reguengo, *Guerra sin frentes,* AHR, Barcelona, 1955, págs. 195-198.

[15] De los sesenta y siete asesinatos que ETA cometió antes de la amnistía, sesenta y tres han quedado sin resolver; de los setecientos ochenta y seis asesinatos cometidos posteriormente, trescientos doce no se han resuelto; en total, cerca de un 44%. Florencio Domínguez y María Jiménez Ramos, *Sin justicia: más de 300 asesinatos de ETA sin resolver,* Espasa, Barcelona, 2023, especialmente, págs. 587-607. Igualmente, se desconoce la autoría de gran parte de los crímenes políticos cometidos en España durante la República

(ver anexo). Álvaro Fernández Canelo y Benito Rodríguez Fernández no aparecen en los listados del historiador Eduardo González Calleja en su libro *Cifras cruentas,* Comares, Granada, 2015.

Verdad y mentira en *Mundo Obrero*

[1] Seguramente, el chalet del número 137, donde se ubicaba el grupo juvenil Avanti. Un mes más tarde, José Laín y Ramón J. Sender impartirán allí unas conferencias. *Correo de Mallorca,* 24/2/1936, pág. 4; *La Libertad,* 12/6/1936, pág. 2; *La Libertad,* 27/6/1936, pág. 8; *La Libertad,* 30/9/1936, pág. 5. «Bar Pekín», *La Libertad,* 12/11/1932, pág. 10; «Un joven herido de un disparo», *El Cantábrico,* 24/5/1936, pág. 3.

[2] Sobre la calle de Cartagena, *Guía-directorio de Madrid y su provincia.* Bailly-Baillière-Riera, Madrid, 1936, «Un falangista muerto y vengado», en *No Importa,* 6/6/1936, pág. 2. Durante la guerra, las milicias detendrán a un hermano de Pascual y desvalijarán la casa de José. Declaraciones juradas de los porteros y de los vecinos de los inmuebles del distrito de Buenavista de Madrid, AHN. FC-CAUSA_GENERAL, 1354, exp. 1, págs. 686-689; exp. núm. 539 instruido contra López Gil, Francisco, por el delito de Desafección al Régimen, AHN. FC-CAUSA_GENERAL, 357, exp. 1.

[3] Si hasta febrero de 1936 las víctimas de Falange sumaban cerca de treinta, su número alcanzaría las cerca de setenta en solo siete meses de Gobierno del Frente Popular, impulsados los crímenes por el crecimiento del número de pistoleros —liberados muchos de ellos tras las amnistías— y por la impunidad, cuando no complicidad, que garantizaba el nuevo Gobierno y que terminaría por hacerse patente con la incautación del asilo de Antillón en abril de 1936. Ningún periódico habla del asalto fantasma al bar de la calle de Cartagena, pese a que algunos historiadores lo recogen como cierto. Véase el anexo. Por otro lado, *No Importa* vuelve a utilizar esa estrategia, inventarse los hechos, en los sucesos de Carrión de los Condes, para los que fabula una represalia con ahorcados en la plaza del pueblo. Fantasía para levantar la moral de su tropa que pasa a convertirse en dato para las «antologías» posteriores.

[4] Enrique Castro Delgado, *Hombres made in Moscú,* ob. cit., pág. 159.

[5] Seguramente, y como evolución del Servicio de Información Antifascista, «Información y Trabajo (o Tareas) Antifascista(s)». Enrique Castro Delgado, *Hombres made in Moscú,* ob. cit., págs. 20, 307, 409, 411, 416, 443, 450 y 459.

[6] Irusta, el único pistolero falangista que se salvó, conocía bien Barcelona, era su ciudad preferida y terminó viviendo allí; Tarascón y los Velázquez

eran las pistolas de los Macabeos anarquistas en Barcelona antes de ser las de la Falange, a la que se incorporan por esas fechas del 34; Moldes, tan amigo de los anarquistas barceloneses que vivía con ellos en Madrid dos meses antes, roneaba por el Poblenou, a veces con Durruti, y por esas fechas estaba de viaje en la zona, mire usted por dónde. Todos llevaban la foto de Calero en la cartera...

[7] «Los manejos de dos fascistas criminales», en *Mundo Obrero,* 16/7/1936, pág. 4. Por los datos ofrecidos, debe de ser la familia del sastre David Palacios Hernández, con sombrererías en la calle de Barbieri, Rosalía de Castro y Caballero de Gracia. La guerra estalla dos días después de la delación. Detienen al padre y a tres hijos —Manuel, David y José María Palacios del Río— y pasan diez meses presos, entre el 25 de julio de 1936 y el 15 de mayo de 1937, pero no son asesinados. Efectivamente, guardaban en casa un verdadero arsenal. *Guía-directorio de Madrid y su provincia,* ob. cit., 1936; Expediente con el Registro núm. 700 tramitado contra varias personas por el delito/s de Desafección al Régimen, AHN. FC-CAUSA_GENERAL, 11, exp. 82; Declaraciones juradas de los porteros y de los vecinos de los inmuebles del distrito de Hospicio de Madrid, AHN. FC-CAUSA_GENERAL, 1358, exp.1, págs. 97-102. Calero ya aparece como delator en el libro que Ramiro Ledesma Ramos publicó en 1935 con el pseudónimo de Roberto Lanzas, *¿Fascismo en España?* Aníbal Calero no aparece entre las víctimas contadas por Calleja en *Cifras cruentas.* Enrique Castro Delgado, *Hombres made in Moscú,* ob. cit., págs. 254-267. Moisés Domínguez, *Aníbal Calero, primer legionario,* SND Editores, Madrid, 2020. Jesús C. Rodríguez Arroyo, *Nicasio Álvarez de Sotomayor Gordillo y Aguilar,* Muñoz Moya, Sevilla, 2015, págs. 149-151. *Mundo Obrero* publicará en 1936 una nueva serie al respecto, mucho más deshilvanada y escasa, con la excusa de falta de espacio en el periódico, volcado sobre todo en las elecciones de febrero.

[8] Sumario 125/1931 instruido por el Juzgado de Instrucción del distrito del Congreso de Madrid contra Antonio Navarro Ballesteros, Suitberto de la Hera Rodríguez, José de la Fuente Martín, Pedro Fernández-Checa Izquierdo y Juan Antonio Areste Amiñoso por conspiración a la sedición, AHN. FC-AUDIENCIA_T_MADRID_CRIMINAL, 46, exp. 2; rollo núm. 1948/1932 del sumario 44/1932 instruido por el Juzgado de Instrucción del Distrito de La Latina de Madrid contra Trifón Medrano Elurba, Isidora Ibárruri Gómez, conocida como Dolores, Manuel Navarro Ballesteros, Luis Sendín y Enrique Matorras, pertenecientes a la Juventud Comunista, por delito contra la forma de Gobierno, AHN. FC-AUDIENCIA_T_MADRID_CRIMINAL, 12, exp. 9; «Detención de elementos comunistas», *La Voz de Aragón,* 25/7/1935, pág. 8.

[9] Elena Aub, *Entrevista a Llanos Navarro Ballesteros,* Instituto Nacional de Antropología e Historia, México, 1980; Declaración de Mariana Navarro Ballesteros, Madrid, 28/4/1939; Declaraciones de testigos y listas de reclusos, AHN. FC-CAUSA_GENERAL, 1511, exp. 1, pág. 50.

[10] Declaración de Manuel Díaz Sanz. Expediente sobre las checas de Ruiz de Alarcón, 23, y de San Bernardo, 72, AHN. FC-CAUSA_GENERAL, 1797, exp. 9, pág. 66.

[11] Jesús de Galíndez, *Los vascos en el Madrid sitiado,* Ekin, Buenos Aires, 1945, pág. 41. Galíndez trastoca los nombres de los hermanos y llama José a Anastasio y al revés. Galíndez, agente al servicio de la CIA, tendría una muerte chequista en la República Dominicana de Leónidas Trujillo.

[12] Esteban Justo, Edelmiro Trillo y José María Alfaro, *Las Flechas de mi haz: Falange en las prisiones del Madrid rojo,* vol. 1, Sáenz de Jubera, 1940.

[13] Alain Besançon, *Los orígenes intelectuales del leninismo,* ob. cit., págs. 395-396, cap. «Mentira y verdad».

[14] Eduardo González Calleja, *Cifras cruentas:* «Víctor Manuel Carnicer Vilariño, obrero fumista, de veinte años y militante de UGT, resultó herido en la femoral por arma de fuego en el asalto falangista al Fomento de las Artes de Madrid. Murió el 21-VIII». Ni una sola de las fuentes que cita, entre las que no está *Mundo Obrero,* confirman un atentado que solo existió en la mente purificada de los redactores del periódico comunista y en la imaginación del historiador.

[15] «Un joven comunista muerto a tiros», en *La Libertad,* 30/8/1934, pág. 3.

[16] «Las bandas de pistoleros fascistas asesinan a nuestro camarada Joaquín de Grado», en *Mundo Obrero,* 30/8/1934, págs. 1-2.

[17] «No episode in the 1930s has been more lied about than this one, and only in recent years have historians begun to dig it out from the mountain of mendacity beneath which it was buried for a generation», Paul Johnson, *Modern Times,* Harper Collins, 1991, pág. 326.

SELLADO CON SANGRE

[1] «Hay quien cree que el acto de apoderarse del poder político violentamente —y tendrá que ser así— es la revolución social...»; «En algunos mítines se ha dicho que vamos a conquistar el Poder, y que, si no nos dejan de otra forma, lo haremos revolucionariamente. Pero yo añado que, si a eso no acompaña el propósito de preparar las huestes para la revolución, no es más que una estridencia y una insinceridad. Hay que preparar a las masas para la revolución espiritualmente, pero sobre todo materialmente», Francisco Lar-

go Caballero, *Discursos a los trabajadores,* Fontamara, Coyoacán, 1979, págs. 158-172.

[2] En torno a 1906, Largo Caballero cobraba del partido cincuenta pesetas semanales, cinco más que el propio Pablo Iglesias. En 1915 pagaba trescientas noventa pesetas anuales de alquiler de un piso en el Paseo de la Dirección y noventa anuales a su sirvienta, Águeda Cañas Cáceres, en Julio Aróstegui, *Largo Caballero: el tesón y la quimera,* Debate, Barcelona, 2013, caps. «Societario, sindicalista y "reformista"» y «Luz en las tinieblas (1890-1917)»; Juan Moreno, *La leyenda negra de Largo Caballero,* Almuzara, Córdoba, 2022, cap. «Concejal incorruptible, rareza municipal»; Ayuntamiento de Madrid. Censo de diciembre de 1915, h. 146400, y censo de diciembre de 1920, h. 146400.

[3] Al frente de la organización de los grupos de choque de las milicias socialistas en octubre de 1934 se encuentra Santiago Carrillo. «Fueron, curiosamente, los socialistas, marcados por una tradición reformista, los que organizaron unas milicias que, con todas sus imperfecciones, protagonizaron lo que Julio Aróstegui definió como el "mayor conflicto de lucha armada miliciana anterior a 1936": la insurrección de octubre de 1934 [...]. Según la Federación de Juventudes Socialistas (FJS), tras el cambio de régimen, su primera actividad destacada fue la organización de unas milicias, "cuya misión principal, sin perjuicio de defender la República contra los ataques reaccionarios, sería la de vigilar nuestra organización y nuestros centros". Estas milicias protegieron edificios oficiales y se encargaron del servicio de orden de la manifestación organizada el 19 de abril de 1931 en honor de Pablo Iglesias y, también, de la del Primero de Mayo de ese mismo año en Madrid. Desde las páginas del órgano de expresión de la FJS, *Renovación,* se insistió en la necesidad de estas milicias para defender la República frente "a todo intento involucionista monárquico". Pero, según se dijo en el Cuarto Congreso de la organización juvenil, en 1932, aunque "significativos camaradas" les pidieron que "se pusieran en relación con otros elementos" y formaran "guardias cívicas" —es decir, que dirigentes del Partido Socialista Obrero Español (PSOE) les pidieron que se pusieran de acuerdo con los partidos republicanos—, al no conseguir este acuerdo, "suspendieron los trabajos". En dicho congreso, la FJS acordó "la creación de las Milicias Socialistas" para defender actos y manifestaciones y a las mismas organizaciones socialistas frente a los ataques de "extremismos de izquierda y de derecha", es decir, con el carácter con el que había surgido el *Schutzbund.* Sin embargo, su organización no se activó hasta diciembre de 1933 y enero de 1934, con la pérdida de las elecciones generales de noviembre y la evolución de los sucesos europeos, y, ya en el Quinto Congreso de la organización juvenil, en abril de 1934, en las referen-

cias a las milicias había una clara concepción de lucha por el poder», en Sandra Souto, «Jóvenes, violencia política y democracia en el periodo de entreguerras», en *Revista de Estudios de Juventud,* núm. 126 (2022), págs. 24-25.

[4] «Y un cambio importante en las organizaciones socialistas fue el desarrollo de justificaciones de la violencia y el llamamiento a la juventud para que adoptase posturas violentas. La importancia de estas justificaciones radica en que la violencia se instala en el comportamiento político a través de la ideologización y la instrumentalización, por lo que su estudio debe incluir la determinación de los orígenes y el contenido de los llamamientos simbólicos a la violencia, el proceso de asimilación por los líderes y las masas de ese discurso violento y su apoyo social, fuera de toda consideración de la violencia como un fenómeno irracional o producto de estados de ánimo individuales», en Sandra Souto, *Poder, acción colectiva y violencia en la provincia de Madrid,* tesis, Universidad Complutense, Madrid, 2022, págs. 284-285; Francisco Manuel Erice, «El Octubre asturiano, entre el mito y la interpretación histórica», en *De un octubre a otro: revolución y fascismo en el periodo de entreguerras, 1917-1934,* El Viejo Topo, Barcelona, págs. 199-250.

[5] Juan Modesto, *Soy del Quinto Regimiento,* ob. cit., pág. 48. Muchas de las víctimas de la guerra serán denunciadas por haberse manifestado contra la insurrección en estos días de 1934. En abril de 1936, dos miembros de la sección de candeal del Sindicato de Artes Blancas de Madrid de la UGT denunciaron a otro afiliado por haber «injuriado» a los dirigentes socialistas en octubre; en mayo, el Grupo Sindical Socialista de Espectáculos Públicos de la capital expulsó a uno de sus miembros por «abandono del cargo de Presidente», en octubre. Ya durante la Guerra Civil, en un informe sobre el personal del periódico *Ahora* y de la Editorial Estampa de 15 de agosto de 1936, se hablará de quienes habían sido «traidores en la huelga de octubre». Otra de las formas que tomaron las referencias de Octubre durante la guerra —por no hablar de la exhibición de la decapitación del general Eduardo López Ochoa, falsamente acusado como El Verdugo de Asturias— fueron las denuncias, como la que se hizo contra un tal Teodoro, carpintero, por el servicio de investigación del Radio Este, denunciado el 4 de septiembre de 1936 porque en octubre de 1934 había denunciado, asimismo, a un obrero «por hablar mal del Gobierno Lerroux». Se le señalaba indicando que salía todas las madrugadas y que regresaba dos o tres horas más tarde y que otras noches tenía reuniones en su casa. Se trataba de Teodoro Izquierdo Gómez, y se lo llevaron el 5 de noviembre. Su mujer identificó el cadáver al día siguiente. Sospechaba que la denuncia había partido de una vecina de Tetuán, Soledad Sama del Castillo, que una vez había dicho de Teodoro: «Esta vez le han soltado, pero

por ese ya vendrán y no volverá». Según la mujer de Teodoro, un tal Luis López se había jactado ante Valentín Barandiarán Pérez de haber dado una paliza al sr. Izquierdo, en Sandra Souto, «Octubre de 1934», en *Hispania Nova,* núm. 11 (2013), págs. 14-15; Pablo Gil Vico, *Verdugos de Asturias,* Trea, Madrid, 2019, págs. 317-335; CDMH, Denuncias de personas desafectas al régimen, AHN. PS-MADRID, 391, 5, folio 2; Declaraciones juradas de los porteros y de los vecinos de los inmuebles del distrito de Hospicio de Madrid, AHN. FC-CAUSA_GENERAL, 1358, exp. 3, págs. 379-384; Declaraciones de testigos de la pieza principal o primera de Madrid, Declaración de Carmen Ortes Zurrumero, AHN. FC-CAUSA_GENERAL, 1502, exp. 4, pág. 18. Juan Simeón Vidarte, *El bienio negro y la insurrección de Asturias,* Grijalbo, Barcelona, pág. 185. Carta de Margarita Nelken a Carmen Conde, 16/8/1934.

6 Eduardo González Calleja, *Cifras cruentas,* ob. cit., págs. 373-375.

7 Santos Juliá, «Fracaso de una insurrección y derrota de una huelga», en *Estudios de Historia Social,* núm. 31 (1984), pág. 38; Francisco Manuel Erice, «El Octubre asturiano, entre el mito y la interpretación histórica», en *De un octubre a otro: revolución y fascismo en el periodo de entreguerras, 1917-1934,* ob. cit., págs. 199-250; *Spain, october 1934,* SRI, París [s. f.], pág. 4; Joaquín Maurín, *Hacia la segunda revolución,* Gráficas Alfa, Barcelona, 1935; Joaquín Arrarás, «De Octubre hacia la segunda revolución», en *Diario de Burgos,* 16/10/1954, pág. 6.

8 Sandra Souto, «Octubre de 1934», en *Hispania Nova,* 11, págs. 15-16.

9 «La táctica evolutiva del profesor Besteiro», en *Renovación,* 25/8/1934, pág. 1.

10 «Dice el Sr. Besteiro», en *Luz,* 18/8/1934, pág. 2.

11 «Dos millones para la fuerza gubernativa», en *El Debate,* 20/4/1935, pág. 6; Francisco Manuel Erice, «El Octubre asturiano, entre el mito y la interpretación histórica», en *De un octubre a otro,* ob. cit., pág. 200.

12 Entrevista a Margarita Nelken, en *L'Humanité,* 17/12/1934.

Este es el camino

1 Enrique Pozo Rivera, «El crecimiento urbano en el inicio de la carretera de Extremadura: El barrio de la Puerta del Ángel», en *Anales de Geografía de la Universidad Complutense,* 3 (1983), págs. 197-214. Pío Baroja, *El árbol de la ciencia,* Caro Raggio, Madrid, 1985, pág. 90.

2 Javier Fernández Fernández, «Fuentes documentales conservadas en el Archivo General de Palacio para el estudio de la educación en Madrid

(1780-1936)», en *Madrid: su pasado documental,* Universidad Complutense, Madrid, 2015 (https://www.ucm.es/documad/madrid-su-pasado-documental). «Colegio de la Reina Cristina», en *La Correspondencia de España,* 3/4/1916, pág. 5.

[3] «Vida municipal», en *El Socialista,* 23/12/1933, pág. 4; «Orden aprobando el proyecto para realizar obras de adaptación en el edificio situado en Madrid, calle de Antillón, número 4, con destino a Escuela graduada», en *Gaceta de Madrid,* núm. 350, 16/12/1933, pág. 1875; «Junta de enseñanza», en *El Socialista,* 27/1/1934, pág. 3; «La sesión de ayer en el Ayuntamiento», en *El Socialista,* 28/7/1934, pág. 4.

[4] «Un nuevo grupo escolar en la calle de Antillón», en *El Socialista,* 23/4/1936, pág. 2.

[5] Expediente sobre la suspensión de Andrés Saborit de derechos y deberes de afiliado en la Agrupación Socialista Madrileña (1935-1938), AFPI, AH-23-10.

[6] Teodoro Cuesta, *De la muerte a la vida,* Ediciones Rayfé, Bugos, 1939, pág. 10.

[7] Miguel de Unamuno, «Justicia y bienestar», en *Ahora,* 3/7/1936, pág. 5.

[8] «Cómo se efectuó la incautación del colegio de María Cristina», en *ABC,* 22/5/1936, pág. 32.

[9] «El Grupo García del Real», en *El Socialista,* 30/4/1936, pág. 3. Sobre la incautación del asilo: «Convento de religiosas para escuela socialista», en *El Universo,* 1/5/1936, pág. 16; «Los socialistas se posesionan de un convento de religiosas», en *El Siglo futuro,* 29/4/1936, pág. 9; «Jóvenes socialistas prestan guardia ante un colegio», en *La Tierra: Órgano de la Asociación de Labradores y Ganaderos del Alto Aragón,* 28/4/1936, pág. 4; «Cómo se efectuó la incautación del colegio de María Cristina», en *ABC,* 22/5/1936, pág. 32; Ramón Moreno Hernández, *Rusia al desnudo,* ob. cit., págs. 48-50.

[10] «Los radios del Partido Comunista y las casas incautadas», en *Mundo Obrero,* 24/10/1936, pág. 2.

[11] «Colegio de la Reina Cristina», en *La Correspondencia de España,* 3/4/1916, pág. 5.

Los verdugos del Radio Oeste

[1] Según Juan Modesto, en las troikas de los radios, los dirigentes fueron Miguel Buenaventura, en el norte; en el sur, Félix Barriga García y Manuel Fernández Cortina; en el este, Julio Zamolea y Miguel Plaza; en el oeste,

Manuel Díez del Valle, Manuel Escontrela y J. G., *El Perifollo;* este último debe de ser José García Granda, citado por Rafael Pelayo junto a los otros. Pelayo le llama El Garcia. Pero Pelayo se confunde al denominar al Tendero como Manuel Madero. «Un terrorista no es más que su alias». Arcadi Espada, «Es que el terrorismo es muy fácil», en *El Mundo,* 24/12/2023, pág. 4.

[2] Ayuntamiento de Madrid, Censo de diciembre de 1915, f. 126855. *Diario Oficial del Ministerio de Defensa,* núm. 56, 7/3/1938, pág. 675. Calles de Vallecas (https://www.vallecastodocultura.org/callejero/calles/J.html). Daniel Arasa, *Los españoles de Stalin,* Vorágine, Barcelona, 1993, págs. 17, 18, 270 y sigs.

[3] Ficha de Manuel Escontrela Ruimonte, CDMH. DNSD-SECRETARÍA, FICHERO, 17, E0027067.

[4] Las checas comunistas de Valencia tendrán la misma impronta de barbarie que las de Madrid. Y Loreto Apellániz la altura criminal de los verdugos más significados de la capital. Como Neila en Santander o Escorza en Barcelona. Es imposible, por ahora, saber qué asesinatos ordenados por José Díaz cometieron El Tendero y sus hombres, pero es obligatorio recordar el secuestro y asesinato de José Robles Pazos, traductor de John Dos Passos, historia recogida por Ignacio Martínez de Pisón en su libro *Enterrar a los muertos,* Seix Barral, Barcelona, 2005.

[5] «Manuel Díez del Valle Blanco, [...] hijo de Ramón y Esperanza». Ficha de Manuel Díez del Valle Blanco, CDMH. DNSD-SECRETARÍA, FICHERO, 16, D0043100. *Boletín Oficial del Estado,* 15/12/1949, pág. 5207. *ABC* Teléfonos (https://pt.abctelefonos.com/). Filomena siguió viviendo en el barrio, junto al paseo de Extremadura. Biografía de Manuel Díez del Valle Blanco, Varsovia, 10/4/1953, AHPCE, Polonia, Informes, caja 96, carpeta 4.1 (https://commons.wikimedia.org/wiki/File:Manuel_Arana-Iturri_[Manuel_Diez_Del_Valle_Blanco]_gr%C3%B3b_2.jpg). Los descendientes de Manuel Díez no han querido contarnos qué fue de él y de su familia en Varsovia.

[6] «Un obrero tipógrafo y un agente de vigilancia, heridos por los huelguistas», en *Las Provincias,* 23/9/1934, pág. 8.

[7] Rollo núm. 2167/1934 del sumario 431/1934 incoado por el Juzgado de Instrucción núm. 8 de Madrid por tenencia ilícita de armas contra Marcos Sanz Herrero y cuatro más, AHN. FC-AUDIENCIA_T_MADRID_CRIMINAL, 93, exp. 2.

[8] «Entierro del portero muerto por unos extremistas», en *El Debate,* 30/5/1935, pág. 5; «Donativo a la viuda de una víctima», en *El Debate,* 16/7/1935, pág. 2.

[9] La nómina completa, para que quede constancia, y su papel durante la guerra: Francisco Galán Aranaz, en el Ejército republicano; Pedro Alcalde

Nielfa, comisario del Ejército republicano; José López Sáez (existen varios en las bases de datos y es complicado averiguar cuál de ellos podría ser el compinche de Manuel Díez).

El *paseo* también se inventó antes

[1] Jacinto Miquelarena, *Cómo fui ejecutado en Madrid,* 2.ª ed., Sigiriano Díaz, Ávila, 1937, pág. 25.

[2] Pelayo habla de dos Popeyes en su libro. El otro es un piloto de aviación que morirá en la batalla de Stalingrado. Ramón Moreno Hernández, *Rusia al desnudo,* ob. cit., págs. 31-32.

[3] Chumy Chúmez, *Yo fui feliz en la guerra,* Plaza & Janés, Barcelona, 1986, pág. 60.

[4] AHN. Checa del Radio Comunista del Oeste (San Bernardo, 72). FC-CAUSA_GENERAL, 1530, exp. 5.

[5] Declaración de José Palacios Gamino, Madrid, 24/10/1939, AGHD. Checa de San Bernardo, Madrid, sumario 27567, legajo 2347, f. 55.

[6] Ídem, f. 4; Informe de José Palacios Gamino, Madrid, 29/9/1939, AHN. FC_CAUSA_GENERAL,1530, exp. 5, pág. 12.

[7] No parece que tuvieran nada que ver con las brigadas del mismo nombre que posteriormente se crearon en Madrid.

[8] Más tarde, cuando las tropas sublevadas cercaron la capital, estos fueron sustituidos por policías republicanos, militantes del Partido, como Santiago Álvarez Santiago, Andrés Urresola Ochoa o Álvaro Marasa Barasa, entre otros, todos ellos complicados de una manera más o menos directa en las posteriores masacres de Paracuellos.

[9] Podría ser Alejandro Díaz Fons, del puesto núm. 25 de las Milicias de Vigilancia de la Retaguardia, junto a Francisco Aymerich, que también pertenecía al grupo de las MVR de Alberto Aguilera 70, relacionado con San Bernardo. Alejandro trabajaba en el «servicio especial» del director de la Cárcel Modelo, Mariano Gómez (Declaraciones de testigos de la pieza principal o primera de Madrid, AHN. FC-CAUSA_GENERAL,1503, exp. 2, pág. 137). Del Radio Oeste había otro Alejandro, Alejandro Asensio Sacristán, AHN. Milicias de Vigilancia de Retaguardia, FC-CAUSA_GENERAL,1531, exp. 19, pág. 88.

[10] En realidad, las Mantequerías Leonesas. Ramón Ardura Fradejas, *Guía-directorio de Madrid y su provincia,* ob. cit., pág. 92.

[11] Calle de Blasco de Garay, en el distrito de Universidad, barrio de Vallehermoso. En la misma declaración, y en Ayuntamiento de Madrid. Censo de diciembre de 1920, hoja 172092.

[12] Seguramente quiere decir Ladis, Ladislao Antón Sanz.

[13] Declaración de Clemente Paramio Redondo, Madrid, 11/6/1943, en Checa del Radio Comunista del Oeste (San Bernardo, 72), FC-CAUSA_GENERAL, 1530, exp. 5, págs. 183-184.

[14] El uso del hacha en las checas tiene su explicación constatada en la declaración que hace la tía de uno de los sicarios del Asilo de la Paloma, amigo de Quintanilla, y en la de la madre de Román Lázaro, asesinado a hachazos en la Ciudad Universitaria con la Casa de Campo (en la zona donde está datado el hallazgo del cadáver de Matorras: Chalet de la Moncloa). Ródenas pasó por esa checa, conectada con San Bernardo. Checa del Colegio e Iglesia de la Paloma, AHN. FC-CAUSA_GENERAL, 1532, exp. 37. Concretamente en el caso de Enrique Matorras, hay un informe forense aproximativo, como recalca el profesional que lo firma, doctor forense Francisco Martín Castillo, en función de las imágenes del cadáver: «Informe de Inspección externa. [...] En la frente tiene la salida de un tiro en la nuca, hecho con pistola por un tirador diestro. Y que tenía experiencia en ese arte. [...] En la cara, señal de un puñetazo realizado por un diestro, estando ambos de pie, y frente a frente, pero la víctima tuvo que estar sujeta. Seguramente puño enguantado, si era en actuación profesional, o si fue impulso personal se dañaría los nudillos. No parece que fuera un golpe dado con un objeto asido. El brazo izquierdo sí que parece amputado, supuestamente por hacha, con la víctima tumbada y sujeta sobre una mesa o similar. La hemorragia subsiguiente hubo de ser importante, capaz de producirle la muerte. Parece que cuando perdió el conocimiento por esta lesión, le dieron la vuelta hacia la izquierda, y que entonces para rematarlo le dieron el tiro en la nuca. Lo demás parecen erosiones no significativas y secundarias. Como adelanto sinóptico de informe esto es lo fundamental», Correo del dr. Martín Castillo a José Antonio Martín Otín, 15/10/2013.

[15] Manuel Hedilla, *Testimonio de Manuel Hedilla,* Acervo, Barcelona, 1972, págs. 121-123. Exp. número 452 instruido contra Garrigues Vela, Enrique, por el delito/s de Desafección al Régimen, AHN. FC-CAUSA_GENERAL, 355, exp. 45. Ceferino Maestú, *La Falange y los sindicatos obreros,* ob. cit. No se sabe en qué momento exacto es detenido Manuel Mateo, pero sí que fue conducido de inmediato a San Bernardo, donde los chequistas convirtieron su tortura en un espectáculo para todos los miembros del Partido, como contará el futuro comisario político del 5.º Regimiento Luis Dela-

ge: «En estos días visito con algún camarada del CP el convento de San Bernardo donde tenemos algunos fascistas bien conocidos. Queremos ver a Mateos [sic], verdadero perro fascista, enemigo jurado del P. y que en Madrid nos ha dado dolores de cabeza. Con Heredia, recordamos cuando nos cogió la policía a todo el comité del Radio Oeste. Nos metieron en la Dirección General de Seguridad con una banda de rateros y, entre ellos, en la semioscuridad de la celda colectiva, uno de los nuestros reconoció a Mateos, nos espiaba para ver si podía oírnos algo. Este gran cobarde ha cambiado de actitud. ¡Suplicaba! Diría todo… pero que le dejasen la vida, vida que nos hubiera arrancado a nosotros sin pestañear».

Heredia es Juan Antonio Heredia, comunista que participó en el asalto al Cuartel de la Montaña y que murió en el frente en noviembre de 1936. Manuel Navarro Ballesteros. «Ayer hemos enterrado a Heredia», en *Mundo Obrero,* 21/12/1936, pág. 2.

Delage aparece implicado en el asesinato del joven de dieciocho años Antonio Carrión Cuéllar, AHPCE, Informe de Luis Delage sobre la situación en Madrid de mayo a noviembre de 1936. Sofía, abril de 1963, caja 31, carpeta 3, Declaración de Antonio Carrión Vilache, Madrid, 25/4/1939, en Declaraciones de testigos de la pieza principal o primera de Madrid, AHN. FC-CAUSA_GENERAL, 1502, exp. 4, pág. 287.

[16] «Atropello», *El Defensor de Córdoba,* 30/6/1924, pág. 3; *Boletín Oficial de la Provincia de Madrid,* suplemento al núm. 299, 14/12/1934.

[17] Personal de la Marina roja (https://benitosacalugarodriguez.blogspot.com/2021/1/personal-de-la-marina-roja-vii.html). Ángel Luis Encinas Moral, *Fuentes históricas para el estudio de la emigración española a la URSS (1937-2007),* Exterior XXI, Madrid, 2008, pág. 431. Escuela Operativa Superior de Operaciones Especiales. Высшая оперативная школа особого назначения (ВОШОН).

[18] Ramón Moreno Hernández, *Rusia al desnudo,* ob. cit., pág. 121. Las penurias del Popeye en Rostov quedan corroboradas en el libro *Andanzas del piloto republicano Fernando Puig,* de Armando López Rodríguez, UNED, Madrid, 2018.

[19] Ángel Luis Encinas Moral, *Fuentes históricas para el estudio de la emigración española a la URSS (1937-2007),* ob. cit., pág. 431; *Andanzas del piloto republicano Fernando Puig,* ob. cit., págs. 100-113; Bernardo Clemente del Río Salceda, *20.000 días en la URSS: recuerdos, descubrimientos y reflexiones de un niño de la guerra,* Entrelíneas, Madrid, 2004, pág. 172; Jorge Vega, *Ramón Álvarez-Buylla, explorador de infinitos,* Universidad de Colima, México, 2002, págs. 13-14; Aleksandr Shcheglov, «Ispanskie voiny-dobrovol'cy, voevavshie v period

VOV v Krasnoj armii», en *Vypusk*, núm. 5, 1/5/2021 (http://www.relga.ru/Environ/WebObjects/tgu-www.woa/wa/Main?textid=6594&level1=-main&level2=articles). Elena Sleptsova, «Ispantsy v Rostove», en *Nvgazeta,* 24/5/2016 (https://www.nvgazeta.ru/news/12376/508920/); Victoria Fernández Díaz, *Aproximación al exilio republicano a través del exilio de los marinos de la Armada tras la guerra de España* [tesis], Universitat de València, Valencia, 2021, pág. 285. Las fotografías de Juan Antonio Montero Gutiérrez parecen corresponder a personas distintas. Sin embargo, dos de ellas son del álbum familiar y la tercera está grapada a un documento de un campo de internamiento que contiene sus datos personales. Salvo error en este último caso, parece que las tres fotografías corresponden, pues, al Popeye.

Antillón en guerra

1 «Los parados del Puente de Segovia», en *La Libertad,* 21/5/1936, pág. 2; «La Juventud Socialista Unificada», en *La Libertad,* 16/6/1936, pág. 6; «Círculo marxista-leninista», en *La Libertad,* 24/6/1936, pág. 2; «Festival pro Biblioteca de la Juventud», en *La Libertad,* 16/7/1936, pág. 4.

2 Por ejemplo, en el X aniversario de la muerte de Dzerjinski, *Mundo Obrero,* 21/7/1936, pág. 5.

3 Fernando Jiménez Herrera, *El mito de las checas: historia y memoria de los comités revolucionarios (Madrid, 1936),* Comares, Granada, 2021.

4 Checas de la Casa de Campo, AHN. FC-CAUSA_GENERAL, 1531, exp. 20, págs. 4, 48-49.

5 Declaración de Manuel Martínez San José, AGHD. Tribunal Militar Territorial 1, serie: sumarísimos, Madrid, 1942, sumario 113558, caja 2673, orden 8, págs. [4-5]. Junto al Tendero parece que también manda un tal Manuel Martín Contreras, desaparecido por completo de los archivos y las hemerotecas.

6 Por poner solamente algunos ejemplos de *Mundo Obrero:* «¡Limpiemos la retaguardia!» (portada del 28/7/1936); «Es preciso exterminar rápidamente al enemigo, se esconda donde se esconda» (27/7/1936); «La Dirección de Seguridad, de por sí sola, no está en condiciones de catalogar a los enemigos del régimen» (4/8/1936); «¡Limpiad la retaguardia!» (7/8/1936); «La consigna es: exterminio» (portada del 10/8/1936); «¡Firmes, hasta exterminarlos!» (portada del 24/8/1936); «La defensa de Madrid: es preciso limpiar la retaguardia» (26/9/1936).

7 «Jóvenes jefes: Carlos García Fermín», en *¡Al frente!: Boletín de las Juventudes Socialistas Unificadas de Madrid,* núm. 45, 30/3/1937, pág. 3.

[8] Pedro de Répide, *Memorias de un aparecido,* ob. cit., págs. 168-183.

[9] Enrique Castro Delgado, *Hombres made in Moscú,* ob. cit., págs. 284, 294.

[10] Declaración de Fernando Castán Palomar, Madrid, 2/10/1941. Checa de la Puerta del Ángel: Iglesia de Santa Cristina y Checas del Puente de Segovia, AHN. FC-CAUSA_GENERAL, 1532, exp. 36, pág. 10; Declaración de Enrique Bailly-Baillière Muniesa, Madrid, 2/6/1939; Declaraciones de testigos de la pieza principal o primera de Madrid, AHN. FC-CAUSA_GENERAL, 1504, exp. 5, pág. 44.

[11] Ayuntamiento de Madrid, Padrón de diciembre de 1920, f. 137555.

[12] «Colgar (y digo colgar de manera que la gente lo vea) al menos a cien kulaks, ricos y chupasangres conocidos». Telegrama al comité ejecutivo del soviet de Penza, 10/8/1918. VV. AA., *El libro negro del comunismo,* Espasa Calpe, Madrid, 1998, pág. 89. Este telegrama no aparece en sus obras completas, aunque sí recogen otros telegramas a Penza ese mismo día, tratando la represión a los kulaks. La referencia que se da en el libro es una signatura antigua del ahora archivo RGASPI.

[13] Declaración de Prudencia Solana Valverde, 22/4/1939; Declaraciones de testigos de la pieza principal o primera de Madrid, AHN. FC-CAUSA_GENERAL, 1502, exp. 3, pág. 45. Mapa: Checas de la Casa de Campo, AHN. FC-CAUSA_GENERAL, 1531, exp. 20, pág. 3.

[14] Checa de la Puerta del Ángel: Iglesia de Santa Cristina y Checas del Puente de Segovia, AHN. FC-CAUSA_GENERAL, 1532, exp. 36, pág. 97. El caso más singular de las víctimas de Antillón quizá sea el de la familia de Concepción López de Andrés. Sus hermanos son de Falange y los buscan con denuedo. Al no encontrarlos en su casa, se llevan a Concepción, a su madre, a su hermana Sagrario y al pequeño Carmelo, de seis años. Los llevan a Antillón y apalizan a la madre delante de los tres hijos. El llanto de Carmelo enfurece a uno de los milicianos, que oculta la cara con una máscara y que estrella al niño contra una pared. El niño muere. La madre es asesinada más tarde, y las milicianas que se la han llevado cuentan a su regreso que le han seccionado los pechos. El fiscal solicita que busquen en los registros la partida de nacimiento de Carmelo. El niño existió, pero nada más se sabe de su destino. Checa de la Puerta del Ángel: Iglesia de Santa Cristina y Checas del Puente de Segovia, AHN. FC-CAUSA_GENERAL, 1532, exp. 36, págs. 35, 84 y 92-93; Declaraciones de testigos de la pieza principal o primera de Madrid, AHN. FC-CAUSA_GENERAL, 1507, exp. 1, pág. 8.

[15] Fernando Jiménez Herrera, «El Comité Provincial de Investigación Pública a través de la documentación custodiada en el Archivo General Militar de Madrid». «El pleno del sector Oeste», en *Mundo Obrero,* 5/4/1937, pág. 3.

[16] Salvador Armín, «El primer hospital psiquiátrico de España para niños mentalmente anormales», en *Mundo Obrero,* 29/8/1936, pág. 4.

[17] Declaración de Carlos Bailly-Baillière Muniesa, Madrid, 9/4/1942; Expediente sobre exhumaciones en el término municipal de Boadilla del Monte, AHN. FC-CAUSA_GENERAL, 1536, exp. 3, pág. 83; Declaración de Manuel Moreno Pérez, Boadilla del Monte, 13/5/1942; Expediente sobre exhumaciones en el término municipal de Boadilla del Monte, AHN. FC-CAUSA_GENERAL, 1536, exp. 3, págs. 103-107.

El Viejo completa el rompecabezas

[1] María Esperanza Morón García y Luis Enrique Otero Carvajal, *Pozuelo de Alarcón, 1600-2000: de su venta a ciudad metropolitana,* Ayuntamiento de Pozuelo de Alarcón, 2016, pág. 134. Partido Judicial de Navalcarnero (Madrid), AHN. FC-CAUSA_GENERAL, 1509, exp. 1, pág. 71.

[2] Ayuntamiento de Madrid, Censo de diciembre de 1910, h. 143888; Censo de diciembre de 1915, h. 150206. Checa de la calle de San Leonardo, núm. 9, AHN. FC-CAUSA_GENERAL, 1534, exp. 74; Declaración de María Luisa Fernández-Carvajal Bernabéu, 25/4/1940, Declaraciones de testigos de la pieza principal o primera de Madrid, AHN. FC-CAUSA_GENERAL, 1506, exp. 2, pág. 128; Declaración de Antonio Menéndez Conde, 17/10/1942, Checa de la Puerta del Ángel: Iglesia de Santa Cristina y Checas del Puente de Segovia, AHN. FC-CAUSA_GENERAL, 1532, exp. 36, págs. 94-95.

[3] Declaración de Fernando Nicolás Lago, 16/5/1942; Declaración de Luis Nicolás Lago, Madrid, 12/5/1942. Expediente sobre exhumaciones en el término municipal de Boadilla del Monte, AHN. FC-CAUSA_GENERAL, 1536, exp. 3, págs. 91, 97-98; Declaraciones de Luis y Fernando Nicolás Lago, Boadilla del Monte, 12/4/1943, AGHD, Tribunal Militar Territorial 1, serie: sumarísimos, Madrid, sumario 112771, legajo 1521, folios 26-27.

[4] Declaraciones de Luis Bueno Verde, 5 y 17/11/1939, AHN. FC-CAUSA_GENERAL, 1536, exp. 3, págs. 5-7 y 91.

[5] Declaración de María Luisa Fernández-Carvajal Bernabéu, 25/4/1940, Declaraciones de testigos de la pieza principal o primera de Madrid, AHN. FC-CAUSA_GENERAL, 1506, exp. 2, pág. 128; Declaración de Antonio Menéndez Conde, 17/10/1942, Checa de la Puerta del Ángel: Iglesia de Santa Cristina y Checas del Puente de Segovia, AHN. FC-CAUSA_GENERAL, 1532, exp. 36, págs. 94-95.

[6] Declaración de Luis Nicolás Lago, Madrid, 12/5/1942. Expediente sobre exhumaciones en el término municipal de Boadilla del Monte, AHN. FC-CAUSA_GENERAL, 1536, exp. 3, págs. 97-98. En esta declaración, Luis Nicolás dice que fueron nueve hombres los que condujeron a los detenidos hasta Boadilla. Un año más tarde dirá que fueron siete. La diferencia, fuera de los fallos de la memoria, quizá se deba a que los chóferes no tenían por qué participar del fusilamiento, y es posible que se quedaran esperando en los coches. Declaración de Luis Nicolás Lago, Boadilla del Monte, 12/4/1943, AGHD, Tribunal Militar Territorial 1, serie: sumarísimos, Madrid, sumario 112771, legajo 4521, folios 26-27.

[7] Diligencia de inspección ocular, Boadilla del Monte, 13/5/1942, Expediente sobre exhumaciones en el término municipal de Boadilla del Monte, AHN. FC-CAUSA_GENERAL, 1536, exp. 3, págs. 101-102. Declaraciones de Manuel Moreno Pérez, 12-13/5/1942, ídem, págs. 96, 103-107.

[8] Este Francisco Galán quizá no deba confundirse con el dirigente de las MAOC, Francisco Galán Rodríguez. Entre los milicianos había otro Francisco Galán, de segundo apellido Ardanaz, que aparece referenciado en numerosos documentos junto a otros conocidos miembros de las milicias, como el mismo Manuel el Viejo.

[9] Cuando contaba con doce años vivía en Miranda de Ebro, donde fue detenido junto a otro niño por haber forzado la cerradura de una cuadra y haber robado tres gallinas y un gallo que más tarde vendieron por catorce pesetas. Un año después fue reclamado por la justicia para hacer frente a la indemnización al dueño de las aves, pero nunca apareció y la excusa que dieron sus cercanos fue que andaba por el extranjero. *Diario de Burgos,* 25/2/1919, pág. 2; *Gaceta de Madrid,* 49, 18/2/1920, anexo núm. 2, pág. 624; «Ayer, en la Audiencia», en *El Día Gráfico,* 14/6/1928, pág. 9; *La Publicitat,* 27/9/1929, pág. 3; *El Liberal,* 29/9/1929, pág. 4. Expediente de Manuel Martínez San José, AGA, Ministerio de la Gobernación, Investigación y vigilancia, exp. 108905, Checa de la Puerta del Ángel: Iglesia de Santa Cristina y Checas del Puente de Segovia, AHN. FC-CAUSA_GENERAL, 1532, exp. 36, págs. 86-91. Estas referencias valen también para todos los datos biográficos que de Manuel Martínez se exponen en las páginas siguientes. Manuel Tagüeña, *Correspondencia y escritos inéditos,* Espuela de Plata, Sevilla, 2015, pág. 293.

[10] Constancio Bernaldo de Quirós, José María Llanas Aguilaniedo, *La mala vida en Madrid,* Instituto de Estudios Altoaragoneses, Huesca, 1997, pág. 153.

Los muertos, a Boadilla

1 *Boletín meteorológico diario,* Instituto Central Meteorológico, 21/4/1942; Expediente sobre exhumaciones en el término municipal de Boadilla del Monte, AHN. FC-CAUSA_GENERAL, 1536, exp. 3, págs. 131 y sigs.; Patricio Fernández Sánchez, *Boadilla del Monte, un pueblo con historia,* Visión Libros, Madrid, 2011, pág. 180; Octavio Marcos, *Testimonio martirial de los hermanos de San Juan de Dios en los días de la persecución religiosa española,* Héroes, Madrid, 1980, págs. 380-442.

2 Ángel Viñas, «Negrín y 35 viejos militantes socialistas», en *El País,* 8/7/2008, pág. 29.

3 Telegrama cifrado de Marcel Rosenberg, 24/10/1936, RGASPI. F. 558, op. 11, D. 214, L. 42-43. El telegrama es claro. Galarza le comunica a Rosenberg la creación de los tribunales que seleccionarán los presos que terminarán en Paracuellos. No hay constancia de que fueran los soviéticos quienes dieran la orden de crear los tribunales, al contrario de lo que dicen Viñas y los historiadores franquistas. Alberto Reig Tapia y Ángel Viñas, en el epílogo a *En el combate por la Historia,* Pasado y Presente, Barcelona, 2012, pág. 929. Jesús F. Salgado, *Amor Nuño y la CNT,* ob. cit., pág. 228.

4 Declaración de Antonio Morales López, Madrid, 25/4/193[9]; Declaraciones de testigos de la pieza principal o primera de Madrid, AHN. FC-CAUSA_GENERAL, 1502, exp. 4, pág. 303; Checa de Bellas Artes y Fomento, AHN. FC-CAUSA_GENERAL, 1530, exp. 4, págs. 153-155.

5 Declaración de Manuel Rascón, Madrid, 27/8/1941, Checa de Bellas Artes y Fomento, AHN. FC-CAUSA_GENERAL, 1530, exp. 4, pág. 142.

6 Expediente sobre exhumaciones en el término municipal de Boadilla del Monte, AHN. FC-CAUSA_GENERAL, 1536, exp. 3, pág. 234.

Bibliografía citada

Abdul-Hamid, Walid Khalid y Hughes, Jamie Hacker, «Nothing new under the sun: post-traumatic stress disorders in the ancient world», en *Early Sci Med,* núm. 19 (6), 2014, págs. 549-557.

Alonso, Marisol, *Entrevista al doctor Ángel Palerm Vich,* Instituto Nacional de Antropología e Historia, México, 1979.

Ansaldo, Juan Antonio, *¿Para qué? (De Alfonso XIII a Juan III),* Ekin, Buenos Aires, 1951.

Arasa, Daniel, *Los españoles de Stalin,* Vorágine, Barcelona, 1993.

Aróstegui, Julio, *Largo Caballero: el tesón y la quimera,* Debate, Barcelona, 2013.

Aub, Elena, *Entrevista a Llanos Navarro Ballesteros,* Instituto Nacional de Antropologia e Historia, México, 1980.

Baroja, Pío, *Vitrina pintoresca,* Espasa-Calpe, Madrid, 1935.

— *Miserias de la guerra,* Caro Raggio, Madrid, 2006.

Barros, Ramón, *Apuntes sobre una vida. 2. La juventud y la política,* ed. de Maribel Barros, 2014.

Bernaldo de Quirós, Constancio y Llanas Aguilaniedo, José María, *La mala vida en Madrid,* Instituto de Estudios Altoaragoneses, Huesca, 1997.

Besançon, Alain, *Breve tratado de sovietología,* Rialp, Madrid, 1977.

— *Los orígenes intelectuales del leninismo,* Rialp, Madrid, 1980.

Blanco Rodríguez, Juan Andrés, «Las MAOC y la tesis insurreccional del PCE», en *Historia Contemporánea,* núm. 11, 1994, págs. 129-152.

Bolinches, Emilia, *Pilar Soler, rebelde con causas,* Universitat de València, Valencia, 2013.

Bravo Martínez, Francisco, *Historia de la Falange Española de las JONS,* Ediciones Fe, Madrid, 1943.

Carré-Prézeau, Jocelyn, *Amsterdam-Pleyel (1932-1939): histoire d'un mouvement de masse* [tesis], Université Paris Cité, París, 1993.

Castro Delgado, Enrique, *Hombres made in Moscú,* Espuela de Plata, Sevilla, 2023.

Checa, Pedro, *Qué es y cómo funciona el Partido Comunista,* Ediciones Europa-América, Madrid, 1937.

Chumy Chúmez, *Yo fui feliz en la guerra,* Plaza & Janés, Barcelona, 1986.

Córdoba, Cristóbal, *De cada cuatro cayeron tres. Persecución y muerte de la Falange fundacional,* Barbarroja, Madrid, 2011.

Cuesta, Teodoro, *De la muerte a la vida,* 2.ª ed., Ediciones Rayfé, Burgos, 1939.

— *La dominación roja en España: causa general,* Ministerio Fiscal, 1961.

Domínguez, Florencio y Jiménez Ramos, María, *Sin justicia. Más de 300 asesinatos de ETA sin resolver,* Espasa, Barcelona, 2023.

Domínguez Núñez, Moisés, *Aníbal Calero, primer legionario. Crónica de un canalla,* SND Editores, Madrid, 2020.

Doña, Juana, *Gente de abajo,* A-Z, Madrid, 1992.

— *Querido Eugenio,* Lumen, Barcelona, 2003.

— *La República en el recuerdo: de la realidad a la esperanza,* Biblioteca Virtual Miguel de Cervantes, 2017 (pdf).

Encinas Moral, Ángel Luis, *Fuentes históricas para el estudio de la emigración española a la URSS (1937-2007),* Exterior XXI, Madrid, 2008.

Erice Sebares, Francisco Manuel, «El Octubre asturiano, entre el mito y la interpretación histórica», en *De un octubre a otro: revolución y fascismo en el periodo de entreguerras, 1917-1934,* El Viejo Topo, Barcelona, 2010, págs. 199-250.

Estévez, Leonor, *La vida es lucha,* A-Z, Madrid, 1993.

Fallaci, Oriana, *Entrevista con la Historia,* nueva ed., ampl. y rev., Noguer, Madrid, 1978.

Faraldo, José M., *Las redes del terror,* Galaxia Gutenberg, Barcelona, 2018.

Fernández, Javier, «Fuentes documentales conservadas en el Archivo General de Palacio para el estudio de la educación en Madrid (1780-1936)», en *Madrid: su pasado documental,* Universidad Complutense, Madrid, 2015.

Fernández Díaz, Victoria, *Aproximación al exilio republicano a través del exilio de los marinos de la Armada tras la guerra de España* [tesis], Universitat de València, Valencia, 2021.

Fernández Rodríguez, Carlos, *La reorganización y la oposición del PCE al franquismo (1939-1946)* [tesis], Universidad Complutense, Madrid, 2017.

Fernández Sánchez, Patricio, *Boadilla del Monte, un pueblo con historia,* Visión Libros, Madrid, 2011.

Fuente Fernández, Agustín de la, *MAOC (Milicias Antifascistas Obreras y Campesinas) en Madrid (1933-1936): origen, desarrollo y germen del 5º Regimiento,* 2018 (web).

Galán, Luis, *Después de todo: recuerdos de un periodista de la Pirenaica,* Anthropos, Barcelona, 1988.

Galbe Loshuertos, José Luis, *La justicia de la República: memorias de un fiscal del Tribunal Supremo en 1936,* Marcial Pons, Madrid, 2011.

Galíndez, Jesús de, *Los vascos en el Madrid sitiado,* Ekin, Buenos Aires, 1945.

García Igual, Arturo, *Entre aquella España nuestra... y la peregrina,* Universitat de València, Valencia, 2012.

García Serrano, Rafael, *Concierto para máquina de escribir y cinco toques de corneta,* 7 de Octubre, Madrid, 1984.

García Venero, Maximiano, *Historia de la Unificación (Falange y Requeté en 1937),* Egesa, Barcelona, 1970.

GERSON, Lennard D., *The Secret Police in Lenin's Russia,* Temple University Press, Filadelfia, 1976.

GIL VICO, Pablo, *Verdugos de Asturias: la violencia y sus relatos en la revolución de Asturias de 1934,* Trea, Gijón, 2019.

GILA, Miguel, *Y entonces nací yo,* Temas de Hoy, Madrid, 1995.

GONZÁLEZ CALLEJA, Eduardo, *Cifras cruentas: las víctimas mortales de la violencia sociopolítica en la Segunda República española (1931-1936),* Comares, Granada, 2015.

Guía-directorio de Madrid y su provincia, Bailly-Baillière-Riera, Madrid, 1936.

GUIJARRO GARCÍA, José Francisco, *Persecución religiosa y Guerra Civil. La Iglesia en Madrid,* La Esfera de los Libros, Madrid, 2006.

GUTIÉRREZ TORRES, Jesús, «Un caso de violencia política en Daimiel: contexto y suceso del asesinato de José Ruiz de la Hermosa», en *II Jornadas de historia de Daimiel: 125 aniversario ciudad de Daimiel,* Ayuntamiento de Daimiel, 2013.

HEDILLA, Manuel, *Testimonio de Manuel Hedilla,* Acervo, Barcelona, 1972.

HERNÁNDEZ SÁNCHEZ, Fernando, *Guerra o revolución,* Crítica, Barcelona, 2010.

HERNÁNDEZ TOMÁS, Jesús, *Yo fui un ministro de Stalin,* G. del Toro, Madrid, 1974.

Historia de la cruzada española, IV, Ediciones Españolas, 1941.

JATO, David, *¿A dónde vamos?,* SEU, Frente de Juventudes, Artes Gráficas Grijelmo, Bilbao, 1944.

— *La rebelión de los estudiantes,* Imprenta Romero-Requejo, Madrid, 1975.

JIMÉNEZ HERRERA, Fernando, «El Comité Provincial de Investigación Pública a través de la documentación custodiada en el Archivo General Militar de Madrid», en *Hispania Nova,* núm. 12, 2014.

— *El mito de las checas: historia y memoria de los comités revolucionarios (Madrid, 1936),* Comares, Granada, 2021.

JOHNSON, Paul, *Modern Times,* Harper Collins, 1991.
JUARISTI, Jon, *Los árboles portátiles,* Taurus, Madrid, 2017.
JULIÁ DÍAZ, Santos, «Fracaso de una insurrección y derrota de una huelga», en *Estudios de Historia Social,* núm. 31, 1984, págs. 37-54.
JUSTO, Esteban, TRILLO, Edelmiro y ALFARO, José María, *Las Flechas de mi haz: Falange en las prisiones del Madrid rojo,* vol. 1, Sáenz de Jubera, 1940.
KNOBLAUGH, Edward, *Corresponsal en España,* Fermín Uriarte, Madrid, 1967.
KOLTSOV, Mijail, *Diario de la guerra de España,* Planeta, Barcelona, 2009.
LARGO CABALLERO, Francisco, *Discursos a los trabajadores,* Fontamara, Coyoacán, 1979.
LEDESMA RAMOS, Ramiro, *¿Fascismo en España? La patria libre. Nuestra revolución. Escritos políticos, 1935-1936,* Herederos de Ramiro Ledesma Ramos, Madrid, 1988.
LEGGETT, George, *The Cheka: Lenin's Political Police,* Oxford University Press, Oxford, 1986.
LENIN, Vladimir Ilich, *Obras completas,* Akal, Madrid, 1976.
LÍSTER, Enrique, *Memorias de un luchador,* G. del Toro, Madrid, 1977.
LLORENS, Carlos, *La guerra en Valencia y en el frente de Teruel,* autoedición, 1978.
LÓPEZ RODRÍGUEZ, Armando (ed.), *Andanzas del piloto republicano Fernando Puig,* UNED, Madrid, 2018.
MAESTÚ, Ceferino, *La Falange y los sindicatos obreros,* 1963 (folleto).
MARCOS, Octavio, *Testimonio martirial de los hermanos de San Juan de Dios en los días de la persecución religiosa española,* Héroes, Madrid, 1980.
MARX, Karl y FRIEDRICH, Engels, *Manifest der Kommunistischen Partei,* Hirschfeld, Londres, 1848.
MATORRAS, Enrique, *El comunismo en España: sus orientaciones, su organización, sus procedimientos,* Ediciones Fax, Madrid, 1935.

MAURÍN, Joaquín, *Hacia la segunda revolución,* Gráficas Alfa, Barcelona, 1935.

MIGUEL, Jesús de y SÁNCHEZ, Antonio, *Historia Ilustrada de la Guerra Civil española,* LIBSA, Madrid, 2006.

MIQUELARENA, Jacinto, *Cómo fui ejecutado en Madrid,* 2.ª ed., Sigiriano Díaz, Ávila, 1937.

MODESTO, Juan, *Soy del Quinto Regimiento,* 2.ª ed., Librairie du Globe, París, 1974.

MORÁN, Gregorio, *Miseria y grandeza del Partido Comunista de España, 1939-1985,* Planeta, Barcelona, 1986.

MORENO, Juan, *La leyenda negra de Largo Caballero,* Almuzara, Córdoba, 2022.

MORENO HERNÁNDEZ, Ramón, *Rusia al desnudo: revelaciones del comisario comunista español Rafael Pelayo de Hungría, comandante del Ejército ruso,* Ediciones de Actualidad Mundial, Madrid, 1956.

MORENO VILLA, José, *Vida en claro: autobiografía,* Fondo de Cultura Económica, México, 1956.

MORÓN GARCÍA, María Esperanza y OTERO CARVAJAL, Luis Enrique, *Pozuelo de Alarcón, 1600-2000: de su venta a ciudad metropolitana,* Ayuntamiento de Pozuelo de Alarcón, Madrid, 2016.

No Importa. Boletín de los días de persecución, ed. facsímil, Barbarroja, Madrid, 1996.

PÉREZ TRUJILLANO, Rubén, *Creación de Constitución, destrucción de Estado,* Dykinson, Madrid, 2018.

PLA, Dolores, *Entrevista a José Duque,* Instituto Nacional de Antropología e Historia, México, 1979.

PLA, Josep, *Historia de la Segunda República, IV,* Destino, Barcelona, 1940.

POZO RIVERA, Enrique, «El crecimiento urbano en el inicio de la carretera de Extremadura: El barrio de la Puerta del Ángel», en *Anales de Geografía de la Universidad Complutense,* 3, págs. 197-214.

Prensa obrera en Madrid, 1855-1936, Comunidad de Madrid, 1987.

PRESTON, Paul, *Las tres Españas del 36*, Plaza & Janés, Barcelona, 1998.

PRIMO DE RIVERA, José Antonio, *Discursos y escritos (1922-1936)*, Instituto de Estudios Políticos, Madrid, 1976.

QUINTANILLA, Luis, *Pasatiempo. La vida de un pintor*, Ediciones do Castro, A Coruña, 2004.

REGUENGO, Vicente, *Guerra sin frentes*, 3.ª ed., AHR, Barcelona, 1955.

RÉPIDE, Pedro de, *Memorias de un aparecido: relato fiel del sangriento drama español (Madrid, 1936-1937)*, Vassallo de Mumbert, Madrid, 1977.

RIDRUEJO, Dionisio, *Casi unas memorias*, Planeta, Barcelona, 1976.

RÍO SALCEDA, Bernardo Clemente del, *20.000 días en la URSS: recuerdos, descubrimientos y reflexiones de un niño de la guerra*, Entrelíneas, Madrid, 2004.

RÍOS CARRATALÁ, Juan Antonio, *Hojas volanderas: periodistas y escritores en tiempos de la República*, Renacimiento, Sevilla, 2011.

RODRÍGUEZ ARROYO, Jesús C., *Nicasio Álvarez de Sotomayor Gordillo y Aguilar, auge y ocaso de un anarcosindicalista: 1899-1936*, Muñoz Moya, Sevilla, 2015.

ROJO BARRENO, Pablo, *Caminos sobre la mar: memoria histórica y testimonio de un Juan Español*, autoedición, 2020.

ROMERO, Luis, *Tres días de julio*, Ariel, Barcelona, 1967.

ROTH, Joseph, *Die Flucht ohne Ende*, Diogenes, Zúrich, 2010.

RUIZ, Julius, *El terror rojo*, Espasa, Madrid, 2012.

SALGADO, Jesús F., *Amor Nuño y la CNT*, Fundación Anselmo Lorenzo, Madrid, 2014.

SERGE, Victor, *Memorias de un revolucionario*, trad. de Tomás Segovia, Traficantes de Sueños, Madrid, 2019.

SERNA MARTÍNEZ, Roque, *Heroísmo español en Rusia: 1941-1945*, autoedición, 1981.

SHCHEGLOV, Aleksandr, «Ispanskie voiny-dobrovol'cy, voevavshie v period VOV v Krasnoj armii», en *Vypusk*, núm. 5,

1/5/2021. Александр Щеглов, «Испанские воины-добровольцы, воевавшие в период ВОВ в Красной армии», en *Выпуск,* núm. 5, 1/5/2021.

Sleptsova, Elena, «Ispantsy v Rostove», en *Nvgazeta,* 24/5/2016. Https://www.nvgazeta.ru/news/12376/508920/. Елена Слепцова. «Испанцы в Ростове».

Souto Kustrín, Sandra, *Poder, acción colectiva y violencia en la provincia de Madrid* [tesis], Universidad Complutense, Madrid, 2000.

— «Octubre de 1934», en *Hispania Nova,* núm. 11, 2013.

— «Jóvenes, violencia política y democracia en el periodo de entreguerras», en *Revista de Estudios de Juventud*, núm. 126, 2022, págs. 24-25.

Spain, october 1934, Paris: SRI, [s.f.]

Tagüeña, Manuel, *Testimonio de dos guerras,* Oasis, México,1973.

— *Correspondencia y escritos inéditos,* Espuela de Plata, Sevilla, 2015.

Trotsky, León, *Terrorismo y comunismo,* Akal, Madrid, 2009.

Vega, Jorge, *Ramón Álvarez-Buylla, explorador de infinitos,* Universidad de Colima, México, 2002.

Vidarte, Juan Simeón, *El bienio negro y la insurrección de Asturias,* Grijalbo, Barcelona, 1978.

Viñas, Ángel, *En el combate por la Historia,* Pasado y Presente, Barcelona, 2012.

VV. AA., *El libro negro del comunismo,* Espasa, Madrid, 1998.

Zugazagoitia, Julián, *Guerra y vicisitudes de los españoles,* Crítica, Barcelona, 1977.

Archivos y hemerotecas

AFPI. Archivo de la Fundación Pablo Iglesias.

AGA. Archivo General de la Administración.

AGHD. Archivo General e Histórico de Defensa.

AHN. Archivo Histórico Nacional.
AHPCE. Archivo Histórico del Partido Comunista de España.
Ayuntamiento de Barcelona. Hemeroteca digital.
BNE. Biblioteca Nacional de España.
CDMH. Centro Documental de la Memoria Histórica.
Hemeroteca Municipal de Madrid.
Ministerio de Cultura. Biblioteca Virtual de Prensa Histórica.
Ministerio de Cultura. Catálogo colectivo de la red de bibliotecas de los archivos estatales.
RGASPI. Archivo Estatal Ruso de Historia Socio-Política.

Índice onomástico

20,90 €